HENRIK MÜLLER

KURZ
SCHLUSS
POLITIK

Wie permanente Empörung
unsere Demokratie zerstört

Mit dreizehn Schwarz-Weiß-Abbildungen

PIPER

Mehr über unsere Autoren und Bücher:
www.piper.de

MIX
Papier aus verantwor-
tungsvollen Quellen
FSC® C014496

ISBN 978-3-492-05966-4
© Piper Verlag GmbH, München 2020
© 2019 Henrik Müller
Satz: Kösel Media GmbH, Krugzell
Gesetzt aus der Minion Pro
Litho: Lorenz & Zeller, Inning am Ammersee
Druck und Bindung: GGP Media GmbH, Pößneck
Printed in Germany

Inhalt

1 Turbodemokratismus und Unsicherheit

Warum die westlichen Demokratien von Krisensymptomen geplagt sind

Wenn Sie an die jüngere Vergangenheit zurückdenken, welche politische Entwicklung hat Sie persönlich besonders verstört? Die Flüchtlingskrise von 2015? Die folgende Welle von Rechtspopulismus und Ausländerfeindlichkeit, vielerorts in Europa, nicht nur in Deutschland? Die Verschiebungen im deutschen Parteienspektrum und insbesondere der unaufhaltsame Niedergang der SPD? Das Gewürge um den Austritt der Briten aus der Europäischen Union? Donald Trump und das tägliche Chaos, das aus dem Weißen Haus in den Rest der Welt vordringt? Die Einmischung der russischen Regierung in westliche Wahlkämpfe und unsere Meinungsbildung? Die latent weiterschwelende Eurokrise?

Dieses Buch ist der Versuch, gedankliche Ordnung in die neue Unordnung zu bringen. Wir kommen aus einer Ära der relativen Ruhe. Die Verhältnisse waren nicht perfekt, keinesfalls, aber sie schienen doch halbwegs stabil, in Deutschland sowieso, aber auch in Europa, im Westen und im großen Rest der Welt. Umso verstörender wirken jetzt all die Umbrüche um uns herum. Wohin führt das alles? Was kommt als Nächstes? Können wir etwas dagegen tun?

Wir leben in nervösen Zeiten. Politische Blockaden und lautstarke Konfrontation, spontane Massendemonstrationen und gewalttätige Proteste, internationale Verwerfungen und innereuropäischer Streit, dazu eine wacklige wirtschaftliche Lage und ein weitreichender technologischer Wandel – der Westen gibt wahrlich kein gutes Bild ab. Tagtäglich presst der endlose Nachrichtenstrom neue Erregungswellen in unser Bewusstsein. Ein Festival der Aufregung und Selbstdarstellung, aufgeführt von Figuren, deren persönliche Stabilität und Redlichkeit, also ihre prinzipielle Eignung für öffentliche Ämter, zumindest Fragen aufwerfen. Ganze Gesellschaften durchleben inzwischen wilde Stimmungsschwankungen. So entsteht der Eindruck, die Grundlagen unseres Zusammenlebens seien ins Rutschen geraten.

Unsicherheit ist das Lebensgefühl dieser Epoche. Was eigentlich überraschend ist. Denn in vielerlei Hinsicht ist das Leben heute so risikoarm wie wohl noch nie zuvor in der Menschheitsgeschichte. Doch der Kontrast zwischen persönlichem Erleben und öffentlichem Tumult ist so groß, dass hergebrachte Gewissheiten nicht mehr zu gelten scheinen. Unübersehbar werden die westlichen Demokratien von Krisensymptomen geplagt. Ihre Fähigkeit zur Selbststeuerung – und damit ihre Zukunftsfähigkeit – ist infrage gestellt.

Längst ist die Suche nach den Schuldigen im Gange. Wer ist verantwortlich für die Verfallsprozesse? Zu den üblichen Verdächtigen gehören: die Eliten in Politik, Verwaltung und Wissenschaft, die, inkompetent oder verblendet, auf jeden Fall selbstbezogen, so sehr mit sich selbst beschäftigt sind, dass sie die große Mehrheit der einfachen Leute vergessen haben; die Topmanager in Großkonzernen und ihre gierigen Finanziers, die sich selbst die Taschen vollmachen und ansonsten um nichts und niemanden kümmern; die Populisten, die in den vergangenen Jahren in einem Land nach dem anderen mit Hass und Verschwörungstheorien die öffentliche Debatte vergiftet haben; die Journalisten, die, elitenhörig und faktenblind, Bilder einer nicht existierenden Realität zeichnen und, absichtlich oder schlicht ignorant, die Wahrheit verschweigen; soziale Medien wie Facebook, Twitter oder WhatsApp, die aus reiner Profitgier ganze Gesellschaften in Aufruhr versetzen und das Tor für Fake News und Propagandisten aus dem In- und Ausland öffnen, weshalb die Bürger nicht mehr zwischen Wahr und Falsch unterscheiden können. Die Aufzählung ließe sich fortsetzen.

Solche Schuldzuweisungen tragen nicht weit. Sie verschleiern die tiefer liegenden Ursachen eher, als dass sie sie erhellen. Die Prämisse dieses Buchs lautet: Wir sind Zeugen eines rapiden Strukturwandels der Politik. Diese Veränderungen haben diverse Gründe: ökonomische, soziale, psychologische, vor allem aber mediale. Der politische Strukturwandel lässt sich nur begreifen, wenn wir anerkennen, dass wir es mit einem Zerfall der Öffentlichkeit zu tun haben – und wenn wir versuchen, die Mechanismen offenzulegen, die Politik, Medien und Wirtschaft heute prägen.

Zerstört der Kapitalismus die Demokratie? Oder ist es umgekehrt?

Vor einigen Wochen habe ich einen Report nachgelesen, den ich Anfang 2008 mit einem Kollegen geschrieben hatte: »Zerstört der Super-Kapitalismus die Demokratie?«[1] Es war eine Titelgeschichte in der Zeitschrift *Manager Magazin*, bei der ich damals arbeitete. Auf dem Cover war eine Heuschrecke zu sehen, die vor einem ehrwürdigen Parlamentsgebäude lauert. Der Artikel erschien ein halbes Jahr vor dem Zusammenbruch der US-Investmentbank Lehman Brothers, die den Startpunkt zur größten Finanzkrise seit den 1930er-Jahren markierte, gefolgt von einer tiefen Rezession. Natürlich wussten wir damals nicht genau, was kommen würde. Aber dass etwas in Schieflage geraten war, das war offensichtlich. Robert Reich, Professor in Berkeley und einst Arbeitsminister unter US-Präsident Bill Clinton, hatte gerade den Begriff »Super-kapitalismus« geprägt,[2] das Pendant zum deutschen »Turbokapitalismus«. Gemeint ist das Gleiche: das unbedingte Streben nach immer höheren Gewinnen und Aktienkursen, das der realen Wirtschaft allmählich die Luft abschnürte, insbesondere weil zu wenig investiert wurde und die Löhne kaum noch stiegen.

Der Turbokapitalismus, das war unser zentrales Argument, gefährde die Demokratie, weil er krisenanfällig sei und für Verunsicherung und frustrierende Verteilungsergebnisse sorge. »Stabile Volksherrschaft basiert auf prosperierender Volkswirtschaft«, schrieben wir. »Umgekehrt: Wenn große Teile der Bevölkerung das Gefühl haben, ihr Wohlstand schwinde, dann lockert sich die Verankerung demokratischer Institutionen im Volk.«

Doch als dann die Wirtschaftskrise nach dem Lehman-Crash im Herbst 2008 mit voller Wucht ausbrach, zeigte sich das demokratische System enorm widerstandsfähig. Zunächst jedenfalls. Regierungen, Parlamente und Notenbanken schalteten auf Krisenmodus und wendeten einen kompletten Systemkollaps ab. Die technokratischen Eliten zeigten, wozu sie imstande waren. Der Turbokapitalismus mochte versagen – doch die demokratischen Staaten und ihre Institutionen waren stabil und handlungsfähig genug, um die Lage im Griff zu halten. Sicher, hier und da wurden in den folgenden Jahren neue, teils linkspopulistische Parteien groß, etwa in Spanien und Griechenland. Aber insgesamt hielt das System. Immer noch stellten etablierte Parteien die Regierungen. In Deutschland blieb Angela Merkel im Amt. In den USA zog sogar erstmals ein Afroamerikaner ins Weiße Haus ein, der »Hope« und »Change« predigte. Barack Obama war die personifizierte Hoffnung auf Emanzipation und fortschreitende Demokratisierung, das Gegenteil von antidemokratischem Furor. Unsere düsteren Vorhersagen schienen sich als falsch zu erweisen.

Es dauerte einige Jahre, dann ging es Schlag auf Schlag.

2016 stimmten die Briten in einem Referendum gegen die weitere EU-Mitgliedschaft. Nach vier Jahrzehnten wollten sie als Nation »die Kontrolle zurückerlangen« – eine Entscheidung mit unüberschaubaren Risiken, ein Sprung ins Ungewisse, wider alle Vernunft. Kurz darauf wählten die Amerikaner einen Reality-TV-Star zum Präsidenten, der versprach, seine Mitbewerberin ins Gefängnis zu werfen, eine Mauer an der mexikanischen Grenze zu bauen und die Wirtschaft gegen ausländische Konkurrenten abzuschotten. Bis dahin unvorstellbar. Im Jahr darauf zerstörten in Frankreich zwei Männer und eine Frau das Parteiensystem der Fünften Republik, indem sie neuartige Bewegungen auf die Beine stellten: In der ersten Runde der Präsidentschaftswahl im Frühjahr 2017 holten die Nationalpopulistin Marine Le Pen (Front National) und der Linksdemagoge Jean-Luc Mélenchon (La France insoumise) fast die Hälfte der Stimmen. Am Ende gewann der Zentrist Emmanuel Macron, auch er getragen von einer Bewegung (En Marche!); nur anderthalb Jahre später wurde er von der nächsten Bewegung eingeholt, den »Gilets jaunes« (»Gelbwesten«).

In Deutschland zog 2017 die AfD als drittstärkste Partei in den Bundestag ein, ein »gäriger Haufen«, so Parteichef Alexander Gauland, der die anderen Parteien in der Zuwanderungspolitik vor sich hertrieb. 2018 kam in Italien eine Regierung ins Amt, die von einer breiten Mehrheit aus Links- (Cinque Stelle) und Nationalpopulisten (Lega) getragen wurde und sich vor allem auf eines einigen konnte: die EU und ihre Regeln abzulehnen. Bei den Europawahlen im Frühjahr 2019 erstarkten dann die Rechtspopulisten weiter und setzten die konservativen Parteien derart unter Druck, dass das tradierte EU-Machtzentrum aus Christ- und Sozialdemokraten seine gemeinsame Mehrheit verlor – mit ungewissem Ausgang.

Diese politischen Verschiebungen mögen die Spätfolgen der schockierenden Erfahrung der großen Rezession von 2008/09 sein, als Banken gerettet und Privatleute in die Insolvenz geschickt wurden, die in den folgenden Jahren auch noch sinkende oder stagnierende Einkommen[3] und den Abbau sozialstaatlicher Leistungen hinnehmen mussten. Hinzu kam die zeitweise unkontrollierbare Flüchtlingszuwanderung des Jahres 2015, ein für viele Bürger verstörendes Ereignis. Und doch, zwischenzeitlich hatte sich noch etwas verändert: die öffentlichen Räume.

Abschalten ist keine Lösung

Die sozialen Medien à la Facebook, YouTube, Twitter & Co. haben einen wahrhaft revolutionären Wandel angestoßen. Zuvor wurde die Öffentlichkeit von Profis gesteuert: von Politikern und Journalisten, PR-Leuten und Lobbyisten, von Kunst, Kultur und Wissenschaft. Sie lieferten sich einen eingespielten Schlagabtausch. Journalisten spielten dabei eine zentrale Rolle. »Die Funktion der Massenmedien liegt (…) im Dirigieren der Selbstbeobachtung des Gesellschaftssystems«, konstatierte der Soziologe Niklas Luhmann noch Mitte der 1990er-Jahre.[4] Das hat sich geändert. Nun kann jeder mitmachen. Prinzipiell jedenfalls. Was zunächst enthusiastisch als Instrument der Demokratisierung gefeiert wurde, zeigt inzwischen seine dunklen Seiten. Die Öffentlichkeit verlagert sich in einen weitgehend unregulierten und ungeregelten Raum, wo ganz eigene Mechanismen am Werk sind. Die Brexiteers und Trump, Macron und Mélenchon wären ohne Social Media kaum erfolgreich gewesen. In Brasilien kam 2019 Jair Bolsonaro ins Präsidentenamt, ein Bewunderer der Militärdiktatur, überhaupt ein Mann von zweifelhaften Vorstellungen und Manieren, getragen von einer WhatsApp-Kampagne, die wüste Behauptungen verbreitete.

Einige Jahre zuvor war es bereits in Deutschland einer kleinen Gruppe von Aktivisten des Polit-Start-ups Campact gelungen, das transatlantische Freihandelsabkommen TTIP auszuhebeln – gegen alle etablierten Interessen aus Industrie-lobby, Gewerkschaften und Regierungsparteien. Mit schrägen »Chlorhühnchen«-Videos auf YouTube und einem Feuerwerk an Aufrufen, Tweets und Mails gelang es ihnen, die öffentliche Meinung in bis dahin unbekannter Weise zu beeinflussen. Ein Fanal. Kurz darauf etablierte eine Truppe sächsischer Rechts-aktivisten »Pegida«, organisiert über Facebook, sodass aus einer lokalen Protestbewegung von Zuwanderungsgegnern ein Phänomen von bundesweiter Bedeutung werden konnte, das erheblichen Einfluss auf die nationale Politik und den Kurs der etablierten Parteien gewann.

Demokratie braucht Öffentlichkeit. In der Antike verstand man darunter das häufig spontane Aufeinandertreffen auf Straßen und Plätzen. Noch um die vorletzte Jahrhundert-wende waren öffentliche Plätze und Bierkeller jene Orte, wo Versammlungen, Kundgebungen und Demonstrationen statt-fanden (falls sie denn erlaubt waren) und sich öffentliche Meinungen bildeten. Personen trafen direkt zusammen. Man stand sich gegenüber, diskutierte, brüllte einander an. Es blieb persönlich. Man sah sich ins Gesicht. Das zügelt manchen Affekt. Die Orte der Öffentlichkeit waren kleinräumig. Erst im späten 19. Jahrhundert begann allmählich die Verlagerung der demokratischen Öffentlichkeit in den medialen Raum. In New York, London oder Paris spielten Massenblätter nun eine entscheidende Rolle bei der Meinungsbildung. Später kamen Radio und Wochenschauen hinzu – und wurden teils scham-los für Propagandazwecke genutzt, zumal in Nazideutsch-land. In den Nachkriegsjahrzehnten wurde das Fernsehen zum neuen einflussreichen Medium. Und so ist es bis heute: Damit Botschaften einer breiten Öffentlichkeit zugänglich sind, muss das Fernsehen sie aufgreifen. Aber die Agenda wird zunehmend außerhalb des traditionellen politmedialen Raums gesetzt, nämlich in den sozialen Medien. (Wir werden in Kapitel 6 darauf zurückkommen.)

Abschalten ist keine Lösung. Ohne Öffentlichkeit, ohne

Möglichkeit zur freien Rede, ohne Austausch von Argumenten und Interessengegensätzen kann so etwas wie öffentliche Meinung gar nicht entstehen. Es ist kein Zufall, dass Staaten, die sich, wie die Türkei, Russland oder Ungarn, in Richtung Autoritarismus entwickeln, zunächst die Presse und vor allem das breitenwirksame Fernsehen unter Kontrolle bringen. Soziale Medien sind dort ebenfalls unter Druck, werden zensiert oder mit lärmender staatstragender Propaganda geflutet. Wer den Volkswillen brechen will, muss ihm zunächst seine Ausdrucksmöglichkeiten nehmen.

Wo nach wie vor Meinungsfreiheit herrscht, geraten die Verhältnisse zusehends durcheinander. Politik ist erratisch geworden. Die Polarisierung nimmt zu. Umschwünge in der öffentlichen Meinung und Kurswechsel in der offiziellen Politik können jederzeit auftreten. Auf den Turbokapitalismus als destabilisierendes Element folgt der Turbodemokratismus – der nun wiederum zum zentralen Unsicherheitsmoment für die Wirtschaft wird. Das abgewogene informierte Urteil wird abgelöst von der impulsiven Meinung. Kurzschlusspolitik verhindert vernünftige politische Entscheidungen.

Diskurs als Entdeckungsverfahren

In liberalen Gesellschaften ist der offene Diskurs das Mittel, um eine Vielzahl von Argumenten und Blickwinkeln zutage zu fördern und abzuwägen. Debatten sind ein Entdeckungsverfahren. Das sieht selten gut aus; die Ästhetik des öffentlichen Streits lässt zu wünschen übrig. Aber das ist nebensächlich. Schließlich geht es darum, die *relevanten Fakten*, die *besten Deutungen* der Wirklichkeit und die *berechtigten Interessen* herauszuarbeiten. Diese Suche nach der Wahrheit ist die große Stärke des westlichen Systems. Oder besser: Sie sollte es sein.

In der Formel vom »deliberativen Diskurs« hat der Philosoph Jürgen Habermas diese aufgeklärte und gezügelte Art der öffentlichen Auseinandersetzung zum Ideal erhoben.[5] Damit ist allerdings noch nicht geklärt, *welche* Fakten relevant sind (und welche nicht), *welche* Interessen berechtigt sind (und welche nicht), *welche* Deutungen die besten sind (und welche schlechter). Um sich dem Ideal halbwegs anzunähern, braucht es ethische und soziale Normen, Gesetze und Institutionen – Spielregeln und Schiedsrichter. In der Wissenschaft gibt es Regeln guter wissenschaftlicher Praxis, im Journalismus Institutionen der Selbstkontrolle wie den Presserat, dazu Gesetze gegen grobe Verstöße sowie, noch wichtiger, eine professionelle Ethik, die dafür sorgt, dass Regeln im Großen und Ganzen eingehalten werden. In den neuen Medienwelten fehlt all das. Sie werden gesteuert von Algorithmen, von teils selbst lernenden Systemen, die vor allem ein Ziel haben: die Aufmerksamkeit der Nutzer und damit die Erlöse zu maximieren. Dass sie nebenbei die Weltwahrnehmung der Bürger und ganzer Gesellschaften verzerren, weil sie *Filterblasen*[6], *Echokammern*[7] und *Feedbackhöllen*[8] ausbilden, weil sie das Extreme und das Schrille fördern und das Normale und das Abgewogene systematisch ausblenden, ist inzwischen unübersehbar, aber ein ungelöster Problemkomplex.

Wie unterscheidet man zwischen Wahrheit, Lüge, Fälschung? Die Basis jedes ernsthaften Diskurses ist der Wille, sich auszutauschen – zuhören, sich in Argumente hineindenken und sich in die Interessen anderer hineinfühlen. Eine gemeinsame Ebene herzustellen benötigt Zeit. Allmähliche Prozesse sind dabei am Werk, die »langsames Denken« erfordern, wie der Psychologe und Wirtschaftsnobelpreisträger Daniel Kahneman[9] das genannt hat: Vernunft braucht Langsamkeit. Wenn Affekte angesprochen werden, sind Menschen hingegen schnell. Wir reagieren instinktiv und gefühlsbetont – mit Angst, Aggression, Abwehr, Neugier, Zorn, Ekel. Die heutigen Diskursräume sind schnell, und die Algorithmen, die sie strukturieren, zielen mit voller Absicht auf menschliche Affekte. Kaum verwunderlich, dass der öffentliche Raum von lautstarker Aggression durchzogen ist.

Der Zerfall der Öffentlichkeit geht nicht leise und friedlich vonstatten. Es sind nicht nur gemütliche Binnendiskurse kleinerer Gruppen, die sich bei Facebook oder WhatsApp über ihre Belange verständigen und ansonsten den Rest der Gesellschaft nach seiner Fasson existieren lassen. Häufig herrscht eine dröhnende Intoleranz, die der Verständigung im Wege steht. Die Hochachtung des demokratischen Kompromisses kommt allmählich aus der Mode. Ich nenne diese Form der Auseinandersetzung postrepublikanisch. Sie verdirbt die westlichen Demokratien im Innern. Und inzwischen auch das internationale Machtgefüge.

Der »Davos-Mensch« und seine Nachfahren

Ablesen lassen sich die Verschiebungen zum Beispiel am Weltwirtschaftsforum (WEF), das alljährlich im Januar im schweizerischen Davos stattfindet. Über viele Jahre war Davos ein Treffpunkt von Ähnlichgesinnten: ein paar Hundertschaften Mächtiger und Wichtiger, die sich nebenher auch noch darum kümmern wollten, die Welt ein bisschen besser zu machen. Die Treffen stießen schon früher auf Kritik. Demonstranten liefen in großer Zahl auf: Proteste von linken Globalisierungsgegnern gehören seit vielen Jahren zu den Seitenereignissen des WEF. Auch von rechts gab es teils beißende Kritik. »Tote Seelen« seien diese Leute, denen »tiefe Gefühle von Bindung« an die Heimat fehlten. Der »Davos-Mensch« sei eine Spezies, die sich in ihren »Einstellungen und Verhaltensweisen« weit vom übrigen Volk entfernt habe, ätzte der US-Politologe Samuel Huntington. Es klang, als ob sich oben in den Schweizer Bergen einmal im Jahr ein Haufen Zombies träfe.

Es lohnt sich, Huntingtons Essay, erschienen im Jahr 2004,

noch einmal zu lesen.[10] Nicht, weil alles wahr wäre, was darin stand – sondern weil sich seither eine Menge verändert hat. Inzwischen gibt es die eine globale Elite nicht mehr. Sie zerfällt in unterschiedliche Zweige, die die Lage der Welt jeweils aus ihrem ganz speziellen Blickwinkel beurteilen – der »Davos-Mensch« hat sich in verschiedene Unterarten aufgespalten. Was seine eigenen Probleme mit sich bringt.

Immerhin hatte die von Huntington heftig diffamierte Elite ein gemeinsames Weltbild. In der Ära der raschen Globalisierung der 1990er- und 2000er-Jahre folgten die Führungsfiguren aus Politik, Wirtschaft und Wissenschaft einer ziemlich einheitlichen Agenda: weitere Integration der Märkte, verstärkte internationale Zusammenarbeit, schlagkräftige internationale Institutionen. Es war ein großes liberalistisches Programm. Viele Schwellenländer mochten noch autoritär regiert werden, aber ihre Führer schienen nach Wegen zu suchen, wie sie ihre Gesellschaften allmählich öffnen könnten, ohne deren Stabilität zu gefährden. Die Welt wird allmählich westlich, das war lange die verbreitete Erwartung. Alles nur eine Frage der Zeit. Was nicht hieß, dass alles gut war: Zum Davos-Konsens gehörte nicht nur das Versprechen auf Wachstum und Reichtum (sowie das Zelebrieren der eigenen Wichtigkeit), sondern auch das Bewusstsein, dass es immer mehr globale Probleme gab, die man gemeinsam angehen muss – ja, die man ausschließlich gemeinsam angehen *kann*. Lösungen könne es nur geben, wenn sich nationale Egoismen überwinden ließen.

Der geschmähte »Kosmopolitismus« (Huntington) brachte immerhin einiges zustande. Das globale Krisenmanagement nach dem Finanzcrash von 2008 wäre ohne den Geist von Davos kaum vorstellbar gewesen, ebenso wenig das Pariser Klimaschutzabkommen von 2015 – um nur zwei Beispiele zu nennen. Doch dieser Geist verflüchtigt sich. Tiefe Gräben tun sich auf – zwischen den Staaten, aber auch innerhalb von Gesellschaften. Während der postrepublikanische Turbodemokratismus die westlichen Gesellschaften schwächt, trumpfen unfreie Systeme auf. Das liberale westliche Gesellschaftsmodell ist nicht mehr das Vorbild, dem andere nacheifern.

Gegenentwürfe gibt es reichlich, von Chinas digitalem Totalitarismus über moderne Despotien wie Russland bis zu traditionellem Absolutismus am Persischen Golf; all diese Systeme sind inzwischen in großer Zahl mit Regierungsmitgliedern und Managern in Davos vertreten. Auch der offen zur Schau getragene Nationalismus von Figuren wie Donald Trump stellt das liberale Modell infrage. Bezeichnend: Beim WEF 2019 waren weder der US-Präsident noch Minister seiner Administration anwesend. Sie hatten ihren Besuch kurzfristig absagen müssen, weil sich der Präsident und der Kongress in Washington wieder mal derart ineinander verhakt hatten, dass sie keinen Staatshaushalt zustande brachten. Ein Teil der Bundesbehörden stellte seine Arbeit ein – in den USA herrschte »government shutdown«, und zwar der bis dato längste der Geschichte.

Davos 2019 war geradezu ein Sinnbild für den Zustand des Westens. Nicht nur Trump und seine Minister fehlten, auch andere westliche Regierungschefs blieben dem Treffen fern. Großbritanniens Premier Theresa May war nicht angereist, weil sie daheim in London mit dem hoffnungslos zerstrittenen Parlament über den Ausstiegsvertrag mit der EU rang und das Land im Brexit-Chaos zu versinken drohte. Frankreichs Präsident Emmanuel Macron hatte alle Hände voll mit dem Aufstand der Gelbwesten zu tun, die bereits seit Wochen französische Straßen blockierten. Vertreten wurde der Westen von innenpolitisch geschwächten Figuren: von Bundeskanzlerin Angela Merkel, die angezählt war, nachdem sie ihren allmählichen Rückzug aus allen politischen Ämtern angekündigt hatte (eine Folge der quälenden Debatte über ihre Flüchtlingspolitik und der »Merkel muss weg!«-Parolen der Rechtspopulisten); von Giuseppe Conte, dem italienischen Ministerpräsidenten von Gnaden der Führer von Cinque

Stelle und Lega; von Pedro Sánchez aus Spanien, einem Regierungschef ohne parlamentarische Mehrheit. Es war, insgesamt, nicht gerade eine überzeugende Demonstration von Stärke und Stabilität.

Top Act war 2019 Jair Bolsonaro, definitiv kein »Davos-Mensch«. Brasiliens Präsident hatte beim WEF seinen ersten großen Auftritt auf der Weltbühne und bemühte sich nach Kräften, moderat zu wirken. Doch bereits im Vorfeld hatte er keine Zweifel daran aufkommen lassen, wie wenig Bedeutung er dem globalen Problem Nummer eins, dem Klimawandel, beimaß, und offen angekündigt, wieder in größerem Maßstab brasilianischen Regenwald roden lassen zu wollen. Da mochte der Weltrisikobericht des WEF extreme Unwetter, Naturkatastrophen, Wassermangel, Artensterben und das Kollabieren ganzer Ökosysteme oben auf seine Warnliste setzen[11] – Bolsonaro zeigte sich wenig beeindruckt.

Zwei Jahre zuvor hatte Chinas Präsident Xi Jinping noch Kooperationswillen suggeriert. In seiner WEF-Rede von 2017 hatte er sein Land als Garanten der multilateralen Ordnung dargestellt – und sich selbst als eine Art Anti-Trump. Ein starkes Stück Propaganda von einem Regenten, der längst die Zurückhaltung seiner Vorgänger aufgegeben hat, nach außen eine aktive Großmachtpolitik betreibt und im eigenen Land den Repressionsapparat ausbauen lässt. Wenn es zuvor in China eine sachte Liberalisierung gegeben haben mochte – Xi, der wohl mächtigste Führer der chinesischen Kommunistischen Partei seit Mao, hat das Rad mit Macht zurückgedreht.

Sicher, es gibt noch die traditionellen Davos-Besucher, die auch 2019 wieder in großer Zahl anreisten, darunter die üblichen Polit-Wirtschaft-Kultur-Promis wie Al Gore, Bill Gates und Bono, die Topliga der internationalen Technokratie (darunter die Chefs von Währungsfonds, Weltbank, UNO, OECD sowie diverse EU-Kommissare) und natürlich Heerscharen von Managern internationaler Konzerne. Hinzu kommen renommierte Wissenschaftler und Aktivisten von Nichtregierungsorganisationen. Aber anders als früher verfolgen sie nicht mehr unbedingt die gleichen Ziele.

Internationale Kooperation wird unter diesen Bedingungen immer schwieriger. Ähnliche Ziele und Überzeugungen sind die Grundvoraussetzung für kollektives Handeln. Eine gemeinsame Basis an Fakten, Wissen und Werten hilft dabei, Interessengegensätze zu überwinden. Wenn aber die Weltsicht flexibel den jeweiligen Interessen angepasst wird, lassen sich mehrheitlich akzeptierte Lösungen kaum finden.

Zu tun gäbe es wahrlich genug. In vielen Bereichen vollzieht sich parallel ein tief greifender Wandel. Zum Beispiel die Demografie: Noch nie lebten so viele Menschen auf der Erde, noch nie alterte die Weltbevölkerung so rapide. Das dürfte fundamentale Auswirkungen haben – auf die Produktivität, auf Migrationsströme, auf soziale Beziehungen oder politische Präferenzen. Nur welche? Oder das globale Kräfteverhältnis: In der Vergangenheit stützte sich das internationale Staatensystem auf wenige Großmächte. Inzwischen erleben wir eine Diffusion der Macht, in der diverse Länder miteinander um Vorherrschaft ringen. Besonders augenfällig ist dies am Persischen Golf, in einer Region, die lange von den USA stabilisiert wurde, in der nun aber auch Saudi-Arabien, der Iran, Russland, die Türkei und Israel die Finger im Spiel haben. Mit welchen Institutionen und Prozessen lässt sich eine derart zerklüftete internationale Landschaft befrieden? Oder der Klimawandel: Die Erwärmung der Erdatmosphäre scheint sich zu beschleunigen, häufige extreme Unwetter und ungleichmäßige Niederschläge inklusive. Doch nicht alle leiden darunter. Russland beispielsweise kann sich Vorteile ausrechnen, wenn seine Permafrostgebiete tauen und das Eis im Nordmeer schmilzt. Andererseits sollte der globale Ausstieg aus der CO_2-Wirtschaft einfacher werden, weil erneuerbare Energie dank technischen Fortschritts immer billiger wird.

Wie wirkt all das zusammen? Was wird beispielsweise aus einer demografisch schrumpfenden Nation wie Russland, wenn die Welt immer weniger Öl und Gas nachfragt und dadurch die wirtschaftlichen Grundlagen bröckeln? Gelingt es dem Land, sich neu zu erfinden? Oder wird es seine inneren Konflikte noch stärker nach außen tragen als bislang?

Aber zur objektiven globalen Unordnung kommt eben auch eine veränderte Wahrnehmung der Welt. Der Westen, das zeigt das Beispiel Davos 2019, ist in einem Zustand innerer Schwäche. Die Perzeption der Realität zerfasert. Während die objektiven Probleme großräumiger werden, werden die Kommunikationsräume kleinteiliger; informationsorientierte Massenmedien werden verdrängt von sozialen Netzwerken, von Unterhaltung und »Soft News«. In den virtuellen Echokammern kommt es zu Rückkopplungseffekten, in der Gleichgläubige sich gegenseitig immer lautstärker bestätigen. Die Sphäre der Öffentlichkeit zersplittert in – häufig instabile – Subgruppen. Und dann ist da noch die anschwellende Bilderflut aus YouTube-Videos, Netflix-Serien, Chats, Spielen, Pushmeldungen, WhatsApp-Nachrichten und vielem mehr. In der Wahrnehmung vermischt sich das Triviale mit dem Wichtigen, das Reale mit dem Fiktionalen, Bullshit mit Wahrheit (mehr dazu in Kapitel 4). Die Basis gemeinsam akzeptierter Fakten wird brüchig. Es ist längst nicht immer klar, was wirklich ist und was relevant – was also wirklich relevant ist.

Von Fake News bis Safer Sex: Die Sache mit der Unsicherheit

Unsicherheit ist nicht gut. Sie stört uns bei unseren Planungen. Sie verwirrt Individuen und ganze Gesellschaften. Sie stellt zwischenmenschliche Bindungen und soziale Normen infrage, erschwert unternehmerische Entscheidungen, untergräbt die Stabilität staatlicher Institutionen und der internationalen Ordnung und damit das Fundament von Wohlstand und Sicherheit. Die Epoche der Unsicherheit beginnt gerade erst. Dieses Buch ist der Versuch, ihren Ursachen auf den Grund zu gehen, Auswirkungen zu beschreiben und mögliche Gegenmittel zu diskutieren.

Wir haben uns daran gewöhnt, die Welt als ausrechenbar anzusehen. Oder besser: Wir haben sie uns so eingerichtet, dass sie ausrechenbar *erscheint*. Das ist ein gutes Gefühl. Es vermittelt Sicherheit, in mehrfachem Sinn: Unsere Umgebung wirkt verlässlich; wir selbst fühlen uns sicher, was uns wiederum Selbstsicherheit verleiht. Identität basiert auf Selbstsicherheit – auf der Gewissheit darüber, wer man ist, als Individuum, als Gesellschaft. Wer sich hingegen in einer unsicheren Umgebung bewegt, wird in seiner Identität herausgefordert.

Der Neonationalismus, inzwischen rund um den Globus im Trend, lässt sich verstehen als Versuch der kollektiven Selbstvergewisserung. Was die Sache nicht besser macht – und Gegenstrategien umso schwieriger: Demokratien lösen gesellschaftliche Konflikte üblicherweise durch den Ausgleich von Interessen, also durch ein rationales Geben und Nehmen. Bei Fragen der Identität jedoch setzt die so verstandene Vernunft mitunter aus. Es geht um Anerkennung, Respekt, Achtung, um Selbstbehauptung gegenüber anderen. Eine akzeptable Lösung für alle Beteiligten zu finden – einen vernünftigen Kompromiss, wie das in der Demokratie und im Geschäftsleben üblich ist –, geht womöglich am Bedürfnis nach Anerkennung vorbei. So kommt ein destruktives Element in die Politik, das nicht so rasch wieder verschwinden wird (dazu eingehend Kapitel 3).

Unsicherheit führt dazu, dass wir schlechter miteinander kooperieren. Kooperation bedeutet Verzicht auf egoistisches Verhalten. Egoismus zahlt sich kurzfristig aus, Kooperation nützt längerfristig. Wer schlicht nicht weiß, wie die äußeren Umstände morgen sind, wird kaum gewillt sein, Opfer zu bringen. Warum soll ich sparen, investieren, mich bilden oder in die Bildung meiner Kinder investieren, warum soll ich selbst ehrlich sein, wenn die anderen es doch offenkundig auch nicht sind? Warum soll ich mich an Gesetze halten, wenn ich mir unsicher bin, ob sie morgen noch gelten? Unsicherheit korrumpiert. Sie macht misstrauisch und egoistisch. Unter unsicheren Bedingungen ziehen sich Menschen in Kleingruppen zurück – Familien, Clans, Stämme.

Unsicherheit bedeutet, dass unser Bild von der Zukunft verschwommener wird. Klar, niemand weiß, was die Zukunft bringt. Risiken gehören zum Normalzustand entwickelter Gesellschaften. Aber Risiken sind bezifferbar. Ihre Eintrittswahrscheinlichkeit lässt sich berechnen, Prognosefehler lassen sich bestimmen. Gegen Risiken gibt es Versicherungen. Davon lebt eine ganze Branche. Unsicherheit hingegen ist etwas anderes, wie der US-Ökonom Frank Knight bereits 1921 herausgearbeitet hat.[12] Der Begriff schließt die Möglichkeit ein, dass die Zukunft ganz anders aussehen kann als die Gegenwart. Aber mit welcher Wahrscheinlichkeit es zu einem Umschwung in die eine oder andere Richtung kommt, ist nicht bestimmbar. Damit kann man schlecht arbeiten.

In den 1980er-Jahren prägte der deutsche Soziologe Ulrich Beck den Begriff »Risikogesellschaft«.[13] Damit traf er einen Nerv. Dass Technologien die natürliche Umwelt gefährden können, dass Arbeitslosigkeit jeden treffen kann, dass es wieder Seuchen ohne Gegenmittel geben kann, all das war damals neu. Waldsterben und das Reaktorunglück von Tschernobyl, die Verwerfungen der heraufziehenden Globalisierung (die damals noch nicht so hieß), Aids als Rückkehr der unheilbaren ansteckenden Krankheiten – das waren große Themen der späten 1980er-Jahre. Westliche Gesellschaften reagierten darauf in typischer Manier: die neuen Unsicherheitsfaktoren verstehen lernen, Institutionen anpassen, Probleme in praktikable Pakte zerlegen. Abgaskatalysator und bleifreies Benzin gegen sauren Regen und Waldsterben, ein neues Bundesumweltministerium, um die Reaktorsicherheit in Deutschland zu verbessern, die Propagierung von kondomgeschütztem Safer Sex gegen die Ausbreitung von Aids.

Die Moderne lässt sich verstehen als Großprojekt gegen die Unsicherheit. Staatliche Institutionen, anständig organisierte Unternehmen und wohlregulierte Märkte sollten das Unwägbare einhegen und es zu Risiken abmildern, die leichter handhabbar sind. Unsicherheit resultiert aus Nichtwissen, manchmal auch aus Nichtwissenwollen. »Es dürfte die meisten Menschen überraschen«, schrieb Knight, »wenn ihnen erstmals ernsthaft klar wird, welch kleiner Teil unseres Tuns auf akkuratem und umfassendem Wissen über die Dinge, mit denen wir umgehen, beruht.«[14]

Eine Strategie gegen die Unsicherheit besteht darin, Wissen über den Zustand der Welt anzusammeln. Wissenschaft ist, so gesehen, ein Versicherungsprogramm. Gegen Ende des 19. Jahrhunderts begannen Statistiker damit, Gesellschaften systematisch zu vermessen. In den vergangenen Jahrzehnten machten Prognostiker große Fortschritte dabei, die unmittelbare Zukunft vorherzusagen. Sozialstaaten wurden ausgebaut, um individuelle Lebensrisiken abzusichern. Sogar das Wetter kommt nicht mehr so überraschend über uns wie früher, denn die Prognosen sind deutlich treffsicherer geworden. Doch nun tun sich Risse auf. Das Vertrauen in staatliche Institutionen und Unternehmen erodiert. Wissenschaft gilt nicht mehr unbedingt als verlässlich. Dem Journalismus ergeht es nicht besser: Viele Bürger sagen, sie könnten nicht mehr unterscheiden zwischen realen Nachrichten und Fake News (dazu näher Kapitel 5).

Unsicherheit verunsichert. Sie frisst sich in die Köpfe, verhindert Entscheidungen, destabilisiert die Wirtschaft und verstärkt sich damit selbst. Bürger und Unternehmen halten sich zurück. Anschaffungen werden hinausgeschoben, Investitionspläne zusammengestrichen. Wenn Unsicherheit das Wohlstandsfundament bröckeln lässt und dadurch das Vertrauen in Institutionen und Unternehmen weiter schwindet, dann sind wir auf einem abschüssigen Entwicklungspfad. Freiheitliche Demokratien müssen erst noch beweisen, dass

sie unter den neuen Bedingungen auch weiterhin funktions-
fähig bleiben. Wir Zeitgenossen stehen vor all den unvorher-
sehbaren Wendungen und staunen – zumal wenn wir nicht
recht begreifen, was den Zerfall der Öffentlichkeiten treibt,
wenn uns, im Sinne von Knight, das »akkurate und umfas-
sende Wissen über die Dinge« fehlt.

Die Wirtschaftskrise von 2008/09 war für sich genommen
ein verunsicherndes Ereignis, weil sie offenbarte, wie wenig
der Mainstream der Ökonomen über die Finanzmärkte
wusste – und wie prekär es um die Stabilität und Integrität
von Institutionen wie Banken und Aufsichtsbehörden bestellt
war. Hinzu kamen die sozialen Folgen der tiefen Rezession.
Wo die Unwägbarkeiten der Globalisierung nicht hinreichend
durch sozialstaatliche Sicherungssysteme abgefedert würden,
argumentiert der US-Wirtschaftshistoriker Barry Eichengreen, seien Wirtschaftskrisen imstande, die politische Ordnung zu zersetzen. Populisten und Extremisten erhielten Zu-
lauf. Das sei eine Lehre aus den 1930er-Jahren. Dem damaligen
US-Präsidenten Franklin D. Roosevelt sei es mit dem Ausbau
des Sozialstaats (»New Deal«) gelungen, eine Strategie gegen
Unsicherheit und Verunsicherung durchzusetzen. Die Wei-
marer Republik hingegen sei an der Sparpolitik der letzten
demokratischen Regierungen unter Reichskanzler Heinrich
Brüning zugrunde gegangen und habe die Kampfbahn berei-
tet, auf der die Nazis wüten konnten. Heutige Regierungen
hätten die Dringlichkeit zu entschlossenen Umbau- und Aus-
baumaßnahmen der Sozialsysteme nicht erkannt, so Eichengreen.[15]

Da ist was dran. Aber auf Frankreich beispielsweise trifft
Eichengreens Diagnose nicht zu. Präsident Macron über-
nahm bei seinem Amtsantritt einen sehr großen Staatsappa-
rat. Nirgends in der Europäischen Union ist der öffentliche
Sektor so groß. Die Staatsquote liegt bei 56 Prozent; fast die
Hälfte der öffentlichen Ausgaben fließt in die Sozialhaushal-
te.[16] Die Proteste der Gelbwesten haben gezeigt: Auch ein sehr

großer öffentlicher Sektor schützt nicht vor erratischem Aufbegehren. Außerdem: Rechtspopulisten durchpflügen die
politische Landschaft auch in Schweden oder in Baden-Würt-
temberg, in Gegenden also, die objektiv reich und sicher sind.
Aber die subjektive Einschätzung der Lage ist nun mal etwas
anderes als die Realität.

Unsicherheit ist teuer – und messbar

Verunsichert sind nicht nur die Bürger, sondern inzwischen
auch die sogenannten Eliten. Ich habe das in vielen Gesprächen erlebt, die ich in den vergangenen Jahren mit Politikern,
Topmanagern, Journalisten, Gewerkschaftern oder Wissenschaftlern geführt habe. Immer wieder höre ich die gleichen
Fragen: Woher kommen Angst und Hass, die auch in unsere
Betriebe einsickern? Warum ist die Zuwanderungsdebatte
derart vergiftet? Wie sollen wir uns als Arbeitgeber zur AfD
verhalten? Warum werden in den Medien stets aufgeregte
Politdebatten geführt, in denen Sachargumente nicht mehr
viel zählen? Was wird eigentlich aus der deutschen Politik,
wenn Union und SPD zusammen keine Mehrheit mehr haben
und es im Zweifel auch für große Koalitionen nicht mehr
reicht? Wird dieses Land strukturell unregierbar? Ein in Berlin bestens vernetzter Banker erzählte: »Vielleicht müssen wir
uns selbst bemühen, einen deutschen Macron aufzubauen,
und eine neue Bewegungspartei à la En Marche! unterstützen.« Bei einer Konferenz der IG Metall im Sommer 2018 diskutierte ich mit Funktionären und Betriebsräten – über die
Frage, ob sich Solidarität mit kollektiven Narrativen befördern lasse – und war mit einer Mischung aus Kampfgeist und
Verunsicherung ob der absehbaren ökonomischen, technologischen, sozialen und politischen Verwerfungen konfrontiert.

Auch Journalisten suchen nach einer neuen Rolle. Sie bemühen sich um Transparenz und Redlichkeit, wissen aber

gleichzeitig, dass sie den veränderten Mechanismen des Medienmarkts nicht entfliehen können (dazu eingehend Kapitel 7). Redaktionsleiter bei öffentlich-rechtlichen Sendern erzählen, wie sehr es sie quält, dass sie das jüngere Publikum kaum noch erreichen. Wissenschaftler fragen sich, warum sie mit empirisch gut abgesicherten Erkenntnissen nicht mehr durchdringen. Andere stürzen sich mit Verve in die Twitter-Gewitter und mischen möglichst bei jedem Aufregungszyklus mit.

Die ökonomischen Kosten der Unsicherheit sind potenziell groß. Aber wie groß genau sie sind, lässt sich nicht so einfach sagen. Sie sind das Resultat von Attentismus, also Abwarten und Nichthandeln, der Investoren, Konsumenten und sonstigen Akteure. 87-mal kamen die Worte »uncertain« oder »uncertainty« im Wirtschaftsbericht der OECD, der Organisation der Marktdemokratien, vom November 2018 vor.[17] Im OECD-Bericht vom Mai des gleichen Jahres waren es noch 65-mal.[18] Das 2018er Gutachten des Sachverständigenrats zur Begutachtung der gesamtwirtschaftlichen Entwicklung (»Fünf Weise«) enthielt immerhin 47 entsprechende Nennungen.[19] Unsicherheit wurde überwiegend im politischen Kontext erwähnt, insbesondere über die künftige Ausrichtung der US-Wirtschaftspolitik, zumal der Handelspolitik; über die Folgen des Brexits; über die Auswirkungen politischer Kehrtwenden auf die Finanzmärkte und auf die Stimmung bei den Unternehmen; über die Durchsetzbarkeit und Wirkung von Reformen des französischen Arbeitsmarkts. Und so weiter.

In den Wirtschaftswissenschaften hat sich in den vergangenen Jahren ein neuer Forschungszweig entwickelt: Man sucht nach Indikatoren, mit denen sich Unsicherheit messen lässt. Das klingt erst einmal wie ein Widerspruch. Denn sollte, was messbar ist, sich nicht prinzipiell auch prognostizieren lassen – und sich damit in ein handhabbares Risiko verwandeln? Aber so einfach ist die Sache nicht. Echte Unsicherheit, wie von Frank Knight beschrieben, kommt aus einer Sphäre, die für ökonomische Akteure nicht vollständig beschreib- und prognostizierbar, also exogen, ist. Echte Unsicherheit lässt sich deshalb mit traditionellen ökonomischen Messsystemen – Stimmungsindikatoren wie dem Ifo-Geschäftsklimaindex (Umfragen unter Managern), dem ZEW-Index (Umfragen unter Finanzmarktanalysten), GfK-Konsumklima (Umfragen unter Verbrauchern) oder Einkaufsmanagerindizes (Umfragen unter Leuten, die in Unternehmen für die Beschaffung zuständig sind) und so weiter – schwerlich erfassen, geschweige denn vorhersagen. Denn diese Umfragen sind eng am wirtschaftlichen Geschehen ausgerichtet. Außerökonomische Schocks können sie naturgemäß kaum erfassen. Doch davon gab es in den vergangenen Jahren eine Menge. Die Finanz- und die Eurokrise sowie die folgende Phase populistischer Politik mit ihren erratischen Umschwüngen haben ein gesteigertes Interesse an der Erfassung wirtschaftlicher Unsicherheit ausgelöst.

Da die Ungewissheit vor allem von der Politik ausgeht, haben die US-Ökonomen Scott Baker, Nick Bloom und Steven Davis eine ganze Familie von Indikatoren entwickelt, die speziell auf die Erfassung wirtschaftspolitischer Unsicherheit abzielen. Zwischen Anfang 2018 und Juli 2019 beispielsweise verdoppelte sich der Wert ihres globalen Indikators; im Sommer 2019 lag er auf dem höchsten Niveau, das die Forscher jemals gemessen haben.[20]

Der »Economic Policy Uncertainty Index« (EPU) von Baker, Bloom und Davis[21] liegt für eine Reihe von Ländern vor, darunter auch für Deutschland. Der Indikator erfreut sich international großer Beliebtheit, zumal unter Wirtschaftsforschern. Er basiert auf der Zählung von Zeitungsartikeln aus digitalen Archiven. Erfasst werden Texte, in denen eine Reihe von Suchworten vorkommt.[22] Auch nichtökonomische Ereignisse, etwa militärische Auseinandersetzungen oder Terroranschläge, sollen Berücksichtigung finden, sofern sie ökonomische Auswirkungen haben. Es existieren sowohl globale wie auch länderspezifische Indizes, außerdem verschiedene Spezialindizes für ausgewählte Bereiche der Wirtschaftspolitik, etwa den internationalen Handel oder die Geldpolitik.

Warum basiert dieser Index ausgerechnet auf Artikeln von Qualitätszeitungen? Schließlich hatten wir oben bereits festgestellt, dass traditionelle Medien in Zeiten des Turbodemokratismus weniger Einfluss auf die Öffentlichkeiten haben. Für die Messung von politischer Unsicherheit jedoch ist der jeweilige Einfluss eines Mediums relativ unerheblich, solange sich das öffentliche Meinungsbild darin halbwegs verlässlich widerspiegelt. Dazu ist es erst einmal egal, ob eine Debatte von Social Media, von Nachrichtenagenturen oder Politikern losgetreten wurde. Hauptsache, sie findet ihren Niederschlag in der Berichterstattung. Zeitungen haben außerdem den Vorteil, dass sie auf eine jahrzehntelange Publikationsgeschichte zurückblicken, anders als Social Media oder Nachrichtenportale. Dadurch wird es möglich, lange Zeitreihen zu produzieren, die für ökonomische und ökonometrische Analysen nötig sind.

Meine Kollegen am Dortmund Center for data-based Media Analysis (DoCMA)[23] und ich haben den Deutschland-Indikator von Baker, Bloom und Davis nachgebaut. Allerdings haben wir eine deutlich verfeinerte Analysemethode angewendet: ein algorithmusgestütztes Big-Data-Verfahren, das gewissermaßen automatisch Muster erkennt.[24] Dadurch lässt sich zeigen, von welchen Faktoren die so gemessene Unsicherheit ausgeht. Die Ergebnisse sind ziemlich interessant. Unser »Uncertainty Perception Indicator« (UPI) stellt die mediale Wahrnehmung von wirtschaftspolitischer Unsicherheit dar. Der Verlauf der Einzelfaktoren belegt die These dieses Kapitels, wonach die Politik inzwischen der größte Unsicherheitsfaktor ist (Abbildung 1). Deutlich ist eine Trendwende zu erkennen, die sich um 2008, das Jahr der großen Finanzkrise, manifestiert. Bis dahin ging die wahrgenommene Unsicherheit überwiegend von der Wirtschaft aus. Nach 2008 tritt die

[1] Wahrnehmung von Unsicherheitsfaktoren – Staat versus Wirtschaft*
(Quelle: eigene Darstellung)
* »Uncertainty Perception Indicator« für Deutschland, Topic-Cluster Staat und
Wirtschaft, Anteile am Gesamtkorpus. Zur Methodik vgl. Müller et al. (2018)

Politik deutlich in den Vordergrund, während die Wirtschaft
als Quelle wahrgenommener Unsicherheit weniger relevant
wird. Man könnte auch sagen: Der Turbokapitalismus wird
vom Turbodemokratismus abgelöst.

Wie mit einem Zoom kann man tiefer in die Ergebnisse
hineinschauen. Denn hinter den Unsicherheitsfaktoren »Staat«
und »Wirtschaft« liegen wiederum einzelne Themenfelder. So
setzt sich »Staat« aus drei Faktoren zusammen: deutsche Politik, Notenbanken und internationale Politik (inklusive EU
und Eurozone). Der erste Themenkomplex hat einen frappie-
renden Verlauf: Seine Bedeutung geht nach 2005, dem Jahr
von Angela Merkels Amtsantritt als Bundeskanzlerin, stark
zurück. Zuvor war die Bundespolitik regelmäßig eine Quelle
von Unsicherheit über den weiteren wirtschaftspolitischen
Kurs. Insbesondere während der Strukturkrise der frühen
Nullerjahre, als die Arbeitslosigkeit hoch war und die Staats-
haushalte relativ große Defizite aufwiesen, lag das Augenmerk
auf notwendigen, aber zunächst unterlassenen wirtschafts-

politischen Reformen der rot-grünen Bundesregierung. Immer wieder stellte sich die Handlungsfähigkeit der Bundesrepublik infrage. Mit Merkels Amtsantritt beginnt eine Phase der wirtschaftlichen Erholung – was nicht ihr Verdienst ist, sondern das Resultat der rot-grünen Reformen (Hartz-Gesetze) sowie einer übersprudelnden Weltkonjunktur – und der relativen politischen Stabilität. Der konfliktarme Politikstil der Kanzlerin sorgt zugleich für eine Phase der *Merkel'schen Ruhe*. Daran ändern auch zwischenzeitliche Wahlkämpfe und Regierungsbildungen wenig (Abbildung 2). Im letzten Abschnitt der Kurve spiegeln sich die Querelen in der schwarz-roten Koalition, das Ende der Ära Merkel und die Unsicherheit über die politische Stabilität Deutschlands.

Maßgeblich verantwortlich für den gemessenen *Anstieg* der Unsicherheit ab 2008 sind hingegen die Themenfelder Notenbanken und internationale Politik. Mit Ausbruch der Krise werden die Notenbanken, insbesondere die US-amerikanische Federal Reserve und die Europäische Zentralbank (EZB), zu hyperaktiven Akteuren, die mit allerlei neuen Inst-

[2] Unsicherheitsfaktor deutsche Politik* (Quelle: eigene Darstellung)
  * »Uncertainty Perception Indicator« für Deutschland, Topic deutsche Politik, Anteile am Gesamtkorpus. Zur Methodik vgl. Müller et al. (2018)

rumenten (Wertpapierkäufe im großen Stil, massive Liquiditätsinfusionen in die Bankenmärkte, Strafgebühren auf Einlagen bei der Notenbank) versuchen, die Wirtschaft zu stabilisieren. Timing und Wirkung dieser Maßnahmen sind für die Finanzmärkte und die weitere Öffentlichkeit schwer ausrechenbar. Entsprechend groß ist die damit verbundene Unsicherheit.

Was das Themenfeld »internationale Politik« betrifft, ist die Sache eindeutig. Die Unsicherheit, die von Entwicklungen außerhalb Deutschlands ausgeht, nimmt ab 2008 und insbesondere mit Beginn der Eurokrise ab 2010 deutlich zu (Abbildung 3). Davor liegt eine lange Phase, in der sich in der Berichterstattung relativ wenig ökonomische Unsicherheit spiegelt. Lediglich die Finanzkrise der Schwellenländer Ende der 1990er-Jahre und die Anschläge des 11. September 2001 (»9/11«) und ihre Folgen (Kriege in Afghanistan und im Irak) sorgen für leichte Anstiege. In einer zweiten Phase (etwa ab 2010) spielen Themen wie die Eurokrise, die Möglichkeit eines Ausscheidens Griechenlands aus der Eurozone (»Gre-

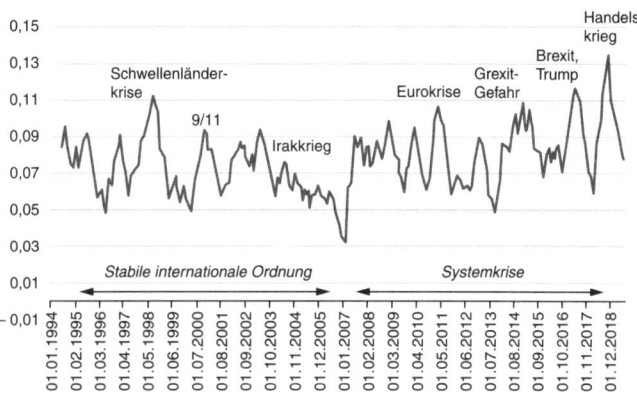

[3] Unsicherheitsfaktor Ausland* (Quelle: eigene Darstellung)
   * »Uncertainty Perception Indicator« für Deutschland, Topic internationale
   Politik, Anteile am Gesamtkorpus. Zur Methodik vgl. Müller et al. (2018)

xit-Gefahr«) sowie das Erstarken des Populismus, das sich unter anderem im Brexit-Referendum und in der Wahl Donald Trumps zum US-Präsidenten im November 2016 niederschlägt, eine große Rolle. Gegen Ende des Beobachtungszeitraums sorgen insbesondere der eskalierende Handelskrieg zwischen den USA, China und anderen Volkswirtschaften sowie die Gefahr eines ungeordneten »No Deal Brexit« für Verunsicherung.

Zusammenfassend: Auf die stabile Weltordnung der 1990er- und Nullerjahre folgt in den Zehnerjahren eine globale Systemkrise. Etablierte staatliche und überstaatliche Institutionen erscheinen zunehmend instabil. Was oben am Beispiel des Davoser Weltwirtschaftsforums gezeigt wurde, ist hier zu Zahlen geronnen. In dieser Phase werden der Zerfall der Eurozone (infolge eines Ausscheidens Griechenlands) und das Auseinanderbrechen der EU (infolge des Brexits) zu realen Gefahren, die sich dann teils auch materialisieren. Die geostrategische Lage wird unsicherer, vor allem durch die Wahl Trumps, der für die USA eine grundlegend neue, aber schwer einschätzbare Rolle in der Weltpolitik anstrebt, sowie durch den Aufstieg Chinas und anderer Schwellenländer. Der *Turbodemokratismus als internationales Phänomen* bewegt insbesondere die offene deutsche Wirtschaft, die durch Handels-, Kapital- und Migrationsströme eng mit der Weltwirtschaft verflochten ist.

Wie geht's weiter?

Dieses Kapitel hat bereits einige Hinweise auf die Ursachen des Zerfalls der demokratischen Öffentlichkeit gegeben. Im weiteren Verlauf dieses Buchs wird vieles davon aufgegriffen und vertieft. Kapitel 3 befasst sich mit Fragen der Identität, die plötzlich prominent die Debatten durchziehen. Wie lässt sich der Rückzug auf immer kleinere Gruppen erklären? Warum sinkt das Vertrauen in Institutionen und die Eliten, die sie führen? Warum gerieren sich Bürger plötzlich wie Fans? Welche Rolle spielen dabei soziale Narrative? Und: Was ist eigentlich ein Narrativ?

Kapitel 4 dreht sich um Wahrheit, ein etwas aus der Mode gekommenes Konzept. Was wahr ist und was real, ist inzwischen umstritten. Eine neue Vagheit macht sich breit. Dabei ist Wahrheit äußerst praktisch: Wenn wir nicht wissen, was ist, rennen wir blind in Probleme hinein. Was verstellt uns eigentlich den Blick auf die Wahrheit? Insbesondere all der *Bullshit* (im Sinne des Philosophen Harry Frankfurt), mit dem wir umgeben sind. Kapitel 5 schließt daran an und stellt die gesellschaftlichen Folgen der Allgegenwart von Un- und Halbwahrheiten in den Fokus. Erratische Politik ist letztlich das Resultat von Herdentriebverhalten, das sich herausbilden kann, weil wir uns mit *dünnem Wissen* zufriedengeben.

Das sechste und das siebte Kapitel stellen die Mechanismen der neuen Mediensysteme ins Zentrum. Das Nebeneinander von sozialen und traditionellen Medien hat sich zu einem Kampf entwickelt, in dem tagtäglich um die größtmögliche Aufmerksamkeit gerungen wird. Welche Rolle spielen Journalisten dabei – und welche sollten sie spielen?

Kapitel 8 beleuchtet die Folgen all dessen für die Demokratie. Muss das allgemeine Wahlrecht eingeschränkt werden, wie manche fordern, wenn das Volk doch nur Unsinn wählt und anscheinend nicht reif ist für die Volksherrschaft? Sterben die Parteien ab? Brauchen wir sie überhaupt noch? Lassen sich demokratische Prinzipien auf europäischer und globaler Ebene verankern?

Kapitel 9 schließlich zieht einige Schlussfolgerungen und kommt noch mal auf den Ausgangspunkt des Buchs zurück, nämlich die Frage, welche sozialen Normen uns im öffentlichen Diskurs leiten sollten. Dazu schlage ich ein knappes Konzept vor: das UNIFEY-Prinzip.

Zunächst aber befasst sich das folgende Kapitel mit der

Frage, woher eigentlich der verbreitete Pessimismus rührt. Denn dass die Welt immer schlechter wird, das ist, bei allen unstrittigen Herausforderungen und Problemen, keineswegs eine naheliegende Schlussfolgerung.

2 Pessimismus und Realismus

Den westlichen Gesellschaften ist die Hoffnung abhandengekommen – zu Unrecht

Wir müssen uns die Deutschen als glückliche Menschen vorstellen. Ihr Dasein finden so viele Bürger so gut wie wohl nie zuvor.[25] 92 Prozent sagen in Umfragen, sie seien insgesamt zufrieden mit ihrem Leben. Noch besser: Ein Drittel davon ist sogar »sehr zufrieden«. Seit 2009, so zeigen es die Zahlen, ging es immer weiter bergauf. Zum Jahreswechsel 2018/19 waren mehr als 80 Prozent zufrieden mit ihrer finanziellen Lage. 68 Prozent fanden die Situation an ihrem Arbeitsplatz gut. Die Bundesrepublik ist keineswegs ein Sonderfall. In vergleichbaren europäischen Ländern – ob in Großbritannien oder in Österreich, in Skandinavien oder in den Niederlanden und sogar im weniger wohlhabenden Polen – fallen die Umfragewerte ähnlich positiv aus, zum Teil sogar noch besser. Etwas schlechter ist es um die Zufriedenheit in Frankreich und Spanien bestellt. Lediglich in Italien gibt es deutlich mehr Unzufriedene, eine Folge der über lange Zeit äußerst schwachen Einkommensentwicklung;[26] aber auch dort finden immerhin fast 70 Prozent ihr Dasein gut, wie aus den Eurobarometer-Umfragen hervorgeht.[27]

Das Leben ist schön. Genauer: das *eigene* Leben in der Gegenwart. Wenn die Menschen jedoch nach dem Zustand ihres jeweiligen Landes oder ihren Erwartungen für die weitere

Zukunft gefragt werden, dann wird es finster. In vielen westlichen Ländern hat sich ein Pessimismus festgesetzt, der erschreckende Ausmaße angenommen hat. Eine No-future-Haltung zum Gruseln.

Die Mehrheit der EU-Bürger hat den Eindruck, dass sich ihr jeweiliges Heimatland in die falsche Richtung entwickelt. In Frankreich sind sogar 70 Prozent der Befragten dieser Ansicht, mehr als im krisengebeutelten Italien und im Brexit-bedrohten Großbritannien. Aber auch in Deutschland glauben 47 Prozent, die Bundesrepublik drifte in die falsche Richtung. Eine seltsame Nostalgie macht sich breit: In vielen EU-Ländern (allerdings nicht in Deutschland) sind diejenigen in der Überzahl, die meinen, früher sei es ihnen besser ergangen – auch wenn die Datenreihen dieser rückblickenden Selbsteinschätzung widersprechen.[28] Und was die Perspektiven für künftige Generationen betrifft – nun gut …

Dass es langfristig wirtschaftlich weiter bergauf gehen könnte, glauben nur noch Minderheiten im Westen. Werden die heutigen Kinder dereinst wohlhabender sein als die gegenwärtig arbeitenden Generationen? Diese Frage beantworten nur ein Sechstel der Franzosen, ein Fünftel der Italiener, knapp ein Viertel der Spanier und Briten und ein Drittel der US-Amerikaner, Deutschen und Niederländer mit Ja, so eine Studie des Meinungsforschungsinstituts Pew.[29] Man kann den Eindruck gewinnen, der Westen habe sich aufgegeben. Glückliche Menschen stellt man sich jedenfalls anders vor.

Skepsis und Unzufriedenheit gehören zu aufgeklärten Gesellschaften. Emanzipierte Bürger sollten nicht alles glauben und nicht blindlings irgendwelchen Autoritäten vertrauen, natürlich nicht. Aber um veränderungsbereit zu bleiben, braucht es nicht nur Kritik an den herrschenden Bedingungen, sondern auch Hoffnung für die Zukunft. Die großen freiheitlichen Ideologien des 19. und 20. Jahrhunderts waren von einem Grundoptimismus getragen. Der bürgerliche Liberalismus versprach die immer weitere Verbesserung der Lebensgrundlagen durch Vernunft, Wissenschaft und Pragmatismus. Die Sozialdemokratie strebte die Teilhabe der Werktätigen an diesen Errungenschaften an. Die Gegenwart mochte karg und unzureichend sein, aber die Zukunft strahlte hell: »…zur Sonne, zur Freiheit«, wie die SPD heute noch singt. Im beginnenden 21. Jahrhundert ist die Stimmungslage umgekehrt: Man ist zufrieden mit der Gegenwart, aber ängstlich, was die Zukunft angeht. Wie kann das sein?

Öffentliche Debatten konzentrieren sich darauf, was *nicht* gut funktioniert. Zu Recht. Wenn wir Probleme verschweigen oder ignorieren, lassen sie sich kaum in den Griff bekommen. Aber der gesellschaftliche Diskurs – also das, was die Wahrnehmung des Landes und der weiteren Welt prägt – ist derart von Negativismus und Dramatisierung durchzogen, dass ein übertrieben dunkles Gesamtbild entsteht. Als Individuen und Mediennutzer können wir dem kaum ausweichen. Das eigene Leben kann man einschätzen. Man weiß, wie es einem selbst geht, wie seiner Familie, seinen Freunden und Nachbarn. Aber wie es dem Land, Europa oder der Welt insgesamt geht, das wird uns durch Medien vermittelt, nicht mehr nur journalistische, sondern auch unterhaltende, soziale und asoziale.

Offenkundig drückt die verbreitete Unsicherheit, von der im ersten Kapitel die Rede war, auf die Zukunftserwartungen. Auch die Alterung der westlichen Gesellschaften spielt eine Rolle. Durch die niedrigen Geburtenzahlen seit den späten 1960er-Jahren sind die jüngeren Alterskohorten relativ klein, die Babyboomer haben inzwischen die fünfzig überschritten. Mit dem Lebensalter steigt tendenziell der Pessimismus: Wenn die eigenen Lebensperspektiven ob der zu erwartenden individuellen Restlaufzeit zusammenschrumpfen, trüben sich die Zukunftserwartungen insgesamt ein. Dass es der Kindergeneration tendenziell schlechter ergehen wird, glauben denn auch vor allem die Älteren, so die Pew-Umfrage. Die Jüngeren hingegen sind optimistischer. In Deutschland beispielsweise sind 51 Prozent der 19- bis 29-Jährigen der Meinung, die nächste Generation werde wirtschaftlich bessergestellt sein; bei den über 50-Jährigen teilen nur 35 Prozent diese Erwartung. Ein Muster, das sich ähnlich in allen untersuchten Ländern zeigt.

Veränderungsbereitschaft erwächst aus der Hoffnung auf eine bessere Zukunft. Wer keine Hoffnungen mehr hat, der wird so lange wie möglich am Hergebrachten festhalten – und in einer sich rasch wandelnden Welt wahrscheinlich verlieren. Bedenklich, welch lähmender Pessimismus aus den Umfragen spricht. Und er fällt zusammen mit einem Vertrauensverlust in die Demokratie. In fast allen EU-Ländern sind nennenswerte Minderheiten (in Deutschland 25 Prozent) unzufrieden mit der Art, wie die Volksherrschaft funktioniert; in einigen Staaten, darunter in Spanien, Italien und Frankreich, sind sogar Mehrheiten unzufrieden mit der Demokratie. Wir haben es mit einer *Repräsentationskrise* zu tun, auf die wir in Kapitel 8 zurückkommen werden. An dieser Stelle soll es zunächst um die Frage gehen, ob der allgemeine Pessimismus eigentlich gerechtfertigt ist. Und die Antwort lautet: nicht unbedingt. An drei Themen lässt sich das exemplarisch aufzeigen: Klimawandel, Wirtschaftsentwicklung und Zuwanderung.

Klimawandel: Von »Dirty Nationalists« und »Shiny Happy People«

Im Herbst 2018 war ich zu einem Workshop eingeladen, den die Stiftung Wissenschaft und Politik im Auftrag des Auswärtigen Amts veranstaltete.[30] Es ging um die Frage, wie Energiepolitik und Klimawandel die geostrategische Lage bis zum Jahr 2030 beeinflussen könnten. Zwei Tage lang saßen wir zusammen, eine internationale Gruppe von rund 30 Leuten: Klimaforscher, Energiemarktfachleute, Experten für internationale Beziehungen, Bundeswehroffiziere, ein ehemaliger

EU-Kommissar, Ministerialbeamte; mich hatte man eingeladen als jemanden, der sich mit öffentlicher Meinung und ihrem Wechselspiel mit der wirtschaftlichen Entwicklung beschäftigt. Unser Auftrag bestand darin, Szenarien für die weitere Zukunft zu entwickeln. Eine interessante Übung. Es geht nicht um Prognosen, die sich für derart lange Zeiträume ohnehin nicht seriös aufstellen lassen. Szenarien sollen einen Möglichkeitsraum für die weitere Zukunft aufspannen. Welche Zustände kann die Welt annehmen? Auch extreme, aber unwahrscheinlich erscheinende Ausprägungen sind dabei von Interesse. Sie liefern eine Basis für die strategische Planung. Worauf müssen wir uns einstellen? Aber auch: Welches sind die kritischen Faktoren, die wir womöglich beeinflussen können, damit eher positive als negative Szenarien wahr werden?

Die Diskussionen waren umfassend. Technologische Entwicklungen spielten dabei eine Rolle, ökonomische Erwägungen von Kosten und Effizienz erneuerbarer Energien (insbesondere Fotovoltaik), internationaler Handel (Arbeitsteilung oder Selbstversorgung?) und globale Kapitalströme (würden sich erneuerbare Energien in den Schwellenländern finanzieren lassen?), die Frage der Weltordnung (eher kooperativ oder eher nationalistisch?), die Flexibilität, sich auf neue Lebens- und Produktionsweisen umzustellen, sowie, nicht zuletzt, die Wahrnehmung des Klimawandels und seiner Folgen in der jeweiligen Öffentlichkeit. Jeder dieser Faktoren konnte verschiedene Ausprägungen annehmen, die sich in einer eigenen knappen Story erzählen ließen.

Nur eines der Szenarien war extrem pessimistisch, wir tauften es »Dirty Nationalism«. Nationale Lösungen würden demnach dominieren; der wirtschaftliche und technologische Austausch würde behindert, weshalb kaum noch Effizienzgewinne bei den Erneuerbaren zu erwarten wären. Öl, Gas und Kohle wären auch weiterhin die wichtigsten Energieträger, was den Klimawandel beschleunigen würde, mit entsprechend spürbareren negativen Folgen, die allerdings von der Öffentlichkeit nur sehr zögerlich akzeptiert würden. Die Gefahr internationaler Konflikte, auch bewaffneter, nimmt in diesem Szenario zu. Um es kurz zu sagen: Die Welt versänke in Abgasen; Wirbelstürme, Trockenheit und Starkregen würden immer wieder weite Landstriche verwüsten; ein steigender Meeresspiegel, verbunden mit immer häufigeren Überflutungen, würde das Leben an den Küsten, wo die größte Bevölkerungsdichte herrscht, zunehmend gefährlicher machen. Eine Schilderung, die, wie ich vermute, in etwa dem Bild vom Klimawandel entspricht, das viele Bundesbürger für die fernere Zukunft im Kopf haben.

Unsere Expertengruppe aber war, unterm Strich, ungleich optimistischer; die anderen drei Szenarien, die wir erarbeiteten, fielen entsprechend heiterer aus. Eines nannten wir »Shiny Happy People«, es beschrieb eine Art grünes Nirwana. Aber bereits jenes Szenario, das die gegenwärtige Entwicklung einfach fortschreibt (»Progress Continued«), war recht vielsprechend, getrieben vom kontinuierlichen Fortschritt bei erneuerbaren Energien. Denn die Effizienzgewinne, die sich insbesondere bei der Fotovoltaik zeigen, sind enorm. Entsprechend sind die Produktionskosten von Solarstrom seit 2009 auf ein Zehntel gefallen.[31] Besser noch: Wenn die Anlagen einmal installiert sind, fallen pro produzierter Einheit Strom nahezu keine zusätzlichen Kosten an; das Gleiche gilt übrigens für Windenergie. Im Ökonomenjargon: Die »Grenzkosten« sind (nahezu) null. Wenn aber die Grenzkosten null sind, dann wird auch der Preis null sein. Dafür sorgt der Wettbewerb. Ein Effekt, den man heute schon bei den Großhandelspreisen beobachten kann: An windigen Sonnentagen fallen die Preise an der Leipziger Strombörse gegen null und zeitweise sogar darunter (weil dann ein Überangebot im Netz ist, sodass Stromverbraucher dringend gesucht und sie für den Konsum bezahlt werden). Dass dieser Effekt bei den Kunden im Stromeinzelhandel, also in den privaten Haushalten, nicht ankommt, sondern sich ihre Stromrechnung erhöht hat, liegt an der unnötig teuren deutschen Energiewende.

Im Nach-Karbon-Zeitalter wird Energie nahezu kostenlos zur Verfügung stehen. Bis dahin ist es allerdings noch ein weiter Weg. Multi-Billionen-Euro-Investitionen in Energieerzeugung, Stromspeicherung, Netze und Mobilität sind nötig, und zwar weltweit.[32] Der Umstieg wird nicht einfach, aber er ist prinzipiell möglich. Die dafür nötigen Technologien sind vorhanden; vorstellbar sind auch wissenschaftliche Durchbrüche, die wir heute noch nicht kennen. Sicher, es wird Verlierer dieses Wandels geben, aber zumindest in den wohlhabenden Ländern gibt es Institutionen, die ihnen unter die Arme greifen können.

In jedem Fall wird der Umstieg zunächst hohe Kosten verursachen. Längerfristig jedoch verspricht die neue Energiearchitektur weniger Emissionen und billige Energie. Letztlich hängt es von der öffentlichen Meinung ab, wie schnell man diesen Wechsel vollzieht. So viel lässt sich sicher vorhersagen: Ohne Rückhalt in der Bevölkerung wird es am politischen Willen zum raschen Umstieg fehlen. Anders gewendet: Ohne Hoffnung auf eine bessere Zukunft wird die Abkehr von fossilen Energieträgern quälend langsam vonstattengehen. Pessimismus ist, so gesehen, eine gefährliche Haltung.

Wirtschaftswachstum: Mehr Wohlstand ist möglich

Auch was den materiellen Wohlstand betrifft, gibt es einigen Anlass zum Optimismus. Die OECD, der Club der Marktdemokratien, hat kalkuliert, wie sich die Wirtschaft bis zum Jahr 2060 entwickeln dürfte.[33] Die Ergebnisse sind ziemlich beeindruckend. Den Berechnungen zufolge könnte das Bruttoinlandsprodukt (BIP) pro Einwohner in den kommenden Jahrzehnten deutlich schneller steigen als in den vergangenen

Jahren. Unseren Kindern und Enkeln würde es also tatsächlich viel besser gehen als uns Heutigen. Die Schwellenländer nähern sich den Berechnungen zufolge übrigens unseren Werten an. Die Ära der Wohlstandszuwächse wäre also keineswegs vorbei – sie würde gerade erst beginnen.

Ein hoffnungsfrohes Szenario, das keineswegs so abwegig ist, wie es auf den ersten Blick erscheinen mag. Zwar dämpft die Alterung der Gesellschaften für sich genommen das Wirtschaftswachstum. Dies wird aber mehr als wettgemacht durch die steigende Produktivität. Die Forscher gehen davon aus, dass der Output pro Arbeitsstunde in Zukunft um 1,5 Prozent pro Jahr steigen wird – rascher als seit der Finanzkrise, aber langsamer als in den Jahrzehnten zuvor. Und es könnte sogar noch besser kommen. Viele Technologien (etwa künstliche Intelligenz, erneuerbare Energien) dürften ihre Potenziale längst nicht ausgeschöpft haben. Hinzu kommt ein statistischer Effekt: In schrumpfenden Bevölkerungen verteilt sich das BIP auf immer weniger Köpfe; Nullwachstum würde genügen, um das durchschnittliche Wohlstandsniveau anzuheben.

Allerdings wird diese schöne reiche Welt nicht automatisch Realität. Derzeit, so sieht es aus, befinden wir uns in einer heiklen Übergangszeit – ökonomisch, politisch, ökologisch. Nur wenn es gelingt, durch die Untiefen der kommenden zwei Jahrzehnte zu navigieren, rückt das positive Szenario in die Nähe des Erreichbaren.

Da ist, erstens, die unsägliche Schuldenwirtschaft. Auch mehr als ein Jahrzehnt nach der großen Finanzkrise von 2008 steckt die Weltwirtschaft immer noch im Modell des kreditgetriebenen Wachstums fest. Unternehmen, Staaten und Bürger in den Industrie- und Schwellenländern zusammen haben heute sogar deutlich höhere Verbindlichkeiten als 2008. Die nächste Finanzkrise wird umso heftiger ausfallen – mit entsprechend langen Bremsspuren in der Wohlstandsentwicklung. Ein Ausstieg aus dem Boom-Bust-Zyklus ist bislang nicht gelungen.[34]

Autoritarismus und Nationalismus bedrohen, zweitens, nicht nur die Demokratie, sondern auch die Marktwirtschaft. Nachhaltige ökonomische Dynamik gedeiht, wo es offenen Austausch von Informationen, Ideen und Gedanken sowie funktionsfähige, korruptionsresistente Institutionen gibt. Illiberale Tendenzen in vielen Ländern – von Indien über Ungarn bis Brasilien – sind deshalb auch für die Wirtschaft Alarmsignale.

Ein Zusammenbruch internationaler Institutionen hätte das Potenzial, eine neue Ära der Konfrontation heraufzubeschwören, gefährliches (und unproduktives) Wettrüsten inklusive. Der grassierende Protektionismus ist ein Vorbote dieser Entwicklung. Dem EU-Binnenmarkt drohen durch den Brexit enorme Rückschläge. Die Welthandelsorganisation WTO ist weitgehend gelähmt durch den Unwillen Washingtons, freie Richterstellen bei den Schiedsgerichten zu besetzen. US-Präsident Donald Trump dürfte seinen Handelskrieg fortsetzen, auch wenn er zwischendurch bereit sein mag, ein paar »Deals« zu machen.

Drittens müssen, wie oben beschrieben, in den kommenden zwei Jahrzehnten klimaschonendere Lebens- und Produktionsweisen Einzug halten. Andernfalls drohen die ökologischen Kosten des Wirtschaftens den ökonomischen Nutzen zu übersteigen. Um mehr Klimaeffizienz zu erreichen, braucht es wiederum intensivere internationale Zusammenarbeit (siehe zweitens) und weniger Verschwendung von Kapital in kreditgetriebenen Boomphasen (siehe erstens).

All das wird nicht leicht – aber warum sollten wir es uns nicht zutrauen? Es gibt wohl keine größere Fortschrittsbremse als den Zukunftszweifel in den Köpfen.

Leider sind öffentliche Debatten vielfach von einer Alles-wird-schlechter-Prämisse geprägt, die realistische Verbesserungsmöglichkeiten ausblendet. Das gilt gerade für die Wahrnehmung der globalen Wirtschaft, die inzwischen von Bildern und Schlagzeilen aus der ganzen Welt geprägt ist: kollabie-

rende Fabriken in Bangladesch, Smog in China, Regenwald-
vernichtung in Indonesien, Korruption in Brasilien, Armut in
den USA, Dauerkrise in Griechenland. All das vermengt sich
zu dem Gefühl, dass Grundsätzliches falsch läuft. Rar ist ein
differenzierter Blick auf Fakten und Möglichkeiten. Wir streiten zu wenig darüber, welche Strategien funktionieren und
welche nicht. Das zeigt sich auch bei einem Thema, das wie
kein anderes die Debatten in den vergangenen Jahren beherrscht hat: Zuwanderung.

Zuwanderung: »Cool Germany«?

Ganz nüchtern betrachtet ist Deutschland auf Zuwanderung
angewiesen. Aber die Debatte erweckte in den vergangenen
Jahren den Eindruck, als könne die Bundesrepublik auf ewig
damit rechnen, dass viele Millionen Menschen kommen *wollen*, ja, dass wir uns ihrer erwehren müssen. Der Fokus liegt
auf Abwehr. Wenn in Deutschland über Zuwanderung debattiert wird, dann ist viel von »Begrenzen« die Rede, von »Über-
fordern« und »Fordern«, wie es beispielsweise an verschiedenen Stellen des schwarz-roten Koalitionsvertrags von 2018
heißt.

Dabei schrumpfte bereits in den Nullerjahren zeitweise die
Einwohnerzahl, weil immer weniger Leute einwanderten und
immer mehr abwanderten. Die einheimische Bevölkerung
geht ohnehin bereits seit vielen Jahren zurück. Erst seit 2010
hat die Zuwanderung wieder zugenommen, sodass die Bevölkerung und die Zahl der Erwerbstätigen insgesamt wachsen
konnten. Mit Ausnahme des Krisenjahres 2015 geht es dabei
nicht überwiegend um Flüchtlinge und Asylbewerber, sondern um Europäer, die nach Deutschland kommen, weil sie
hierzulande einen Job haben. Um es klar zu sagen: Der deutsche Aufschwung der vergangenen Jahre war vor allem von
der wachsenden Erwerbsbevölkerung getrieben, nicht von

dynamischen Investitionen oder sprunghaft steigender Produktivität.

Deutschland sei ein offenes Land, so sah es der *Economist*, der in einer Titelstory »Cool Germany« feierte.[35] Die Bundesrepublik werde immer bunter und könne »ein Modell für den Westen werden«. Von innen betrachtet stellt sich die Sache anders da: Da gibt es »berechtigte Sorge« und »übertriebene Angst« vor einer wachsenden islamisch geprägten Migrantenbevölkerung, wie der *Spiegel* in der gleichen Woche titelte. So ist die Lage: unübersichtlich.

Faktisch ist Deutschland ein offenes Land. 1,585 Millionen Menschen zogen 2018 her, 1,185 Millionen gingen fort. Das ist ein Zuwanderungssaldo von 400 000.[36] Man kann – und muss – darüber reden, wer in Zukunft zu uns kommen soll, wie Integration besser gelingen kann, wie man womöglich künftige Zuwanderergenerationen schon in ihren Herkunftsländern auf den deutschen Arbeitsmarkt vorbereiten kann. Doch die Flüchtlingskrise hat die Perspektive völlig verschattet. Es geht wild durcheinander. Es wird nicht mehr unterschieden zwischen Menschen, die aus humanitären Gründen kommen, und EU-Bürgern und Leuten aus anderen Ländern, die hierzulande arbeiten. Entsprechend ist von einer »Obergrenze für Zuwanderung« die Rede, auch wenn eigentlich nur die Flüchtlingszuwanderung gemeint ist.

Die Ereignisse des Jahres 2015 – und der folgende Aufstieg der AfD – haben vielen Bürgern, vor allem aber den etablierten Parteien, offenkundig einen derartigen Schock versetzt, dass eine rationale Diskussion über eine arbeitsmarktorientierte Zuwanderungspolitik kaum noch möglich ist. Zugegeben, in anderen westlichen Ländern ist das ähnlich. Aber das sollte uns weder zufriedenstellen noch beruhigen. Verschämt fand sich das Thema im schwarz-roten Koalitionsvertrag von 2018. Völlig richtig heißt es dort: »Unser Land braucht geeignete und qualifizierte Fachkräfte in großer Zahl.« Und der »Bedarf« werde »voraussichtlich in den nächsten Jahren aufgrund unserer guten wirtschaftlichen Entwicklung und wegen der rückläufigen Zahl junger Menschen, die neu ins Erwerbsleben eintreten, weiter steigen«. Aber es ist nur eine kurze Passage, eine halbe Seite in einem 175 Seiten langen Papier, die sich mit der »Erwerbsmigration« befasst.[37] Wie das konkret funktionieren soll, blieb offen. Typisch: Der Vertrag vermied das Wort Einwanderungsgesetz. Stattdessen bekommt Deutschland ein »Fachkräftezuwanderungsgesetz«, immerhin.

Den Herausforderungen, vor denen Deutschland steht, wird das nicht gerecht. Denn der Wettbewerb um qualifizierte Zuwanderer dürfte sich in den 2020er-Jahren massiv verschärfen, wie Berechnungen des Internationalen Währungsfonds (IWF) zeigen.[38] Bislang sind die Altersstrukturen in den westlichen Ländern noch relativ stabil. Aber das wird sich rapide verändern: Der Bevölkerungsanteil der Älteren wird sich binnen dreier Jahrzehnte gegenüber heute in etwa verdoppelt haben. Es ist absehbar: Viele Länder, die noch auf Abschottungskurs sind – darunter die USA und Großbritannien –, dürften schon bald heftig um Zuwanderer werben. Einige, deren Bevölkerungen bereits heute schrumpfen, darunter Japan,[39] leiten einen Kurswechsel in Richtung mehr Immigration ein, auch wenn die politische Rhetorik nach wie vor nationalistisch tönt.

Um die Beschäftigtenzahl auch nur halbwegs konstant zu halten, braucht Deutschland künftig mehr Zuwanderer als in den Jahren zwischen 1950 und 2010, so eine Studie des Instituts für Arbeitsmarkt- und Berufsforschung (IAB) und der Bertelsmann Stiftung. Früher verzeichnete Deutschland im Durchschnitt eine Nettozuwanderung (Zuzüge minus Fortzüge) von jährlich 200 000 Menschen. Bis zum Jahr 2060 werden es im Durchschnitt 260 000 sein müssen.[40]

Die Integration von Zuwanderern dürfte in Zukunft schwieriger sein als in der Vergangenheit, weil sie aus kulturell weiter entfernten Ländern stammen werden. Bisher kommen überwiegend Menschen aus der europäischen Nachbarschaft. Doch die dortigen demografischen Aussichten sind ähnlich trübe wie in Deutschland: Künftig wird es dort an wanderungswilligen Jungen mangeln. Deshalb muss Deutschland seinen Zuwanderungsbedarf mehr und mehr in »Drittstaaten« decken, in Ländern mit wachsenden Bevölkerungen, wovon es allerdings gar nicht mehr so viele gibt. Insbesondere geht es um Afrika südlich der Sahara, Indien und Pakistan.[41] Umso mehr sind Staat, Wirtschaft und Gesellschaft gefordert, diese Herausforderung systematisch und langfristig vorausschauend anzugehen. Nach allen Erfahrungen wird dies umso besser gelingen, je reibungsloser die Integration in den Arbeitsmarkt klappt.

Allerdings ist auch klar, dass sich allein mit Zuwanderung die demografischen Probleme, die auf Deutschland und viele andere Länder zukommen, nicht lösen lassen. Aber Zuwanderung kann einen Beitrag leisten. Andere bevölkerungspolitische Optionen jedenfalls sind entweder illusionär – ein sprunghafter Anstieg der Geburtenziffer ist weder zu erwarten noch würde er die Alterszusammensetzung in den nächsten Generationen maßgeblich verändern –, oder die Potenziale sind schon weitgehend ausgereizt: Zwischen 2008 und 2016, so der IWF, ist die Erwerbsbeteiligung in Deutschland bereits so stark gestiegen wie in keinem anderen Land. Eine Entwicklung, die praktisch alle Bevölkerungsgruppen, Frauen, Männer, Ältere, betrifft. Die Arbeitszeiten lassen sich nicht unendlich ausweiten.

In der politischen Debatte sollte es um realistische Optionen gehen, nicht um Wunschdenken. Die Forderung nach einer Begrenzung der Zuwanderung ist legitim. Aber wer sie vertritt, muss dazusagen, dass bei einem abermaligen Rückgang der Zuwanderung im Jahr 2050 acht Millionen Menschen weniger dem Arbeitsmarkt zur Verfügung stehen werden als gegenwärtig.[42] Was bedeutet das konkret? Wie gedenkt man damit umzugehen? Sollen dann beispielsweise Roboter die Pflege der vielen Millionen Hochbetagten übernehmen? Wer hingegen langfristig mehr Zuzug in den Arbeitsmarkt möchte, muss erklären, wie die Integration von so vielen Menschen aus Ländern mit steigender kultureller Distanz gelingen kann. Es ist wie so häufig: Realistische politische Optionen sind kompliziert – in schnellen, lauten Debatten haben sie wenig Chancen.

Warum debattieren wir über das Falsche?

Eigentlich sollten sich politische Debatten darum drehen, was die Bürger wirklich umtreibt. Aber das gelingt nicht mehr sonderlich gut. Viele Diskussionen haben sich in Gefilde verirrt, die mit den tatsächlichen Problemen der Menschen wenig zu tun haben. Man fragt sich, wie das sein kann, zumal in einer Zeit, da Politiker ständig das Volk befragen lassen. So kreist der politische Streit seit Jahren um das Thema Zuwanderung, um die Abweisung von Asylsuchenden an Außengrenzen, um europäische, einzel- oder zwischenstaatliche Lösungen. Fast wäre im Sommer 2018 die Bundesregierung daran zerbrochen. In der Lebensrealität der Bundesbürger jedoch spielt das Thema nur eine untergeordnete Rolle. Ganze sieben Prozent geben in repräsentativen Umfragen an, sie hätten in ihrem persönlichen Leben mit Zuwanderung ein Problem.[43] Eine gefährliche Diskrepanz zwischen persönlicher und medialer Weltwahrnehmung.

Was die Bürger persönlich besorgt, ist durchaus bekannt: Steigende Lebenshaltungskosten – vor allem teurer Wohnraum; Engpässe bei der Pflege und im Gesundheitssystem; die Qualität der Schulen und des Bildungssystems insgesamt; die künftige Entwicklung der Renten; Umweltprobleme und Klimawandel – all diese Themen sind den Deutschen laut Umfragen wie dem Eurobarometer oder dem ARD-Deutschland-Trend[44], die aus der Zeit kurz vor den Fridays-for-Future-Demonstrationen stammen, wichtig, aber in der Debatte unterbelichtet, während das Thema Asyl und Flüchtlinge nach Ansicht der Mehrheit zu viel Aufmerksamkeit genießt. Woher rührt diese Lücke in der öffentlichen Wahrnehmung? Sie kommt daher, dass Demokratien anfällig dafür sind, von einflussreichen Minderheiten dominiert zu werden. Zumal sich dieses Problem im Social-Media-Zeitalter noch verschärft – der Zerfall der Öffentlichkeit begünstigt das Entstehen blinder Flecken.

Unwuchten im Politikbetrieb sind kein neues Phänomen. Dass sich manche Interessen besser durchsetzen lassen als andere, ist seit Langem bekannt. Unter traditionellen demokratischen Bedingungen sind insbesondere kleine Gruppen erfolgreich, die spezifische Interessen teilen. So gelingt es schlagkräftigen Lobbys wie der der Landwirtschaft seit Jahrzehnten, geldschwere Vorteile für sich herauszuholen. Sehr große Bevölkerungsgruppen hingegen – wie die Gesamtheit der Konsumenten oder der Pflegebedürftigen und ihrer Angehörigen – lassen sich kaum organisieren, weil jeder Einzelne durch politische Einflussnahme nur sehr wenig für sich persönlich dabei gewinnen kann. Und im Übrigen alle Hände voll zu tun hat mit den praktischen Dingen des Lebens.

Diese »Logik des kollektiven Handelns«, wie der Ökonom Mancur Olson[45] formulierte, widerspricht genau genommen den Prinzipien der Demokratie, die ja keineswegs Minderheiten systematisch bevorzugen, sondern gerade den Bedürfnissen der Mehrheit verpflichtet sein soll. Bei Olson ging es um klassisches Lobbying, also um politische Einflussnahme in Hinterzimmern und Abgeordnetenbüros. Im Social-Media-Zeitalter gelten neue Regeln.

Politik findet viel mehr als früher in öffentlichen Räumen statt. Nun setzen sich im politischen Geschäft nicht mehr unbedingt diejenigen durch, die besonders effektiv Abgeordnete und Beamte zu bearbeiten vermögen – sondern diejenigen, die die öffentliche Aufmerksamkeit auf sich lenken. Entsprechend verschieben sich politische Debatten. Und zwar nicht unbedingt zum Besseren. Denn die Aufmerksamkeitsökonomie im Netz basiert vor allem auf drei Erfolgsfaktoren: einfache Geschichte, möglichst negativ gewendet, klares Feindbild. Damit sind wir beim Thema Flüchtlinge und Asyl. Die Story von Deutschland als Land, das sich des Ansturms der unterprivilegierten Massen erwehren muss, ist leicht erzählt. Zumal wenn das Feindbild – Angela Merkel – für die Anhänger dieser Story so einleuchtend erscheint. So verständlich es ist, dass die hohen Zuwandererzahlen des Jahres 2015 nachhaltige Verunsicherung verursacht haben, so flaut die Verstörung längst merklich ab. 2016 hielten noch 56 Prozent der Bundesbürger Immigration für eines der größten Probleme des Landes. Bis Frühjahr 2019 war dieser Wert auf 24 Prozent zurückgegangen, Tendenz weiter fallend.[46] Wie gesagt, in ihrem persönlichen Erleben haben die wenigsten Bürger ein Problem damit.

Die Erregung legt sich. Aber in der Politik versuchen viele, die Story am Laufen zu halten, indem sie neue Impulse, neue Schlagworte, neue Zuspitzungen erzeugen. Die Bürger merken allerdings, dass es dabei weniger um die Lösung realer Probleme als um Aufmerksamkeit geht. Die CSU hat es bei den Landtagswahlen 2018 zu spüren bekommen. Nachdem die damaligen Anführer Horst Seehofer, Alexander Dobrindt und Markus Söder im Wahlkampf ein Spektakel wegen Grenzkontrollen, Flüchtlingsobergrenzen und dergleichen aufgeführt hatten, das an der Wirklichkeit völlig vorbeiging, fuhr die Partei das schwächste Ergebnis ihrer Geschichte ein.

Wirksame Lösungen tatsächlicher Probleme sind kompliziert und langwierig. Die Engpässe in der Pflege zu beseitigen; bezahlbaren Wohnraum zu schaffen; Schulen und Hochschulen an veränderte Bedingungen anzupassen – all das eignet sich nicht für einfache Erzählungen. Entsprechend werden diese Themen im Politpanorama leicht in den Hintergrund gedrängt. Was es nicht nach oben auf die Agenda schafft, wird nicht vordringlich behandelt. Mit der Folge, dass sich offenkundig bei vielen Bürgern das Gefühl verstärkt, ihre ganz konkreten Sorgen und Nöte würden von der Politik – und den journalistischen Medien – nicht ernst genommen.

Permanente Dramatisierung wird der aktuellen Situation des Landes nicht gerecht. Wie gesagt, die allermeisten Bundesbürger sind mit ihrem Leben zufrieden. Bei allen konkreten Problemen geht es doch einer großen und stabilen Mehrheit wirtschaftlich gut. Woran es mangelt, ist Vertrauen in eine gute Zukunft. Es fehlt eine Vision für die kommenden Jahrzehnte.

Wohin die Bürger auch schauen, es steigt die Unsicherheit. Hält Europa zusammen? Und was, wenn nicht? Trägt Deutschlands exportlastiges Geschäftsmodell, wenn sich die Welt in einen Handelskrieg verstrickt? Was müssen wir für unsere äußere Sicherheit tun, falls die USA ihren Schutzschirm zuklappen, wie von Donald Trump immer wieder angedroht? Brauchen wir dann eigene Atomwaffen oder europäische als Teil einer schlagkräftigen europäischen Armee?

Was tun wir gegen die heraufziehende demografische Krise? Und wie schaffen wir es vor diesem Hintergrund, Millionen von dringend benötigten Ausländern in den Arbeitsmarkt zu integrieren? Wie lässt sich die fortschreitende Digitalisierung gemeinwohlverträglich nutzbar machen? Lässt sich der Klimawandel noch bremsen? Und was, wenn nicht?

Große Fragen, komplexe Probleme. Sie bedürfen schlüssiger Antworten. Es wäre ein Präventionsprogramm gegen Zynismus und Populismus. Denn der Pessimismus ist nicht unbedingt gerechtfertigt. Frühere Generationen standen vor weit größeren Problemen, etwa in der Nachkriegszeit, als die Städte zerstört waren und Millionen Flüchtlinge aus den ehemaligen deutschen Ostgebieten integriert werden mussten. Wir haben es vor allem mit einem Wahrnehmungsproblem zu tun. Die Krux: Wenn Pessimismus schlechte Politik induziert, dann wird er zur sich selbst erfüllenden Prophezeiung.

3 Identität und Narrativ

Erzählungen können Gesellschaften zusammenhalten – oder in die Irre führen

Was macht einen Menschen zur Persönlichkeit? Wie wird eine Gruppe von Individuen zur Gemeinschaft? Wann verwandelt sich eine Bevölkerung in eine Nation? Wodurch erlangen wir Würde – als Personen, als Gemeinschaften, als Nationen? Nicht zuletzt durch das Erzählen von Geschichten. Identität entsteht, indem wir Geschichten *über uns selbst* formulieren, als Individuen und als Kollektive, und indem andere Geschichten *über uns* erzählen. Wenn beides halbwegs deckungsgleich ist, bestärkt uns das in unserer Selbstwahrnehmung. Wenn nicht, sind wir verunsichert. Wenn uns niemand zuhört, fühlen wir uns in unserer Würde herabgesetzt.

Also sprach Donald Trump: »Die vergessenen Männer und Frauen unseres Landes werden nicht länger vergessen sein. Alle hören euch jetzt zu.«[47] Eine geradezu geniale Formulierung in seiner Rede zur Amtseinführung als US-Präsident. *Ihr* werdet von nun an gehört – Subtext: Denn man hört *mir* zu, und ich bin wie ihr. Das ist klassisch populistische Rhetorik: Wir, das einfache Volk und sein Führer, erheben uns gegen das Establishment. Die sogenannten Eliten haben sich nur um sich selbst gekümmert und ein »Gemetzel«[48] angerichtet. Der Abstieg weiter Regionen im Landesinneren der USA, der Verfall der alten Industriegegenden – all das geht seit vielen Jahren so. Und niemand hat euch wahr- geschweige denn ernst genommen. Das Establishment hat sich die Taschen vollgemacht und Freihandelsverträge geschlossen, die eure Arbeitsplätze vernichtet haben, gute Jobs in der Industrie für hart schaffende Männer. Die da oben haben die Grenzen geöffnet für Einwanderer, die euer Leben unsicherer machen. Das Volk als großes homogenes Gebilde vereint, alle Unterschiede und Interessengegensätze, alle schwierigen Fragen des Ausgleichs und Kompromisses – all das einfach weggewischt. Ich gebe euch eure verlorene *Würde* zurück, weil ich eure *Geschichte* kenne. Dazu müsst ihr nicht mal reden, es genügt, wenn ich rede (oder twittere).

Das ist natürlich reine Fiktion. Der selbsterklärte Milliardär Trump umgibt sich mit schwerreichen Establishmentfiguren, beglückt Wohlhabende und Unternehmen mit Steuersenkungen und kürzt Sozialprogramme wie die Krankenversicherung für alle (»Obamacare«) zusammen. Doch seinen Unterstützern war das egal – und heute, im Herbst 2019, hat sich daran kaum etwas geändert. Sie stehen zu ihm, unabhängig davon, was er tut, ob sein Kurs ihnen persönlich nützt oder welcher Skandal sich um ihn herum gerade mal wieder entfalten mag. Seine Fans bleiben ihm treu.

Ob er die bestmögliche Politik für Amerika macht, ist, zurückhaltend formuliert, zweifelhaft. Seit Langem ist bekannt, dass Freihandel und Zuwanderung Gewinner und Verlierer produzieren, aber insgesamt Gesellschaften nützen. Es kommt darauf an, die Verlierer mit Geld sowie Umschulungs- und Qualifizierungsangeboten zu unterstützen. Dafür gibt es diverse Beispiele in der Wirtschaftsgeschichte.[49] Man könnte den Abstieg ganzer Regionen und Bevölkerungsgruppen in den USA deshalb auch als jahrzehntelanges Versagen des amerikanischen Sozialstaats und der Bildungspolitik interpretieren. Aber das ist eine komplizierte Geschichte, die sich in viele technische Details und Analysen verästelt. Trumps Story, die von Achtung und Beachtung der Identität all der Vergessenen handelt sowie von ihren Gegnern im In- und

Ausland, ist stärker. Sie ist schlicht die bessere Geschichte: Sie ist eingängig, kurz, führt Gegner vor und präsentiert einfache Lösungen – Zölle erheben, Mauer bauen, den Sumpf des Establishments austrocknen (»drain the swamp«). Was zweierlei zeigt: wie wirkmächtig Narrative sind – und wie weit sie sich von der Realität entfernen können.

Dieses Kapitel setzt zwei Konzepte zueinander in Beziehung: Identität und Narrativ. Gesellschaften spalten sich entlang neu oder wiederentdeckter Fragen der Identität immer weiter auf. Narrative halten Gesellschaften zusammen – können sie aber auch spalten und in die Irre führen.

Was ist der Sinn vom Dasein?

Menschen erleben sich selbst und die Welt durch Geschichten. *Selbstwahrnehmung* und *Weltwahrnehmung* sind durch Narrative geprägt. Wir sind Geschichtenerzähler und -hörer. Deshalb sind Narrative allgegenwärtig: Sie verdichten Realität, reduzieren Komplexität, definieren Ursache-Wirkungs-Beziehungen, beschreiben das Verhältnis von Akteuren zueinander – und unsere eigenen Beziehungen zu ihnen. Kurzum, Narrative bereinigen die Widersprüche der Welt und des Daseins. Psychologen würden sagen: Sie verringern kognitive Dissonanzen. Das macht sie attraktiv und überzeugend.

Doch Narrative haben ein schlechtes Image. Wer den Begriff verwendet, steht in Verdacht, der Lüge das Wort zu reden, zumindest der Manipulation. Denn Narrative wirken durch Dramaturgie sowie durch Verkürzen und Weglassen, was allerdings nicht notwendigerweise mit Verfälschung gleichzusetzen ist. Eine Geschichte sollte wahr sein in dem Sinne, dass sie auf nachprüfbaren Fakten beruht. Aber auf Basis derselben Fakten – oder anderer, ebenfalls nachprüfbarer Fakten – lässt sich auch eine ganz andere Geschichte erzählen.

Narrative sind stets im Fluss. Wir ringen darum, die Welt sinnvoll zu deuten und uns selbst sinnstiftend in sie einzubetten. Wir selbst verändern uns; auch die Welt um uns herum unterliegt einem ständigen Wandel. Neue Entwicklungen, Ereignisse und Fakten tauchen auf, die in bestehende Geschichten integriert werden müssen – oder sie gänzlich obsolet machen. Phasen, in denen eine etablierte Geschichte ihre Deutungsmacht verliert, erleben wir als *Krisen*. Wenn dramatische Lebensereignisse – Arbeitslosigkeit, Trennung, Verlust von Angehörigen, Krankheit – unsere bisherige *Ich-Geschichte* infrage stellen, erschüttert uns das im Kern unserer *individuellen Identität*. Wenn historische Wendungen die nationale *Wir-Geschichte* stören, bedroht das unsere *kollektive Identität*. Wirtschaftlich-technische Entwicklungen wie die »Globoterisierung« (der Ökonom Richard Baldwin)[50] können dem Narrativ über die Leistungsfähigkeit einer Gesellschaft die Basis entziehen; eine ökonomische Krise führt dann zu einer soziopsychologischen Krise, die wiederum die Bearbeitung der ökonomischen Probleme erschwert.[51]

Zugegeben, der Begriff Narrativ ist seit einiger Zeit in Mode, benutzt in allen möglichen Kontexten, oft unklar gefasst und zu einer Leerformel verkommen, die mehr offenlässt, als sie tatsächlich erklärt. Für die Analyse der öffentlichen Kommunikation schlage ich folgende Definition vor: Narrative bestehen aus einigen wiederkehrenden Grundelementen, nämlich aus sechs Bausteinen. *Erstens* einem oder mehreren Akteuren – Personen, Institutionen oder soziale Gruppen (Nationen, Klassen etc.) –, die in einem häufig antagonistischen Verhältnis zueinander stehen, das sich über die Zeit verändern kann; *zweitens* Ereignissen, die in eine zeitliche Abfolge und oft kausale Beziehung eingeordnet werden; *drittens* einer Problemdefinition; *viertens* einer Problemdiagnose; *fünftens* einem moralischen Urteil; *sechstens* möglichen Problemlösungen.[52] Verschiedene Arten von Narrativen lassen sich ausmachen. Für die Problemstellung dieses Buchs ist eine Unterscheidung in eine ideologische, eine gesellschaftliche und eine individuelle Ebene sinnvoll.

Große Erzählungen, große Konflikte

Metanarrative liefern einen umfassenden, dauerhaften Bezugsrahmen, der festlegt, was gut ist und was böse, wer dazugehört und wer nicht. Die Geschichtsschreibung des 19. Jahrhunderts hat solche »Meistererzählungen« geschaffen, die das Herkommen der jeweiligen Nation aus einer fernen, archaischen Vergangenheit konstruierten. Zu dieser Kategorie lassen sich auch die großen Religionen und Ideologien (etwa Marxismus, Faschismus, Liberalismus) zählen. Die wichtigste Funktion dieser Art von Erzählung besteht darin, Gesellschaften oder ganzen Kulturräumen – also Großgemeinschaften von vielen Millionen Individuen, die für den einzelnen Bürger nicht sinnlich erlebbar sind – Zusammenhalt und kollektive Orientierung zu geben.

Wenn ein Metanarrativ obsolet wird, greifen verunsicherte Gesellschaften häufig zu einem anderen. Als Ende der 1980er-Jahre der Sozialismus zusammenbrach, wandten sich viele Nationen auf der Suche nach Halt dem Nationalismus zu; zu beobachten in vielen Ländern Osteuropas, besonders gewalttätig während der Sezessionskriege des ehemaligen Jugoslawiens, die vor allem vom serbischen und kroatischen Nationalismus befeuert wurden. In den Zehnerjahren hat China unter Präsident Xi Jinping eine nationalistische Wende vollzogen, samt Propagierung eines »chinesischen Traums«, um die Widersprüche zwischen kommunistischem Anspruch und kapitalistisch geprägter Realität zu übertünchen. Ein anderes Beispiel für einen Wechsel des Metanarrativs ist das offenkundige Versagen des Liberalismus im Zuge der Finanzkrise von 2008, was insbesondere dem Nationalismus Auftrieb gegeben hat. Aber auch linke, sozialistisch geprägte Ideologien gewinnen wieder Anhänger: Jean-Luc Mélenchons Bewegung La France insoumise oder die britische Labour Party unter Jeremy Corbyn sind Ausdruck eines linken Populismus, der alte Erzählungen von Klassenkampf, Gleichheitsidealen und Staatsgläubigkeit wiederbelebt. Selbst in den USA, einer von Liberalismus und Konservativismus geprägten Gesellschaft, ist der Begriff »Sozialismus« in Teilen des politischen Spektrums wieder en vogue, was sich auch als Gegenbewegung zum selbst proklamierten Nationalisten Trump verstehen lässt.

Gelegentlich gibt es in Metanarrativen Anklänge an religiöse Vorstellungen von Sünde, Endzeit und Verdammnis, so beispielsweise bei der Umweltbewegung, auch wenn sich deren Aktivisten dieser Reminiszenzen wohl kaum bewusst sind. Ihr moralischer Rigorismus speist sich offenkundig aus der Furcht vor einem Öko-Armageddon. Die Forderung nach einer radikalen Möglichst-null-Risiko-Politik – wie sie etwa von der Jugendbewegung »Fridays for Future« vorgetragen wurde, inspiriert von der schwedischen Schülerin Greta Thunberg (sie selbst im narrativen Sinne eine Figur vom dramatischen Zuschnitt einer Jeanne d'Arc) – blendet die damit verbundenen Kosten aus. Eine aus demokratischer Perspektive notwendige evidenzbasierte Abwägung von Risiken und Chancen, Kosten und Nutzen wird rundheraus abgelehnt. Aber das gehört zum Wesen von Metanarrativen: Sie neigen zum Verabsolutieren und fällen ein starkes moralisches Urteil. Für Differenzierung ist da kein Platz.

Erzählungen über Politik und Wirtschaft

Gesellschaftliche Narrative knüpfen häufig implizit an die übergeordneten Metaerzählungen an, indem sie bestimmte Wertungen, Bilder und Begriffe übernehmen. Diese Art von Narrativ durchzieht den öffentlichen Diskurs. Es handelt sich dabei, wenn man so will, um Kurzfassungen der wichtigsten Problemfelder. Gesellschaftliche Narrative sind enorm nützlich. Ohne sie wären politische Fragen und Probleme kaum debattierbar. Sie strukturieren Debatten, die traditionell über Massenmedien, zunehmend aber auch über soziale Medien geführt werden. Dadurch erleben die Bürger, was ihrer Gesellschaft in der Gegenwart wichtig ist, was oben auf die politische Agenda gehört, was dringlich ist und was nicht. Angesichts der Unsichtbarkeit vieler (sozialer, volkswirtschaftlicher, ökologischer oder sicherheitspolitischer) Probleme und Phänomene schaffen Erzählungen *Anschaulichkeit.* Angesichts der Vielschichtigkeit der gesellschaftlichen Realität ermöglichen sie eine *Komplexitätsreduktion.* Angesichts der Breite der möglichen Themen und Fragestellungen dienen sie der kollektiven *Fokussierung.*[53]

Häufig bilden sich *dominante Narrative* heraus, Erzählungen, die von weiten Teilen der Bevölkerung unhinterfragt als korrekte Beschreibung der Realität akzeptiert werden und der Gesellschaft eine Ahnung davon vermitteln, wer sie ist, woher sie kommt, wohin sie sich entwickelt – und vielleicht auch, wer sie sein könnte.

Der Ökonomie-Nobelpreisträger Robert Shiller hat Narrative mit Seuchen verglichen. In der Epidemiologie gibt es Ansteckungen, Inkubationszeiten, Resistenzen; ansteckende Krankheiten folgen einem typischen Verlauf. Sie breiten sich zunächst rasch aus, erreichen ein Maximum, bevor die Ausbreitung allmählich wieder abflaut.[54] Shillers Seuchenkurven ähneln frappierend den Funktionen, die wir in der Kommunikationsforschung messen. Dabei handelt es sich um sogenannte Shifted-Gompertz-Funktionen, mittels derer sich der Verlauf von Nachrichtenzyklen, Internet-Memes und anderen medialen Phänomenen ziemlich gut beschreiben lässt. Einige Narrative werden groß, also dominant. Aber diese Position können sie lediglich eine gewisse Zeit lang halten – bis sie von besseren Deutungen abgelöst oder von neuen Entwicklungen diskreditiert werden. In offenen Gesellschaften sollten verschiedene Narrative miteinander im Wettbewerb um die zutreffendste Lesart der komplexen Realität stehen. Nur autokratische Systeme schaffen es, dauerhafte *hegemoniale Narrative* zu etablieren, nämlich durch Unterdrückung freier Diskurse, im Zweifel mit Gewalt.

Je komplizierter die Fragen sind, denen sich eine Gesellschaft gegenübersieht, desto anfälliger ist sie dafür, un- oder halbwahren Narrativen aufzusitzen. Laien können nicht beurteilen, ob der Klimawandel durch menschliche Emissionen verursacht wurde, ob es ihn überhaupt gibt, ob die Deutsche Bank systemrelevant für das Finanzwesen ist oder ob durch Zuwanderung die Kriminalität steigt. Die politische Debatte ist durchzogen von verkürzten und verzerrten Erzählungen, die bestenfalls einen Ausschnitt der Realität abbilden.

Die Eurokrise und ihre Vorgeschichte liefern dazu Anschauungsmaterial; sie ist einen kurzen Exkurs wert.

»Schrecken ohne Ende?« – ein kurzer Exkurs zum Euro-Narrativ

Im November 2018 war ich zu einem Streitgespräch mit Hans-Werner Sinn eingeladen. Die Nordrhein-Westfälische Akademie der Wissenschaften und der Künste hatte uns zu einer öffentlichen Debatte über die Zukunft des Euro gebeten. Ich muss gestehen, dass ich einigen Respekt vor dem Gespräch hatte. Sinn, ehemaliger Präsident des Münchner Ifo-Instituts, ist einer der großen Ökonomen dieses Landes. Ein scharfsinniger Denker mit einer Vorliebe für provokante Thesen. Schon der Titel der Veranstaltung war auf seine Lieblingsargumente zugeschnitten: »Der Euro: Ende mit Schrecken oder ein Schrecken ohne Ende?« Kein leichtes Spiel für mich.

Das Gespräch, das sich dann entspann, war ein Musterbeispiel für wirtschaftspolitisches Storytelling. Wir lieferten uns einen Schlagabtausch, in dem jeder seine eigene Erzählung vorantrieb. Beide schilderten wir den Gang der Dinge anhand ausgewählter Ereignisse, unterlegt jeweils mit ausgewählten Fakten, auf dass sich eine schlüssige Geschichte ergeben sollte. Wir taten, was jeder gute Erzähler tut: Jeder von uns wählte einiges aus – und ließ vieles weg. (Sie können das Gespräch bei Facebook in voller Länge – mehr als zwei Stunden – anschauen.[55])

Sinns Geschichte ging in etwa so: Der Euro war von Anfang an zum Scheitern verurteilt, weil er einen ungesunden Boom verursachte und Staaten im Süden der Eurozone, vor allem Griechenland, zu günstigen Krediten verhalf, die dann zu übermäßiger Verschuldung führten und notwendigerweise in einer Schuldenkrise endeten. Der Norden, voran Deutschland, subventioniert den Süden, insbesondere mit billigem Geld, siehe die von Sinn über Jahre heftig attackierten »Target-Salden« bei der Europäischen Zentralbank.[56] Eine Konstruktion, die auf Dauer nicht funktionieren kann. Sinn redete lange über die Vergangenheit, beginnend mit der 1954 gescheiterten Europäischen Verteidigungsgemeinschaft, und wenig über die Zukunft.

Meine Argumentation war ganz anders aufgebaut. Ich suchte nach Ansatzpunkten, wie die Währungsunion funktionieren könnte – und was passieren würde, wenn sie doch scheitern sollte (eine Katastrophe). Ich redete weniger über Griechenland als über Spanien und Irland, zwei vormalige Musterländer, die ebenfalls in den Sog der Eurokrise geraten waren. Ich erzählte davon, was die Eurozone schon alles erreicht hatte seit Ausbruch der Krise, dass keine Währungsunion der Welt ohne automatische Umverteilung zwischen den Regionen funktioniert, dass wir solche Mechanismen einführen müssten und in dieser Hinsicht einiges von den USA lernen könnten. Vor allem argumentierte ich *gegen* die Herrschaft der Technokraten und *für* eine Demokratisierung der Eurozone, die Schaffung einer europäischen Medienöffentlichkeit inbegriffen. Kurzum, ich redete wenig über die Vergangenheit und viel über mögliche Zukünfte.

Offen gesagt habe ich keine Ahnung, ob unser Gespräch den Zuschauern irgendeinen Erkenntnisfortschritt gebracht hat. Im Anschluss beim lockeren Beisammenstehen kommen doch fast nur Leute auf einen zu, deren Vor-Urteile man bestätigt hat; und nach einem Jahrzehnt Krise hat wohl jeder halbwegs Informierte in Deutschland eine Meinung dazu. Sinn und ich präsentierten zwei Geschichten, die jeweils auf korrekten Fakten fußten – nicht wenig in diesen aufgeregten Zeiten – und doch kaum Schnittmengen aufwiesen.

Die ganze Historie der Währungsunion und ihrer Krise ist durchzogen von Narrativen. Was nicht erstaunlich ist, denn sie ist ein hochkomplexes Projekt, das nicht nur ökonomische und juristische, sondern auch politische, soziale und kulturelle Aspekte hat. Derartige Unterfangen kann man nur ausschnittweise würdigen, und das heißt: durch Narrative.

Bevor die Finanzmarktkrise von 2008 begann, herrschte eine dominante wirtschaftspolitische Erzählung vor, die sich in etwa so fassen lässt: Märkte seien inhärent stabil; das größte Risiko für die Wirtschaft und den allgemeinen Wohlstand sei übermäßiger staatlicher Einfluss. Tatsächlich war diese Erzählung durchaus mit Fakten unterlegt: In den 1970er-Jahren hatte staatlicher Interventionismus in vielen Ländern zu Inflation und Stagnation geführt, auch in den angelsächsischen Staaten. Ab den frühen 1980er-Jahren hatte die marktliberale Revolution, angeführt von Margaret Thatcher in Großbritannien und Ronald Reagan in den USA, eine neue Dynamik entfacht, Jobs geschaffen und die Einkommen erhöht. Aus dieser Erzählung heraus wurden die Institutionen neu ausgerichtet, auch in Kontinentaleuropa. Staatliche Notenbanken und Regulierer überließen den Privaten weitgehend das Feld, Grenzen wurden geöffnet, Staatskonzerne privatisiert, Monopole gesprengt. In den 1990er-Jahren erfasste dieses (neo-)

liberale Narrativ immer größere Teile der Welt. Die Globalisierung nahm ihren Lauf.

Die Europäische Währungsunion ist entlang dieser Erzählung gebaut. Ihr fehlte (und fehlt bis heute) eine übernationale Staatlichkeit, die jeder andere große Währungsraum der Welt besitzt, was allerdings als nicht weiter problematisch angesehen wurde, denn Märkte galten dem dominanten Narrativ zufolge als selbststabilisierend. Der Maastricht-Vertrag von 1992, der den Weg zur Währungsunion vorzeichnete, setzte folgerichtig den Fokus auf die Gefahr destabilisierender *staatlicher* Einflussnahme. Das zeigt sich gerade in den Kriterien, die EU-Staaten erfüllen müssen, um Euromitglied werden zu können: Schulden und Defizite dürfen bestimmte Grenzwerte nicht überschreiten, die Notenbank muss unabhängig sein, und die Finanzmärkte müssen dieser Konstellation vertrauen.[57]

Es kam dann ganz anders, worin sich eine Gefahr zeigt, die von narrativen Verkürzungen ausgehen kann: Sie blenden Teile der komplexen Realität aus. Das Resultat sind blinde Flecken, die Gesellschaften jene Entwicklungen ignorieren lassen, die außerhalb ihrer dominanten Deutungsrahmen liegen. Im Fall der Finanzkrise waren das die Schulden der privaten Haushalte und Unternehmen sowie die Risiken, die in den Bilanzen der Banken schlummerten. Diese Gefahren blieben unentdeckt, weil jahrelang alle auf die *staatlichen* Schulden und auf die Inflationsraten starrten. Die Finanzkrise von 2008 enttarnte denn auch die Erzählung vom inhärent stabilen Marktsystem als übermäßig simpel. Und der Schock ist bis heute nicht verwunden.

Als in der Folge ab 2010 ein Euromitgliedstaat nach dem anderen an den Rand der Pleite geriet, klammerte sich gerade die deutsche Debatte an das eine Beispiel, das das alte Narrativ zu bestätigen schien: Griechenland. Ein Land, das ohne Zweifel einen übermäßig großen, ineffizienten und hoch verschuldeten öffentlichen Sektor hatte. Doch auch Irland und

Spanien gerieten in Schuldenkrisen, Länder, die zuvor scheinbar mustergültig vorgeführt hatten, wie sich marktwirtschaft-
liche Dynamik und solide Staatsfinanzen erreichen lassen.
Dass sie in ernste Schieflagen gerieten, war eine Folge der
hohen privaten Verschuldung von Unternehmen und Bürgern, also einer Fehlsteuerung des Markts, *nicht* primär des
Staats. Aber so recht interessierte das niemanden in Deutschland, weder die weitere Öffentlichkeit noch die Politik.

Stattdessen widmeten sich die Deutschen im Jahrfünft ab
2010 ihrer neuen nationalen Obsession: Griechenland-Bashing.
Die Geschichte war schlicht zu gut: Starke Charaktere – wie
die Finanzminister Yanis Varoufakis (Griechenland) und
Wolfgang Schäuble (Deutschland) – trafen in einem großen
epochalen Ringen aufeinander, immer knapp am Geldunter-
gang entlang. Die Story bestätigte das alte marktliberale Narrativ; sie war einfach und leicht zu verstehen; und sie sorgte in
Deutschland für das Gefühl, sich bequem zurücklehnen zu
können – schuld an der ganzen Euromisere sollten schließlich
allein die anderen sein, man selbst wähnte sich auf der moralisch richtigen Seite.

Das Beispiel Eurokrise zeigt: So nützlich Narrative sind, sie
haben ihre Tücken. Eine gemeinsame Ausrichtung relevanter
Akteure auf eine einzige dominante Deutung der Realität er-
leichtert politisches Handeln. Kollektive Vorstellungen über
Zustand und Richtung des Gemeinwesens zu entwickeln
wirkt identitätsstiftend. Aber Narrative können eben auch
dazu führen, dass Fehlentwicklungen nicht wahr- oder nicht
ernst genommen werden, weil sie nicht in herrschende Deutungsmuster passen. Eigentlich offen zutage tretende Probleme werden nicht als solche interpretiert, sondern vom
dominanten Narrativ überstrahlt. Krisen kommen dann
überraschend, obwohl sie eine lange Vorgeschichte haben,
die man eigentlich frühzeitig hätte erkennen können. Gesellschaftliche Realität und dominantes Narrativ weisen typischerweise eine versetzte Synchronität auf; ein neuer Istzustand

wird zunächst nicht kollektiv erkannt – das Beharrungsvermögen von Narrativen verschleiert einen klaren Blick auf die Fakten.

Der Mensch als Autor seiner selbst

Individuelle Narrative beschreiben die Biografie einer Person, sie sind konstituierend für die persönliche Identität. Die Story, die wir uns selbst von uns erzählen, verändert sich über die Zeit. Die Erinnerung an eine bestimmte Lebensperiode mag an Bedeutung gewinnen, andere Lebensphasen verblassen. Manches wird komplett ausgeklammert, denn es könnte uns zeigen, dass Wirklichkeit und Selbstbild vielleicht doch nicht deckungsgleich sind. Wie gesagt, Erzählen bedeutet Weglassen. Das gilt auch für die individuelle Biografie.

»Menschen versuchen, ihr Leben als kohärentes Ganzes aufzufassen«, so die Philosophin Katja Crone. »›Brüche‹ in der eigenen Biografie werden rückblickend oft ausgeblendet oder als notwendige Wendepunkte interpretiert, schwierige Phasen als notwendige Lernprozesse betrachtet.« Charaktereigenschaften werden betont – ich war schon immer so und so, das zeigt sich auch in dieser oder jener Anekdote aus meiner Jugend –, um das Selbst über die Zeit zu stabilisieren. Auf dieser narrativen Basis bilden wir eine Vorstellung von uns als konsistenter Persönlichkeit. Nach dem Motto: Ich bin im Kern immer noch derselbe wie damals. Crone spricht von »transtemporaler numerischer Identität«.[58] Die Vorstellung von uns selbst sollte auf einer halbwegs wahren Geschichte basieren. Wer sich selbst belügt, zerbricht womöglich irgendwann an seinen inneren Widersprüchen – oder an den äußeren Widersprüchen einer Umgebung, die die Lücke zwischen präsentierter und erlebbarer Persönlichkeit unerträglich findet.

Die individuelle Geschichte ist eingebettet in größere Geschichten, in Narrative höherer Ordnung. Sie setzen Begrenzungen: was richtig und was falsch ist, was erwünscht und was verabscheuenswürdig ist. Und sie verorten das Individuum in größeren Strukturen, in Familie, Nation, Religionsgemeinschaft und gesellschaftlichen Gruppen verschiedener Ausprägungen. Ich bin Deutscher, protestantisch erzogen, deshalb pünktlich, ordentlich, fleißig und sparsam.

Doch die übergeordneten Narrative sind facettenreich und widersprüchlich geworden. Ein *dominantes Metanarrativ*, das eine kohärente Weltwahrnehmung liefern könnte, ist derzeit nicht in Sicht. Zwar breitet sich der Nationalismus aus, aber wirklich überzeugen kann er angesichts unübersehbarer grenzüberschreitender Probleme nicht – vom Klimawandel über Migrationsbewegungen bis zur globalen Sicherheit –, die sich allesamt nur durch intensivierte Zusammenarbeit lösen lassen.[59] Der Liberalismus gilt derzeit als weithin diskreditiert. Linke Gesellschaftsentwürfe kranken am unauflösbaren Widerspruch zwischen egalitären Wohlstandsversprechen und schwacher ökonomischer Dynamik. *Gesellschaftliche Narrative* spitzen sich zu, weil sich die Bedingungen auf den medialen und politischen Märkten verändern (in den nächsten Kapiteln werden wir darauf zurückkommen).

Für jeden Einzelnen bedeutet das: Es wird schwieriger, die individuelle Geschichte in einen sinnstiftenden sozialen Zusammenhang einzubetten. Wenn die *Wir-Geschichten* mehrdeutiger werden, verschwimmen auch die *Ich-Geschichten*. Umso größer wird das Bedürfnis, die Leerstellen in der Identität zu füllen. Es geht um die Vergewisserung des eigenen Selbst, es geht auch um Fremdachtung und überhaupt um *Be*achtung – um »Thymos«, wie der US-Politologe Francis Fukuyama dieses Gefühl in Anlehnung an Platon nennt. Menschen sehnten sich nach positiven Urteilen über ihren Wert und ihre Würde. Wer durch sein gesellschaftliches Umfeld positiv beurteilt werde, verspüre Stolz, so Fukuyama, wer nicht, empfinde Wut (sofern man sich falsch eingeschätzt fühlt) oder Scham (sofern man erkennt, den Maßstäben anderer Menschen nicht gerecht zu werden).[60] Eben darum ging es in dem Zitat eingangs dieses Kapitels: Trump versprach den angeblich Vergessenen, dass er ihnen eine öffentliche Stimme geben würde. Er versprach ihnen, erkannt zu werden in einer Gesellschaft, deren Mitglieder sich zunehmend durch ihre Präsenz in den Medien wahrnehmen – und durch den Widerhall, den sie dort erzeugen.

Elementarteilchen auf Sendung

Medien spielen bei der Identitätsbildung eine zentrale Rolle. Sie produzieren und verbreiten jene Narrative, an denen sich die Selbstwahrnehmung der Gesellschaft und ihrer Individuen ausrichtet. Es ist noch gar nicht lange her, da sah der Philosoph Peter Sloterdijk die moderne Nation als »gemeinhöriges Kollektiv«, zusammengehalten durch die Themensetzungen der Massenmedien, zumal des Fernsehens.[61] Die Massenmedien zeigen der Gesellschaft, wer sie ist, was sie verbindet und was sie trennt, was ihre aktuellen Probleme sind, woher sie kommt und wohin sie sich entwickelt. Medien vermitteln, in einem oft kontrovers aufgeregten Durcheinander, Geschichten, die letztlich identitätsstiftend wirken, weil sie von großen Teilen der Bürgerschaft geteilt werden. Sie »konstruieren« die gesellschaftliche Realität erst, wie der Soziologe Niklas Luhmann einst formulierte.[62] Aber das ist Vergangenheit. Sloterdijks Schrift über die moderne Nation (*Der starke Grund zusammen zu sein*) stammt von 1998, aus einer Epoche, die angesichts des raschen medialen Wandels kommunikationshistorisch als gute alte Zeit durchgehen dürfte. Doch was bleibt übrig, wenn die Öffentlichkeit so weit zerfällt, dass sie die Gesellschaft nicht mehr umspannt, sondern aufspaltet – in Kleingruppen, in virtuelle Erregungsgemeinschaften, die sich gegenseitig bestätigen und radikalisieren, sich nach außen abschotten, auch gegen gute Argumente? (Siehe dazu detailliert Kapitel 6.) Wenn es keine gemeinsamen Kommunikationsräume mehr gibt, zerfällt dann die Gesellschaft?

Jedenfalls dividiert sie sich auseinander. Gemeinsamkeiten werden in den neuen Medienwelten selten herausgearbeitet. Dafür werden Unterschiede betont und Gräben verbreitert. Beispiele gibt es zuhauf und täglich frisch:

»Identitäre« kämpfen für eine imaginäre rassische Homogenität Frankreichs, Italiens, Deutschlands. Wer anders ist, dem wird die Existenzberechtigung abgesprochen. Warum? Weil man sich selbst einer klar abgegrenzten Gruppe zugehörig fühlen will – und in seiner Extremform allen übrigen die Existenzberechtigung abspricht.

Viele Menschen mit muslimischem Hintergrund besinnen sich wieder ihrer Wurzeln – oder dessen, was sie dafür halten. In westlichen Ländern sozialisierte Frauen der zweiten Einwanderergeneration, hier geboren und aufgewachsen, tragen Kopftuch; junge Männer lassen sich beträchtliche Bärte stehen. Äußerlichkeiten, sicherlich, aber doch religiöse Merkmale, die die Generation ihrer Eltern noch abgelehnt hatte. Die Suche nach Identität bringt sie dazu, an das religiöse Metanarrativ samt seiner Symbolik anzuknüpfen – und sich von der übrigen Gesellschaft abzugrenzen.

Auch in anderen Nischen des politischen Raums werden kulturelle Barrieren errichtet. Anfang 2019 kursierte auf Twitter das Hashtag »vonhier«. In Deutschland Lebende mit irgendeiner Form von Migrationshintergrund berichteten von ihren Erlebnissen; insbesondere empörten sie sich darüber, dass sie immer wieder gefragt würden, woher sie kommen. Worauf sie sagten: »von hier«. Gute Antwort. Aber warum muss man sich dafür öffentlich zu einer temporären virtuellen Bewegung zusammenschließen? Um sich gegenseitig seines Andersseins zu vergewissern? Eine seltsame Form der Selbstabgrenzung von all den Müllers, Meyers und Schmidts. Im Übrigen erreicht diese Art der kollektiven Intervention vermutlich das genaue Gegenteil des Erwünschten: Statt einer bunteren Version des Deutschseins zur entspannten Normalität zu verhelfen, führt man die Trampeligkeit und Ungeschicktheit von eigentlich wohlmeinenden Menschen vor – denn um die ging es bei #vonhier, nicht um krasse ausländerfeindliche Grobheiten – und schürt so das Befremden auf allen Seiten.

Noch ein Beispiel: Früher kämpften Homosexuelle gegen Strafverfolgung, für gleiche Rechte, gegen Diskriminierung. Berechtigterweise. Da diese Ziele nun weitgehend umgesetzt sind, geht es um mehr: um die Anerkennung immer weiterer und spezieller Spielarten von sexueller Orientierung und Geschlechtlichkeit – »schwul, lesbisch, bisexuell, inter*, trans* oder queer«, wie Carolin Emcke in ihrer Rede anlässlich der Verleihung des Friedenspreises des Deutschen Buchhandels 2016 aufzählte. Sie fügte dann noch hinzu, dass sie, hätte sie die Wahl, sich »wieder aussuchte zu sein«, was sie ist, nämlich homosexuell. »Nicht, weil es besser wäre, sondern schlicht, weil es mich glücklich gemacht hat.«[63] Daran ist nichts zu kritisieren. In einer liberalen Gesellschaft sollte jeder leben können, wie sie oder er möchte (solange niemand anderes Schaden nimmt). Aber das öffentliche Zurschaustellen des intimen Andersseins lässt sich eben auch so interpretieren: Auf den Kampf um persönliche Freiheit folgt nun das Ringen um die gesellschaftliche *Anerkennung* der eigenen, sehr speziellen Identität. Ich will nicht nur leben können, wie ich mag – ich will auch von euch allen genau so akzeptiert werden.

Willkürlich herausgegriffene Beispiele. Sie illustrieren die Tendenz zur immer weiter fortschreitenden Ausdifferenzierung der Gesellschaft – bis hin zur Ebene von völlig individualisierten Elementarteilchen. Der Soziologe Andreas Reckwitz sieht denn auch eine »Gesellschaft der Singularitäten« im Entstehen begriffen.[64] Dafür verantwortlich seien letztlich ökonomische und technologische Faktoren, die Konformität aufbrechen und dazu beitragen, eine Kultur »des massenhaft

Besonderen« herauszubilden. Früher orientierten sich Massengesellschaften an Durchschnitten; jeder Einzelne versuchte, nicht allzu weit davon abzuweichen. Die Streuung um den Durchschnitt blieb überschaubar. Einst arbeiteten viele Bürger in den großen Belegschaften der Industriebetriebe, sie hatten einen ähnlichen zeitlichen Rhythmus, ähnliche Vorlieben, ähnliche Autos, ähnliche Kleidung, ähnliche Werte und Interessen, ließen sich von Einheitsgewerkschaften vertreten und wählten Volksparteien. In der Konformität der Lebensstile spiegelte sich die Selbstwahrnehmung der Individuen, die sich als Teile von Massengesellschaften empfanden, die sich wiederum im Spiegel der Massenmedien selbst beobachteten. Reckwitz spricht von der »Herrschaft des Allgemeinen«. Doch nun erlebten wir eine »Erosion des Allgemeinen«. Nebenbei bemerkt schwindet im Zuge dieses Prozesses auch die kollektive Wissensbasis und das Vertrauen in die Institutionen, die ja »das Allgemeine« zusammenhalten sollen.

Der moderne Mensch, jedenfalls als Angehöriger des »Leitmilieus« der akademisch gebildeten Großstädter, empfinde sich nicht mehr als Teil einer Masse, Klasse, Schicht oder Gruppe, sondern als einzigartiges Individuum, so Reckwitz. Immer auf der Suche nach unvergleichlichen Erlebnissen, ist er Baumeister seiner Biografie, die er als Autor seiner persönlichen Story dann aller Welt – oder wer sich eben dafür interessieren mag – mitteilt. *Erzähl deine Geschichte!* So fordern es Facebook, Instagram oder SnapChat. Alles poliert, adrett, fit und happy, das Essen hübsch drapiert, fotografiert, gepostet. »Irgendwann im Zuge der digitalen Revolution haben wir unser Leben gegen eine Story getauscht«, schreibt der Autor Laurence Scott.[65] Das ist insofern übertrieben, als individuelle Identität immer auf Ich-Geschichten basierte. Aber der Charakter dieser Geschichten hat sich fundamental gewandelt.

Die neue Medienwelt, so der Psychologe Martin Altmeyer, stelle ein einzigartiges Kommunikationssystem dar, »das soziale Sichtbarkeit anbietet und zur persönlichen Resonanzsuche geradezu einlädt. Von ihren Bewohnern wird diese suggestive Einladung bereitwillig angenommen.« Dabei seien zutiefst menschliche Mechanismen am Werk, »weil Resonanzerfahrungen dieser Art der Stärkung eines Gefühls von Identität und Bedeutung dienen«.[66] Ich poste, also bin ich.

Verwirrend wirkt dabei, dass sich individuelle Identitäten heute modular komponieren lassen. Leben ist nicht mehr (nur) etwas, das uns passiert, sondern etwas, das wir designen. Dafür steht ein reichhaltig gefüllter Baukasten zur Verfügung. Die Individualisierung der Lebensstile, die Flexibilisierung der Arbeitswelt und -zeiten, das Aufbrechen von eindeutigen Rollenbildern, der sich eröffnende Möglichkeitsraum der sexuellen Präferenzen und geschlechtlichen Identitäten, der Mode- und Einrichtungsstile – aus einer wachsenden Zahl von Versatzstücken lässt sich das individuelle Narrativ zusammensetzen. Es findet seinen Niederschlag in der Bilderflut der sozialen Medien, deren Botschaft lautet: Ich bin besonders, und ich will genau so geachtet werden. Achtung wiederum findet ihren Niederschlag in »Likes«, »Freunden«, »Retweets«, Kommentaren.

Ende der 1990er-Jahre prägte Georg Franck die Formel von der »Ökonomie der Aufmerksamkeit«.[67] In seinem gleichnamigen Buch beschrieb er die zwischenmenschliche »Magie«, die sich beim Wahrnehmen anderer und beim Erkanntwerden durch andere abspiele. Sie sei schwer fassbar, aber umso deutlicher spürbar. In einer Gesellschaft des Informationsüberflusses werde Aufmerksamkeit zum knappen Gut, sie werde zum wahren Tauschmittel, dem Geld nicht unähnlich. Seit den späten Neunzigern ist der Informationsüberfluss, von dem Franck sprach, drastisch angewachsen. Beachtung, und damit identitätsstiftende Selbstvergewisserung, resultiert nicht mehr nur aus dem persönlichen Umgang mit Partnern, Kindern, Eltern, Freunden, Bekannten oder Kollegen. Es gibt auch eine Beachtungserwartung durch andere Teilnehmer der Netzwerke.

Das Frustpotenzial ist enorm. Wer sich – via Social Media – öffentlich darstellen und politisch äußern kann, ja, wer seine Identität teils aus seiner medialen *Persona* zieht, aber das Gefühl hat, nicht gehört und nicht beachtet zu werden, reagiert gekränkt. Und womöglich gewalttätig.

Fans und Fakes

Eine spannungsreiche Dualität ist am Werk: Einerseits gibt es eine gesteigerte individuelle Beachtungserwartung der digital präsenten Bürger. Andererseits gerieren sich viele dieser Bürger im politischen Raum wie Fans, die einem Star folgen. Wenn sie sich von dem aber nicht beachtet fühlen, kann hoffnungsfrohe Verehrung in frustrierte Kränkung umschlagen.

Ein Beispiel dafür lieferte in den vergangenen Jahren Frankreich. Als Emmanuel Macron im Frühjahr 2017 zum französischen Staatspräsidenten gewählt wurde, verbesserte sich die Stimmung im Lande schlagartig. Ein junger, energischer Präsident wollte sich daranmachen, die »malaise français« zu heilen. Vielen Bürgern gefiel das, wie die Umfragen zeigten: Plötzlich glaubte eine Mehrheit der Franzosen, die Wirtschaftslage werde sich binnen Jahresfrist verbessern. Der Anteil derjenigen, die meinten, das Land entwickle sich in die falsche Richtung, sank innerhalb von sechs Monaten um sagenhafte 33 Prozentpunkte, wie die Eurobarometer-Umfragen zeigten.[68] Das war neu. Zuvor herrschte in Frankreich Pessimismus wie nirgends sonst in Westeuropa. Tristesse – das war das Grundgefühl. Doch im Mai 2017 fielen in diese Düsternis ein paar Sonnenstrahlen. Entsprechend holte Macrons Bewegung En Marche!, kaum ein Jahr alt, bei den folgenden Parlamentswahlen im Juni 2017 eine beeindruckende Mehrheit.

Macron wurde wie ein Star gefeiert. Und viele Bürger verhielten sich wie Fans. Aber wie das mit Fans so ist: Sie können rasch untreu werden – und zu beleidigten Gegnern. Anderthalb Jahre nach Macrons Amtsantritt bestimmten die Gelb-westen die Stimmung im Land. Sie richteten sich gegen Mac-rons Politik und gegen ihn persönlich. Fast drei Viertel der Bürger fanden zeitweise, die Demonstranten hätten recht. Die Beliebtheitswerte des Präsidenten rauschten in den Keller.

Der Umschwung zeigt, wie Politik heute funktioniert. Alles fließt. Stimmungen wechseln rasch. Traditionelle Institutio-nen – Parteien, Gewerkschaften, Verbände – bestimmen nicht mehr unbedingt den Kurs, sondern Personen und Bewegun-gen. Gefühle sind häufig wichtiger als Argumente. Politik ver-lagert sich in die Arena der Öffentlichkeit. Und da herrschen inzwischen neue Formen des »politisierten Fantums«, wie das der britische Politologe Jonathan Dean nennt.[69]

Dabei handelt es sich um eine spezielle Form des gesell-schaftlichen Narrativs, das extrem auf eine Person fokussiert ist: Die Erzählung des »Allgemeinen« à la Reckwitz wird ab-gelöst durch eine Erzählung, die eine einzelne Figur zum Kris-tallisationspunkt der Millionen von »Singularitäten« macht. Die Gesellschaft der vielen, die ansonsten kaum noch etwas teilen, schart sich hinter einer idealisiert wahrgenommenen singulären Figur und überwindet dadurch – scheinbar – alles Trennende. Dies ist ein typisch populistisches Muster,[70] das den Anhängern aus zwei Gründen attraktiv erscheint: Zum einen findet dabei eine extreme Form der Komplexitätsreduk-tion statt. Um all die lästigen Details, die zu einer ernsthaften Auseinandersetzung mit Politik gehören, braucht man sich nicht mehr zu kümmern. Man vertraut einfach dem Politstar, der die Dinge schon richten wird. Zum anderen bilden Fans eine Gemeinschaft, virtuell im Netz und physisch bei Kund-gebungen, die ein Bedürfnis nach Zusammengehörigkeit eint – wie sich auch beim Fußball oder bei Rockfestivals zeigt. Bemerkenswert: In freien Systemen geschieht hier etwas, das autokratische Regimes mühsam mit Zwang, Unterdrückung und Propaganda herzustellen versuchen. Allerdings ist die turbodemokratische Variante häufig nicht sonderlich stabil –

wie Macrons Abstieg vom Heilsbringer zur Hassfigur illustriert.

Politisches Fantum ist von Gefühlen getrieben, auf einzelne Figuren zentriert, auf die die Gefolgschaft ihre Hoffnungen und Wünsche projiziert. Früher fanden sich Bürger in Parteien, gesellschaftlichen Gruppen und Milieus zusammen, die gemeinsame Werte und Interessen teilten – und die dann über lange Zeit ein und dieselbe Partei unterstützten. Nun begeistern sich viele Bürger für einzelne, häufig schillernde Figuren. Programme und Fakten sind nebensächlich. Donald Trump konnte sich zeitweise aufführen, wie er wollte. Seine Fans standen hinter ihm. Bernie Sanders genoss auf der linken Seite des US-Spektrums ähnliche Bewunderung. In Großbritannien hatte sich in den vergangenen Jahren eine »Corbyn-Mania« breitgemacht, dabei war Labour-Chef Jeremy Corbyn lange Zeit ein unbedeutender Hinterbänkler gewesen, der rückwärtsgewandten sozialistischen Ideen nachhing. Plötzlich war er Kult. Zeitweise wurde der nicht eben jugendliche Oppositionsführer von seinen Fans mit dem Schlachtruf »Jez we can« begrüßt.

Macron ist insofern ein untypischer Vertreter in dieser Rolle, als er kein Populist ist, sondern ein geschliffener Intellektueller, der für ein hartes Reformprogramm steht. Liberalisierung des Arbeitsmarkts, höhere Belastungen für die Bürger, weniger Privilegien für Staatsbedienstete, niedrigere Steuern für Unternehmen. Eine Menge Zumutungen, die sich aber, so sein Versprechen, auf längere Sicht auszahlen sollten. Nach seiner Wahl machte er sich daran, dieses Programm umzusetzen. Doch irgendwann waren viele Franzosen damit unzufrieden. Nicht nur weil sie die unmittelbaren negativen Effekte der Reformen zu spüren bekamen, bevor die versprochenen langfristigen Verbesserungen eintreten konnten. Auch weil sie Macron abgehoben und arrogant fanden. Sie waren persönlich enttäuscht. Es ging um Stilfragen, vielleicht mehr als um Inhalte. Fans, die sich abwandten von einem Mann, der in seinem ersten Amtsjahr eine »jupiterhafte Präsident-schaft« inszeniert hatte – der sich, der Logik des politischen Fantums folgend, aus kaltem Kalkül götterähnlich distanziert gegeben hatte.

Die Gelbwesten waren eine Bewegung *von unten*, die sich zunächst gegen die geplanten höheren Treibstoffsteuern ge-stellt hatte, später aber einen kompletten Kurswechsel for-derte. Sie knüpften an das mächtige französische National-narrativ vom revolutionären Furor an.

Die Regierungsform der Demokratie baut auf die Vernunft ihrer Protagonisten. Nur so kann sie gute Ergebnisse erzielen. Die Hypermediatisierung der Politik begünstigt jedoch eine hochgradige Emotionalisierung. So argumentiert Jonathan Dean, die Bürger seien angesichts der überwältigenden Fülle von Medienangeboten schlicht überfordert – was einer ver-nünftigen und sachlichen Befassung mit Politik abträglich sei. Es ist deshalb einfacher, sich emotional einem Politstar – oder einem ganzen Team – zu verschreiben, als sich ernsthaft mit den wichtigsten politischen Inhalten auseinanderzusetzen. Zu viel Gefühl trägt auch zur Polarisierung bei. Patrick Miller von der Universität Kansas hat herausgefunden, dass viele Anhänger der amerikanischen Demokraten und Republika-ner sich verhielten wie Sportfans – man liebt das eigene Team und hasst das gegnerische. »Für zu viele geht es nicht um gutes Regieren oder themenbasierte Ziele«, gab Miller zu Pro-tokoll. Es gehe nur darum, die Gegenseite zu schlagen. »Das ist beunruhigend.«[71]

Durch Social Media werden Stars direkt zugänglich. Früher waren sie weit entfernte Figuren, unerreichbar auf den Podes-ten, die ihnen das Fernsehen und die gedruckte Presse errich-teten. Durch Facebook, Instagram oder Twitter entsteht nun so etwas wie eine direkte Beziehung, jedenfalls die Illusion derselben, zwischen Bürgern und Stars. Das gilt für Popstars genauso wie für Politiker. Sie breiten ihre Storys aus, ihr Le-ben, auch Privates, ihre Reisen, ihr Wirken, ihre Meinungen –

ganz ähnlich wie die »Freunde«, mit denen man sonst in sozialen Netzwerk zu tun hat. Politiker sollten eigentlich rationale Beauftragte des Volkes sein, die sich als Profis um die Pflege des Gemeinwesens kümmern und all die schwierigen Kompromisse managen – zwischen dem Wünsch- und dem Machbaren, zwischen all den widerstreitenden Interessen. Nun werden sie zu Gefühlsmagneten, die sowohl anziehend als auch abstoßend wirken können – heute noch zigtausendfach geliked, morgen vielleicht schon im Zentrum eines Shitstorms.

Da Politstars und Showstars sich ähnlicher Mechanismen bedienen, sehen sie sich auch mit ähnlichen Problemen konfrontiert. Neben Abstoßungserscheinungen aus enttäuschter Zuneigung spielt Überdruss eine Rolle. Im Wettbewerb um tagtägliche Aufmerksamkeit wendet sich das Publikum irgendwann gelangweilt ab, wenn nicht ständig Überraschendes passiert. Donald Trump hat für dieses Setting den perfekten Stil entwickelt. Er schreibt seine Story tagtäglich fort, und zwar mit den Mitteln der TV-Serie. Via Twitter performt er Gefühlsausbrüche, sucht sich immer neue Gegner ebenso wie unwahrscheinliche Freunde (phasenweise Nordkoreas Kim Jong Un), es gibt Versöhnungen, Cliffhanger, öffentliche Castings, Suspense (Verzögerungen der Handlung, um die Spannung zu steigern), inszenierte kritische Höhepunkte und viele andere Erzählelemente. Man kann Trump mögen oder ablehnen, eines muss man ihm lassen: Um ihn herum ist immer was los. Deshalb ist er in der Lage, über Jahre weite Teile der Öffentlichkeit zu dominieren. Und allein das ist ein Aktivposten in der hypermediatisierten Politik.

Schrei nach Anerkennung

Es stimmt ja: Die Gegensätze zwischen Stadt und Land nehmen zu. Digitalisierung und Globalisierung gefährden Jobs und Qualifikationen. Immigration bringt Fremdheitsgefühle hervor. Geschlechterrollen werden vage. Individuelle Geschichten werden zerrissen: durch Arbeitslosigkeit, durch Abwanderung vom Land in die Städte – durch all die Umwälzungen, mit denen wir konfrontiert sind, und mit all den Wahlmöglichkeiten, die sich uns bieten. Es gibt derzeit viele Gründe, verunsichert zu sein und nach einem festeren Fundament für die eigene Identität zu suchen. Wir haben es mit einem Identitätsvakuum zu tun, das sich über Jahrzehnte aufgebaut hat. Nun entlädt sich der gesellschaftliche Unterdruck in einer großen Implosion. Als Impuls von außen wirken die Strukturveränderungen der Öffentlichkeit: Während sich die Mechanismen des Geschichtenerzählens verändern, stellen sie unser individuelles und kollektives Selbstverständnis infrage. Die Medien wirken wie ein großer Verstärker, der gelegentlich übersteuert. Sich einer Gruppe anzuschließen und von der anderen abzugrenzen mag die persönliche Identität stabilisieren. Als Massenphänomen destabilisiert diese Verhaltensweise die Gesellschaft. Radikale Erzählungen bieten Halt, indem sie helfen, Gruppenidentitäten zu stiften. Doch das Gemeinsame – »das Allgemeine« – geht dabei verloren. Erwachsene Menschen versuchen, sich selbst zu finden, indem sie zusammen mit anderen gegen etwas sind: gegen Zuwanderung, gegen den Staat, gegen Europa, gegen Freihandel. Eine neue Kompromisslosigkeit macht sich breit. Viele Menschen versuchen, ihre eigenen Positionen auf Biegen und Brechen durchzusetzen, zur Not rücksichtslos. Die Wut nimmt zu. Und sie schreit nach Anerkennung. Immer wieder kommt es, im Sinne von Fukuyama, zu wahren Thymos-Epidemien.

Was dabei auf der Strecke bleibt, ist die Wahrheit.

4 Bullshit und Wahrheit

Wie der grassierende Unsinn den Blick auf die Realität verstellt

Für den Begriff »Bullshit« gibt es keine treffende deutsche Übersetzung. »Unsinn«, »Schwachsinn« oder »Mist« wirken verharmlosend, »Humbug« oder »Mumpitz« angesichts der Tragweite des Problems gar verniedlichend. »Kuhscheiße«, wie es Google Translate vorschlägt, geht an der tieferen Bedeutung vorbei. Verzichten wir also auf die Übersetzung und verwenden Bullshit als Lehnwort. Wie gebräuchlich der Begriff im amerikanischen Englisch ist, zeigt sich daran, dass in den USA auch die Kurzform »Bull« und das Akronym »BS« verbreitet sind und allgemein verstanden werden.

Dem Princeton-Professor Harry G. Frankfurt verdanken wir die Entdeckung des Bullshits als philosophischer Kategorie. 2005 erschien sein Essay *On Bullshit* in Buchform.[72] Wenig später ließ er ein weiteres Werk folgen: *On Truth* – über die Wahrheit.[73]

Wenn wir über die Gründe für den Zerfall der Öffentlichkeit nachdenken, ist es lohnenswert, das Spannungsfeld zwischen Bullshit und Wahrheit abzustecken. Beides sind schillernde Begriffe. Bullshit ist nicht deckungsgleich mit Lüge, auch nicht mit Fake News, obwohl vorsätzlich verbreitete Falschinformationen durchaus in die Kategorie Bullshit fallen. Wahrheit wiederum kann in einer aufgeklärten Gesellschaft schwerlich absolut sein, sondern immer nur vorläufig. In der Begrifflichkeit des vorigen Kapitels: Ein auf tatsächlichen Fakten beruhendes *dominantes Narrativ* ist so lange gültig, bis es widerlegt und durch ein anderes ersetzt ist – weil sich die Fakten geändert haben oder weil sich ein besseres Deutungsangebot durchsetzt. Der Wettbewerb um die beste Erklärung der erleb- und messbaren Realität endet nie. Und dieser Prozess des Aufspürens der Realität sollte *wahrhaftig* ablaufen; alle, die sich öffentlich an diesem Prozess beteiligen, sollten davon absehen, absichtsvoll irreführend vorzugehen, etwa indem sie relevante Fakten unterschlagen. Frankfurt verwirft das Argument der Konstruktivisten; diese Denkschule, die behauptet, es gebe keine objektive Realität, sondern nur subjektiv konstruierte Wirklichkeitswahrnehmungen, führe letztlich zu nichts. Frankfurt setzt eine pragmatische Sicht dagegen: Wahrheit ist, was funktioniert. So einfach. Ein Bauingenieur, der eine Brücke auf Basis unwahrer Fakten konstruiert, wird scheitern, und zwar unübersehbar, denn die Brücke wird früher oder später einstürzen.

Wahrheit hat somit unschätzbaren praktischen Nutzen. Was nicht wahr ist, funktioniert nicht. Das gilt fürs Bauen von Brücken genauso wie für die Wirtschafts-, Sozial- oder Umweltpolitik. Als gelerntem Journalisten und Sozialwissenschaftler ist mir Frankfurts Haltung sehr sympathisch: Wer als Journalist nicht davon ausgeht, sich mittels Recherche und Analyse einer objektiven gesellschaftlichen Realität nähern zu können, der sollte sich einen anderen Beruf suchen. Der Fall des jungen Reporters Claas Relotius, der beim *Spiegel* jahrelang gefällig komponierte Texte zusammendichtete, die in weiten Teilen erfunden waren, zeigt, wozu Geringschätzung der objektiven Realität führen kann. Mehr noch: Wenn die Konstruktivisten glauben, Realität sei etwas Subjektives, dann ist das eine durchaus gefährliche Haltung, die im Resultat zu Absurditäten wie »alternativen Fakten«, »post-truth politics« und dem »postfaktischen Zeitalter« führen kann – zu einer beliebigen Verdrehung der Vorstellung von Realität. Bullshit verdrängt Wahrheit.

Der öffentliche Diskurs einer Gesellschaft sollte so beschaffen sein, dass sie ihre real existierenden Probleme erkennen und effektiv bearbeiten kann. Dazu braucht sie Hochachtung vor dem Faktischen. Und sie muss Prioritäten setzen, also das Dringliche und Relevante vom Irrelevanten und Trivialen trennen können. Bullshit steht dabei im Wege. Das macht ihn gefährlich. Zumal, wenn er in großen Haufen die öffentliche Sphäre verstopft.

Es stellen sich drei Fragen: Was genau ist Bullshit? Warum nimmt seine Verbreitung offenkundig zu? Wer hat eigentlich ein Interesse daran?

Five shades of Bull

Nach Harry Frankfurt ist die *Intention* des Bullshitters entscheidend.[74] Wer Bullshit von sich gibt, tut dies absichtsvoll. Er will Menschen verwirren, um seine Lage zu verbessern. Zugegeben, das tut jede und jeder dann und wann. Aber wer Bullshit in die Öffentlichkeit, zumal in die weitere Medienöffentlichkeit, emittiert, bürdet der Gesellschaft Kosten auf. Er führt eine Menge Menschen in die Irre. Anders als Frankfurt gehe ich jedoch davon aus, dass ein Großteil des uns umgebenden Bullshits nicht notwendigerweise mit der *Absicht* der Irreführung in die Welt gesetzt wird. Vieles von dem, was in die öffentliche Sphäre quillt, ist das Produkt gewöhnlicher Anreizstrukturen. Wenn die Spielregeln Bullshit begünstigen, brauchen wir uns nicht zu wundern, wenn er sich vermehrt. Der Effekt ist stets der gleiche: Die Realität ist kaum mehr zu erkennen.

Ich unterscheide fünf Kategorien:

Unsinn: Vielen Menschen fällt es schwer zuzugeben, dass sie etwas nicht – oder nicht hinreichend genau – wissen. Sie fürchten, durch das Eingeständnis von Nichtwissen einen Gesichtsverlust zu erleiden. Das gilt insbesondere für Politiker (und politische Journalisten), die das Gefühl haben, sich zu jedem Thema äußern zu müssen. Ein Anspruch, der grundsätzlich eine Überforderung darstellt. Niemand kann jederzeit kompetent über die Menschenrechtslage in Syrien, die Feinheiten der Unternehmensbesteuerung, das Urheberrecht im digitalen Raum, die Beratungspflicht beim Schwangerschaftsabbruch, die Feinstaubbelastung in deutschen Innenstädten oder die Chancen der deutschen Stahlindustrie infolge von Protektionismus und Digitalisierung reden. Aber von Politikern erwartet man diese Art von Instant-Allwissenheit. Wer schweigt, verliert. Wer sich bei einem Thema für nicht sprechfähig erklärt, wirkt überfordert. TV-Talkshows sind deshalb voll von Unsinn. Kennzeichnend für Unsinn ist, dass er nicht absichtsvoll in die Welt gesetzt wird, sondern aus einer individuell empfundenen situativen Notlage heraus. Irreführend ist er dennoch.

Unzeitgemäßes: Längst überholte Fakten immer wieder hervorzukramen ist eine beliebte Taktik des Bullshitters. Im Überzeugungswettbewerb hat das Überkommene im Zweifel einen Vorteil, weil sich damit an etablierte Narrative anschließen lässt. Die Wiederholung von Bekanntem wirkt unmittelbar einleuchtend. Menschen möchten bestätigt werden, dies umso mehr, sofern es sich um eigene Vorurteile oder weltanschauliche Neigungen geht. Kognitionspsychologen sprechen von »Confirmation Bias« (Bestätigungsfehler). Ein Bullshitter, der Altbekanntes in die Debatte wirft, lügt nicht im eigentlichen Wortsinn. Aber er ignoriert absichtsvoll die aktuelle Realität. Wenn die AfD im Herbst 2018 behauptete, die illegale Zuwanderung nach Deutschland setze sich »ungebremst« fort,[75] dann bleibt sie auf dem Faktenstand des Jahres 2015 stehen, obwohl die Flüchtlingszuwanderung seither wieder auf Normalniveau gesunken ist.[76] Das Motiv ist offensichtlich: Die Entwicklung der Fakten ist für eine Ein-Themen-Partei wie die AfD unbequem. Um das Thema Zuwanderung weiter ausschlachten zu können, wiederholt man lieber die Realität von gestern – und nährt damit den Eindruck, dass drängende Probleme angeblich nicht gelöst werden.

Ablenkendes: Wer keine Antworten auf die gerade relevanten Fragen hat, greift gern zu »Whataboutism« – Was-ist-mit-ismus. Eine beliebte Propagandatechnik, die auf eine fakti-sche Vorhaltung unmittelbar einen Gegenangriff folgen lässt. Trump und seine Gefolgsleute haben darin einige Meister-schaft erlangt. Die Aufforderung zur Veröffentlichung seiner Steuererklärungen konterten sie etwa mit dem Gegenvor-wurf, Hillary Clinton gehe zu lax mit ihren E-Mails um. Das eine hat nichts mit dem anderen zu tun. Vorwurf folgt auf Vorwurf. Behauptung steht gegen Behauptung. Nichts wird geklärt oder ausgeräumt. Was in der Öffentlichkeit zurück-bleibt, ist das ungute Gefühl eines allgemeinen Sittenverfalls.

Lügen: Nach Harry Frankfurts Definition ist Bullshit nicht gleichbedeutend mit dem absichtlichen Verbreiten von Falschinformationen, vulgo: Lügen, aber Bullshit schließt die Lüge durchaus mit ein. Die Intention sei entscheidend. Der Lügner, sagt Frankfurt, habe immerhin noch so viel Respekt vor der Wahrheit, dass er sie bewusst verfälsche. Dem Bull-shitter hingegen sei die Wahrheit einfach egal; er gebe von sich, was er gerade für nützlich halte. Der ungarische Minis-terpräsident Viktor Orbán ist ein Meister der bösen Art von Bullshit: Die Zuwanderung ist seiner Propaganda nach eine Verschwörung des US-Hedgefonds-Milliardärs und Philan-thropen George Soros, unterstützt von der EU-Kommission in Brüssel. 2019 pflasterte er Ungarn mit entsprechenden Plakaten zu. Die Brexit-Befürworter bauten ihre Leave-Kampagne 2016 unter anderem auf der Behauptung auf, das Vereinigte Königreich überweise jede Woche 350 Millionen Pfund nach Brüssel; Gelder, mit denen sich nach dem EU-

Austritt das staatliche Gesundheitssystem NHS aufstocken ließe. Schon während der Kampagne stellten die britischen Behörden klar, dass die Summe viel zu hoch beziffert sei.[77] Ihre klare Falschbehauptung mussten die Brexiteers denn auch bereits am Tag nach dem Referendum wieder einkassieren. Die Lüge hatte ihren Zweck erfüllt. Boris Johnson hat es mit seiner Indifferenz gegenüber der Wahrheit immerhin zum britischen Premier gebracht, wenn auch zu einem irrlichternden.

Triviales: Das Phänomen Bullshit, so wie ich es verstehe, bezieht das Belanglose mit ein. Auch Irrelevantes ist in diesem Sinne politisch, weil es die gesellschaftlichen Kommunikationskanäle verstopft und die öffentliche Befassung mit dem Relevanten behindert. Aus Sicht vieler Bürger ist das Triviale im Zweifel interessanter. In diese Kategorie fällt ein ganzer Reigen von Themen und Geschichtchen, die früher die Yellow Press und ihre TV-Ableger, die bunten Magazine, füllten. Inzwischen kommt ein kaum überschaubares Kaleidoskop von Bildchen und Filmchen in sozialen Netzwerken hinzu: Promi-Storys, das endlose Geschwätz der YouTuber, Katzenvideos, banale Alltagstipps (»So kommen Sie schnell an saftiges Ananasfleisch«[78]), Instagram-Bilder von Gott weiß wem. Auch Unterhaltungsangebote haben sich geradezu explosionsartig vermehrt: von Streamingdiensten wie Netflix oder Amazon Prime bis zur Gaming-Branche, die inzwischen weltweit mehr Umsatz macht als die Filmindustrie.[79] All diese Angebote konkurrieren um die knappe Zeit der Nutzer. Natürlich, darunter gibt es auch echte Kulturprodukte, vor allem aber jede Menge fiktionales Fast Food, das gut aussieht, meist viel schicker als die Realität, aber inhaltlich entleert ist. Seriöse Informationen, deren Rezeption dem Nutzer einiges an Anstrengung abverlangt, haben im Wettbewerb um Aufmerksamkeit geringe Chancen. »Wir amüsieren uns zu Tode«, konstatierte der Kommunikationswissenschaftler Neil Postman in seinem gleichnamigen Bestseller bereits in den 1980er-Jahren, insbesondere mit Blick auf TV-Infotainment.[80] Seither ist die Menge an Bullshit in damals unvorstellbare Dimensionen gewachsen.

Warum gibt es immer mehr Bullshit?

Bullshit gab es immer. An jedem Kneipentresen war und ist er präsent. Menschen setzen ohne nähere Kenntnis der Fakten Behauptungen und Gerüchte in die Welt. Aber früher war die Wirkung begrenzt, denn das Publikum bestand nur aus wenigen Menschen. Bullshit als öffentliches Phänomen hat eine andere Qualität. Über Massenmedien und soziale Medien übertragen, wird er Teil des öffentlichen Raums und verwirrt den Diskurs. Die Folgen sind ziemlich dramatisch. Was wahr ist und was falsch, können viele Menschen nicht mehr beurteilen. So sagen in einer internationalen Umfrage der Kommunikationsberatungsfirma Edelman 63 Prozent der Befragten, dass es schwierig geworden sei, Fake News von echtem Journalismus zu unterscheiden.[81] Wobei der Begriff Fake News gezielte Propaganda, etwa gesponsort von russischen Geheimdiensten, genauso einschließt wie eine unüberprüfte Pressemeldung, die es in die Abendnachrichten schafft, oder einen in einen falschen Kontext transferierten Videoclip, der von irgendeinem Social-Media-Nutzer geteilt wird und sich viral zehntausendfach verbreitet.

Es ist nicht abwegig anzunehmen, dass die Explosion der Medienangebote die Menge an Bullshit vergrößert hat, auch wenn wir keine exakten Größenordnungen angeben können. In der alten, hierarchisch strukturierten Medienwelt gelangte an die Öffentlichkeit, was im Wechselspiel insbesondere zwischen Politik, Journalismus, Wissenschaft und Wirtschaft für berichtenswert erachtet wurde. Dass diese von Eliten dominierten Diskurse keinen Idealzustand darstellten, liegt auf der

Hand. Die Gefahr, dass manches unter der Decke blieb, was ans Licht gehört hätte, ist nicht zu unterschätzen. Und doch: Jedes dieser Systeme war durch Institutionen geprägt, die ein prinzipielles Eigeninteresse daran hatten, glaubwürdig zu kommunizieren. Denn wer öffentlich des Bullshits oder der Lüge überführt wurde, musste einen Reputationsverlust fürchten. Berufsethische Standards und Gesetze – vom Presserecht bis zu Rechnungslegung und Veröffentlichungspflichten von Unternehmen – halfen, Bullshit einzudämmen.

Inzwischen jedoch ist eine Vielzahl potenzieller Sender und Überträger von Nachrichten hinzugekommen, die nicht primär der Wahrheit verpflichtet sind. Dazu zählen die Betreiber der großen Netzwerke wie Facebook, Google oder Twitter, die allenfalls für die Verbreitung von verhetzenden Inhalten zur Rechenschaft gezogen werden können, genauso wie Millionen Normalbürger, bezahlte Trolle, Lobbyisten und Aktivisten. Jeder kann sich mitteilen und findet womöglich einen Resonanzraum von Glaubenswilligen – egal, ob er behauptet, die Erde sei eine Scheibe (wie es die Netzgemeinde der »Flat Earther« tut), sinistere Mächte machten die Menschen durch »Chemtrails« gefügig (die perfiderweise aussehen wie die Kondensstreifen von Flugzeugen) oder die Bundesregierung betreibe eine Strategie der gezielten Verdrängung der einheimischen Bevölkerung durch islamische Einwanderer (»Umvolkung«). Dem öffentlich verbreiteten Bullshit sind keine Grenzen mehr gesetzt.

In allen europäischen Ländern sehen sich Menschen Meldungen oder Informationen ausgesetzt, die falsch sind oder zumindest die Realität in irgendeiner Form verfälscht wiedergeben. Besonders häufig fällen Bürger dieses Urteil in Frankreich, Spanien und Großbritannien. Aber auch in Deutschland stimmt eine Mehrheit der Bürger dieser Aussage zu (siehe Abbildung 4).

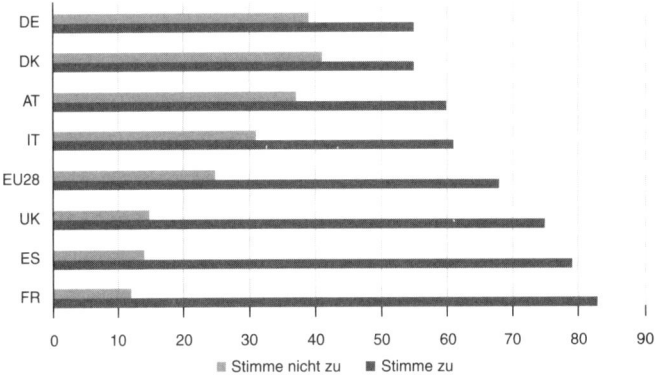

0   10   20   30   40   50   60   70   80   90

■ Stimme nicht zu   ■ Stimme zu

[4] »Ich stoße häufig auf Meldungen oder Informationen, die die Realität verfälscht wiedergeben oder falsch sind« (Zustimmung, Ablehnung in Prozent), ausgewählte Länder (Quelle: Eurobarometer 90, QE 10.1, S. 184)

Wer hat ein Interesse an der Verbreitung von Bullshit?

Bullshit ist leider oft die bessere Geschichte. Deshalb hat er einen Wettbewerbsvorteil gegenüber der Wahrheit. Eine gut erfundene *Lüge* (siehe oben) ist aufregender und anrührender als die (meist) graue Wirklichkeit. Und sie ist leicht zu verstehen, viel leichter jedenfalls als der differenziert vorgetragene aktuelle Stand der wissenschaftlichen Erkenntnis. So machte Benjamin Day, der Pionier der Boulevardzeitungen und Gründer der *New York Sun*, sein Blatt 1835 groß, indem er eine sechsteilige Serie vom Leben auf dem Mond druckte. Die angeblichen Entdeckungen, die der (real existierende) Astronom John Herschel mittels eines neuartigen Teleskops vom Kap der Guten Hoffnung aus gemacht haben sollte, gipfelten in detaillierten Beschreibungen von menschenähnlichen Wesen auf dem Erdtrabanten: »Ihre Größe betrug im Durchschnitt vier Fuß, sie waren, bis auf ihre Gesichter, von kurzem und glänzendem kupferfarbenem Fell bedeckt, und sie besaßen Flügel bestehend aus einer dünnen, unbehaarten Membran, die eng an ihren Rücken anlagen, von den Schultern bis zu den Unterschenkeln.« Die Gesichter seien von »gelblicher Hautfarbe«.[82] Bis dahin war Days Blatt mit allerlei Crime- und Anrührgeschichten aufgefallen. Die große Mond-Serie war ein fulminanter Fake der frühen Jahre, der auch in Europa für Furore sorgte. In der Folge wurde die *Sun* zeitweise zur auflagenstärksten Zeitung der Welt.[83] *Bullshit sells!*

Erst später setzte sich die Erkenntnis durch, dass Glaubwürdigkeit und Vertrauen Faktoren sind, die Medien langfristigen wirtschaftlichen Erfolg sichern. Entsprechend entstanden im Journalismus berufsständische Qualitäts- und Ausbildungsstandards, auch Institutionen der Medienselbstkontrolle wie der Deutsche Presserat, die wahrhaftige und korrekte Berichterstattung sichern sollen.

Für privatwirtschaftliche Nachrichtenmedien ist politischer Bullshit ein Geschäft. So haben die TV-Networks in den USA im Wahljahr 2016 Traumergebnisse eingefahren, nicht nur weil die Ausgaben für Wahlwerbespots immer weiter stiegen, sondern auch weil die Kandidatur Donald Trumps Menschen an die Bildschirme lockte, die sich sonst kaum für Politik interessierten. Der Wahlkampf 2020 gegen den Bullshitter-in-Chief, ein Virtuose in allen fünf BS-Schattierungen, versprach schon im Vorfeld neue Rekordergebnisse und Einschaltquoten. Die Politik sei inzwischen »die beste Show auf dem Planeten«, gab der Vorstand der US-Sendergruppe Sinclair zu Protokoll. Man sehe sich kaum in der Lage, all dem Geld auszuweichen, das in die Kassen gespült werde.[84]

Fiktion ist der Realität schon rein ästhetisch überlegen. Die Netflix-Serie *House of Cards* sieht besser aus als die Washingtoner Wirklichkeit. Die Akteure sind schöner, die Bilder ästhetischer, das Licht ist geschickter gesetzt. Alles schimmert, glänzt, strahlt. Die Storys sind spannender, die Charaktere vielschichtiger; Lüge und Verrat sind aufregender.

In der ubiquitär mediatisierten Welt sind Fiktion und Realität zwei Kanäle, die nur einen Daumen breit auseinanderlie-gen; aus Nutzersicht ist das eine nur einen Klick vom anderen entfernt. Ihnen gefällt die *Tagesschau* nicht? Schalten Sie ein-fach um! Der nächste Streaming-Serienhit oder die nächste Version von GTA (»Grand Theft Auto«, ein Konsolenspiel im Stil einer Actionserie vor düster-endzeitlich wirkender Stadtkulisse) wartet auf Sie. Die Wirklichkeit mag schwierig und unkomfortabel sein, die Nachrichten belastend und an-strengend. Switch und weg! Sie können jederzeit umschal-ten – die Fiktion steht immer und überall zur Verfügung.

Donald Trumps Weißes Haus ist ein Sieg der Fiktion über die Realität. Der Ex-Showstar-Präsident dirigiert eine Art Adaption von *House of Cards* – in Trash-Version. Wenn ein Thema das Publikum zu langweilen droht, wechselt der Präsi-dent abrupt zum nächsten – unabhängig davon, ob ein Prob-lem gelöst oder zu Ende diskutiert ist oder ob tatsächlich ein neues Problem aufgetaucht ist. Zur Not wird eines erfunden. In Zeiten, da sich mediale Realität und Fiktion so weit ange-nähert haben, dass sie für das unbedarfte Publikum kaum noch unterscheidbar sind, wird auch die Trennlinie zwischen Wahrheit und Unwahrheit unscharf.

Triviales hat einen Wettbewerbsvorteil gegenüber harten Nachrichten. Dies ist ein Standardergebnis der Kommuni-kationswissenschaft. Vor die Wahl gestellt zwischen »Hard News« und »Soft News« – zwischen Wahrheit und Bullshit sozusagen – entscheiden sich die meisten Menschen für wei-che – emotional anrührende, unterhaltende, lustige – Nach-richten. Erst seit Politik selbst Formen des Fiktionalen ange-nommen hat und, zumal in den USA, zur »besten Show auf dem Planeten« geworden ist (siehe obiges Zitat der Sinclair-Chefs), wird Berichterstattung darüber populärer. Doch nur eine Minderheit ist bereit und in der Lage, sich ernsthaft mit der harten und komplexen Realität zu befassen. Viele private Nachrichtensender bringen deshalb nur gerade so viele politi-sche Sendungen, wie ihnen die Medienregulierer vorschreiben. In den USA war zu beobachten, dass sich die Zusammensetzung der Nachrichtensendungen hin zu »Soft News« verschob, nachdem in den 1980er-Jahren die entsprechenden regulativen Vorgaben gelockert worden waren.[85] Die großen deutschen Networks RTL und ProSiebenSat.1, die in ihrer Frühzeit mit neuen politischen Formaten experimentierten, haben sich von diesem Feld weitgehend zurückgezogen und konzentrieren sich nun auf Unterhaltung.

Silvio Berlusconi, der frühere italienische Ministerpräsident, hatte das Triviale und Frivole bereits in den 1990er-Jahren zur Strategie seiner politischen Kommunikation erhoben. Während seiner langen Jahre im Amt belästigte er die Italiener möglichst selten mit unangenehmen Wahrheiten und inszenierte sich stattdessen als regierender Entertainer. Notwendigen, aber unpopulären Reformen wich er aus. Lieber versorgte er das Volk mit einer unendlichen Reihe von süffigen, wenn auch unappetitlichen Bunga-Bunga-Storys aus seinem bewegten Privatleben. Medien greifen solche Geschichten auf, weil sie damit Umsatz machen können. Der italienische Kommunikationsforscher Gianpietro Mazzoleni spricht denn auch von einer »Komplizenschaft« der journalistischen Medien, ohne die populistische Politiker keinen Erfolg haben könnten.[86] (Wir werden in Kapitel 7 darauf zurückkommen.)

Weil Bullshit einen Wettbewerbsvorteil hat, steigen viele darauf ein: Politiker, Experten, Journalisten. Ich spreche in diesem Zusammenhang von einer »Lärmspirale«.[87] Wenn ein Thema Aufmerksamkeit genießt, wird es weitergedreht – von immer weiteren Akteuren, die aufspringen, weil sie davon zu profitieren hoffen, und von immer weiteren Medien, die sich davon Nutzerinteresse und Umsatz versprechen. Die Spirale nimmt Fahrt auf, quer durch alle politischen Lager und Medienkanäle, von Social Media über Online- und TV-Journalismus bis zur Zeitung. Der »News Cycle« ist erst vorbei, wenn ein neues Thema den nächsten Kreislauf anstößt. In den USA, wo drei große Nachrichtenkanäle, CNN, MSNBC und Fox News, sieben Tage die Woche 24 Stunden auf Sendung sind und miteinander im Wettbewerb stehen, hat die Lärmspirale ein schwindelerregendes Tempo und ohrenbetäubende Lautstärke erreicht. Aber auch in Deutschland ist der Mechanismus am Werk.

Bullshit Buzz

Als Resultat entsteht ein *Bullshit Buzz,* manchmal infam, manchmal banal, manchmal amüsant, manchmal trivial – ein großes, verwirrendes Rauschen, das zuweilen verhindert, dass sich real existierende Probleme erkennen und effektiv bearbeiten lassen. Wie gesagt, Gesellschaften müssen in der Lage sein, das Dringliche und Relevante vom Irrelevanten und Trivialen zu trennen. Bullshit, der in großer Menge die öffentliche Sphäre verstopft, ist deshalb alles andere als ungefährlich.

5 Herde und Wissen

Wohin es führt, wenn immer mehr Bürger sich von der Politik abwenden

Diktaturen können mit Lügen, Un- und Halbwahrheiten womöglich lange Zeit existieren – bis irgendwann die Differenz zwischen Realität und Propaganda so unerträglich groß wird, dass das System zusammenbricht. Demokratien hingegen sind auf Wahrheit gegründet. Sie brauchen einen Konsens darüber, *was ist* – und eine Verständigung darüber, *was sein sollte*. Wo letztlich die Bürger als Wähler entscheiden, brauchen sie zumindest eine grundlegende Kenntnis der wichtigsten Fakten. Dafür ist es nicht erforderlich, alles zu wissen. Es genügt, wenn die Bürger davon ausgehen, dass die Fachleute in Politik, Verwaltung, Wissenschaft und Medien das Relevante thematisieren und korrekt wiedergeben. Wissensgesellschaften basieren auf Arbeitsteilung. Nicht jeder muss alles wissen. Aber er muss wissen, wem er vertrauen kann.

In einer Welt jedoch, in der es keine gemeinsame Faktenbasis mehr gibt, wird eine Verständigung über den Zustand der Gesellschaft, ihre wirklichen Probleme und mögliche Lösungsansätze schwierig, wenn nicht gar unmöglich.

Mehr als die Hälfte der Bundesbürger glauben, sie kämen häufig mit Meldungen in Kontakt, die falsch seien oder zumindest die Wirklichkeit verfälscht wiedergäben, wie wir bereits im vorigen Kapitel gesehen haben. Immerhin ein Drittel gibt an, es falle ihnen schwer, derartige Meldungen zu erkennen. Deutschland steht damit sogar noch ganz gut da. In anderen europäischen Ländern ist die Verwirrung größer. In Frankreich etwa glauben mehr als 80 Prozent der Bürger, häufig mit Falschmeldungen konfrontiert zu sein. In Großbritannien liegt der Anteil bei 75 Prozent, wie aus der Eurobarometer-Umfrage vom November 2018 hervorgeht.[88]

Ziemlich schwerwiegende Befunde. Wenn das Gefühl für Wahrheit abhandenkommt, werden Gesellschaften handlungsunfähig. Es ist dabei nicht mal so wichtig, ob Meldungen tatsächlich falsch sind – oder ob die Bürger lediglich den Verdacht hegen, Unwahrheiten vorgesetzt zu bekommen. Vieles fällt in diese Kategorie: bösartige Fake News, in die Welt gesetzt von Propagandisten, Aktivisten oder Geheimdiensten und verbreitet über soziale Netzwerke, genauso wie seriöse Presseberichte, deren Wahrheitsgehalt von den Nutzern zu

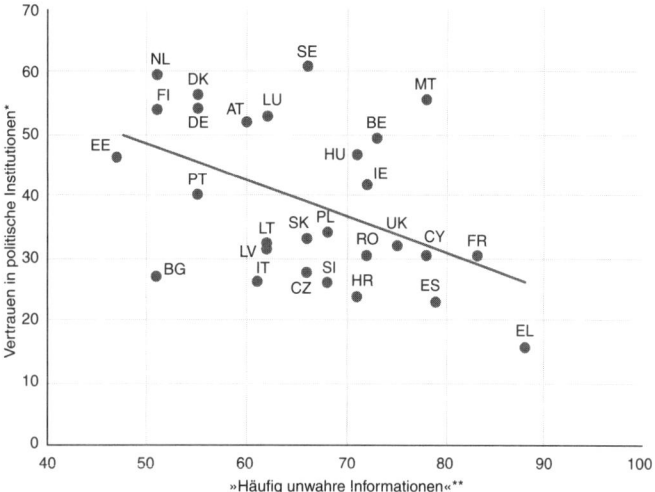

[5] Bullshit und Vertrauen in die Politik (in Prozent)
* Anteil der Befragten, die angaben, sie vertrauten Parteien, nationalen Parlamenten und Regierungen, regionalen Behörden und der EU (einfacher Durchschnitt).
** Anteil der Befragten, die angaben, häufig mit falschen Meldungen oder Informationen konfrontiert zu sein, die die Realität verfälscht wiedergeben. Umfragezeitraum: November 2018 (Quelle: Eurobarometer (2018), eigene Berechnungen)

Unrecht in Zweifel gezogen wird. In jedem Fall ist Verunsicherung die Folge – mit destruktiven Nebeneffekten.

Die Grafik zeigt die Häufigkeit von Meldungen, die als falsch beziehungsweise als die Realität nicht korrekt wiedergebend wahrgenommen werden, sowie das herrschende Vertrauen in die politischen Institutionen in den Mitgliedstaaten der EU (inklusive Großbritannien). Da politische Institutionen und deren führende Akteure zu den wichtigsten Sendern medialer Botschaften gehören, ist ein Zusammenhang zwischen beiden Größen naheliegend, auch wenn unklar bleibt, ob Ursache-Wirkungs-Beziehungen vorliegen. So ist es denkbar, dass Falschmeldungen oder verzerrte Darstellungen das Vertrauen in die Institutionen unterminieren. Plausibel wäre aber auch die umgekehrte Lesart: Wo ohnehin wenig Vertrauen in Institutionen herrscht, nehmen viele Bürger Meldungen als falsch wahr, die tatsächlich korrekt sind. Die Folgen sind in jedem Fall Verwirrung, Misstrauen und Unwissen.

In der Grafik ist ein Muster erkennbar. Links oben finden sich ausnahmslos nordeuropäische Länder: Skandinavien, die Niederlande, Österreich, Luxemburg, Deutschland, dazu das exsozialistische Estland. Auch in diesen Gesellschaften ist das Vertrauen in die Informationen und Institutionen nicht überragend groß, aber immerhin. Rechts unten finden sich vor allem süd- und osteuropäische EU-Staaten – sowie Frankreich und Großbritannien. So vertrauen im Durchschnitt gerade mal 31 Prozent der Franzosen und 32 Prozent der Briten den jeweiligen politischen Institutionen – deutlich weniger als in Deutschland (54 Prozent) und anderen nordeuropäischen Ländern. Ein ähnliches Gefälle zeigt sich beim Vertrauen in die Medien.

Teils wird dieses Misstrauen bewusst geschürt. So offenbarte der Tory-Politiker Michael Gove die ganze intellektuelle Armseligkeit der Brexiteers, als er Fachleuten per se die Glaubwürdigkeit absprach: »Die Menschen in diesem Land haben genug von Experten«, verkündete er während der

Kampagne im Jahr 2016. Gemeint waren all jene warnenden Stimmen und Studien, die versuchten, die Folgen eines Ausscheidens Großbritanniens aus der EU zu benennen und zu quantifizieren. Positionen, die den Brexiteers mit ihren einfachen Slogans nicht passten. Deshalb sollten sie diskreditiert werden. Gove war damals einer der führenden Anti-EU-Aktivisten. Später gehörte er der Regierung der Premiers Theresa May und Boris Johnson an, als deren Vertrauter er galt. Vieles von dem, was die von Gove diffamierten Experten vorausgesagt haben, ist seit dem Referendum von 2016 Realität geworden.

Das Brexit-Drama in all seiner Absurdität hätte rechtzeitig gestoppt werden können, wenn die britischen Bürger die Folgen des EU-Ausstiegs zur Kenntnis genommen hätten. Früh zeichnete sich ab, dass der Brexit eine Sackgasse war. Das war spätestens Ende 2018 offensichtlich und in Zahlen belegbar, für jeden, der sehen wollte. Als Theresa May den von ihr ausgehandelten Ausstiegsvertrag vorlegte, stand fest: Die Ziele der Brexiteers waren nicht erreichbar. Weder würde Großbritannien echte Souveränität zurückerlangen noch die Zuwanderung begrenzen noch mehr Wohlstand schaffen. All diese Versprechen waren längst von Fakten widerlegt. Das britische Pfund verlor nach dem Brexit knapp ein Drittel seines Werts, was die Kaufkraft der Briten schmälerte. Das Wirtschaftswachstum fiel zwischen 2016 und dem Frühjahr 2019 um einen Prozentpunkt geringer aus als in den USA, Deutschland und Frankreich, wie die OECD vorrechnete. Die Investitionen gingen ab Mitte 2017 zurück, während sie in den OECD-Ländern insgesamt stiegen.[89] Auch die Zuwanderung, die May auf jährlich unter 100 000 Personen netto hatte beschränken wollen (Zu- minus Abwanderung), blieb bei rund 300 000.

Nach dem Brexit-Votum verließen Hunderttausende EU-Bürger, zumal Polen und Rumänen, Großbritannien. Das britische Office for National Statistics zeigte: Die Zahl der Mittel- und Osteuropäer auf der Insel ging absolut zurück; der Nettozuzug aus der EU insgesamt sank gegen null. Ende 2018 arbeiteten 2,3 Millionen Europäer in Großbritannien, 61 000 weniger als ein Jahr zuvor. Allerdings bedeutet das nicht, dass die Gesamtzahl der Zuwanderer gesunken wäre. Nun kamen mehr Immigranten aus Nicht-EU-Ländern, ihre Zahl ist seit dem Brexit stark angestiegen.[90] Ein seltsames Resultat, zurückhaltend formuliert. Brexit-Befürworter, die angesichts der großen Zahl von EU-Zuwanderern zuvor von Überfremdungsängsten getrieben wurden, sind nun mit einer neuen Realität konfrontiert: einer Immigration in gleicher Größenordnung, allerdings aus ferneren Ländern. Chinesen, vor allem aber Inder, traditionell die größte Einwanderergruppe der ehemaligen Kolonialmacht, kommen vermehrt, um die Jobs zu besetzen, die zuvor von Osteuropäern erledigt wurden, etwa in der Landwirtschaft. Was zeigt, dass Großbritannien, wie praktisch alle westlichen Länder, auf Zuwanderung angewiesen ist – denn die demografische Wende verknappt längst die Zahl der arbeitsfähigen Inländer.

Obwohl die Brexiteers genau genommen auf ganzer Linie gescheitert waren, zeigen die Umfragen seit 2016, dass es keine klare Mehrheit gegen den Brexit gab. Die britische Bevölkerung blieb auch Jahre nach dem Referendum gespalten, obwohl doch längst klar war, wie hoch die Kosten sein würden. Aber wer den Fakten nicht glaubt – oder sie überhaupt nicht zur Kenntnis nimmt –, für den zählen sie eben nicht. Und weil die Stimmung in der Bevölkerung war, wie sie war, führten die Abgeordneten des Unterhauses Eiertanz um Eiertanz auf – um am Ende beim schlechtesten aller denkbaren Deals mit der EU zu landen. Ein Desaster.

Auch das Phänomen Gelbwesten in Frankreich resultiert aus einem grundlegenden Misstrauen. Es ist ein Aufstand von Teilen der Bevölkerung, die sich abgehängt fühlen und nichts als Zynismus für das herrschende System übrighaben. Präsident Emmanuel Macron hat sich wirklich Mühe gegeben mit seiner großen »nationalen Debatte«, sich viel Zeit genommen, zugehört und argumentiert. Doch bei den Hardcore-Demonstranten verfing das kaum. Sie wollten das System stürzen – weil es ihnen falsch und unglaubwürdig vorkam.

Das Muster, das in obiger Grafik aufscheint, legt den Verdacht nahe, dass sich sowohl der Brexit als auch die Proteste der Gelbwesten als Aufbegehren gegen London und Paris verstehen lassen – und das heißt: gegen die Zentralinstitutionen von Staat, Wirtschaft und Gesellschaft und gegen jene Eliten, die ihnen vorstehen. Bei einem nennenswerten Teil der Bevölkerung steht der politmediale Komplex unter Generalverdacht. Man glaubt weder den Sendern der Botschaften (der Politik) noch den Überbringern (den Medien). Kein Land ist vor derartigen Entwicklungen gefeit.

Wenn Blinde anderen Blinden folgen

Wir haben es mit drei Effekten zu tun, die den Blick auf die gesellschaftliche Realität trüben: *Erstens* ist die Komplexität enorm gestiegen. Die Globalisierung, die wissenschaftlich-technische Entwicklung und die soziale Ausdifferenzierung sorgen dafür, dass die gesellschaftliche Realität nicht mehr so einfach zu erkennen ist. Um ein zutreffendes Bild zu erlangen, brauchen Bürger nicht nur ein solides Wissensfundament, das sie in die Lage versetzt, Informationen einzuordnen. Sie müssen auch einiges an Zeit und Mühe aufwenden, um diese Informationen zu verarbeiten und sich eine faktenbasierte Meinung zu bilden.

Zweitens sind Öffentlichkeiten inzwischen von einer großen und offenkundig wachsenden Menge an Bullshit verstopft. Wie wir in Kapitel 4 gesehen haben, ist der Konsum von Unsinn, Trivialem, Lügen, Unzeitgemäßem und Ablenkendem ziemlich attraktiv. Da unsere Zeit und Aufmerksamkeit begrenzt sind, steht Bullshit-Konsum in Konkurrenz zur

Auseinandersetzung mit der häufig grauen, komplizierten Realität. Im Ökonomenjargon ausgedrückt: Die »Opportunitätskosten« der Informationsverarbeitung steigen.

Wer sich den Mühen des Informiertseins nicht unterziehen will, kann eine Abkürzung wählen: Er kann Instanzen oder Menschen vertrauen, die über entsprechende Kenntnisse und Informationen verfügen. Doch dieses Vertrauen ist, *drittens,* auf dem Rückzug, wie zu Beginn dieses Kapitels gezeigt. Politik, Medien und Wissenschaft haben einen besorgniserregenden Ansehensverlust erlitten. Viele Bürger vertrauen ihnen nicht mehr – und auch nicht den von ihnen verbreiteten Informationen und Deutungen.

Befragungen zufolge halten zwei Drittel der Bundesbürger Laien, die ihnen selbst ähneln, für die verlässlichsten Informationsquellen. Nicht mehr Experten und Wissenschaftler führen die Skala der Glaubwürdigkeit an, sondern »Personen wie ich selbst«.[91] Es ist diese Haltung, die sich die Werbung in Form von Influencern zunutze macht; wo früher Prominente als Glaubwürdigkeits- und Sympathieträger dominierten, treten nun x-beliebige Konsumenten als Multiplikatoren in den sozialen Medien auf. Während die Frage, welchen Eyeliner oder welchen Turnschuh man kauft, von begrenzter Relevanz ist, verhält sich die Sache mit politischen Entscheidungen anders. Wer am ehesten seinesgleichen vertraut, trifft mit einiger Wahrscheinlichkeit Entscheidungen, deren Konsequenzen er später bereuen wird.

Der Ökonom David Hirshleifer hat dazu bereits in den 1990er-Jahren ein interessantes Modell entwickelt.[92] *The blind leading the blind* – die Blinden führen die Blinden –, darauf laufen seine Überlegungen hinaus. Sein Ausgangspunkt ist die Tatsache, dass Informationsgewinnung und -verarbeitung mit einigem Aufwand verbunden sind. Unter diesen Bedingungen erscheint es vernünftig, sich an den Entscheidungen anderer zu orientieren. Nur fließen in Hirshleifers Modell die Informationen nicht von besser informierten Personen zu den weniger gut informierten. Vielmehr orientieren sich Menschen am beobachtbaren Verhalten anderer. Die Resultate sind in der Realität häufig anzutreffende Phänomene: konformistisches Handeln und Denken, kollektive Irrtümer und erratische Umschwünge.

Entscheidend für diesen Effekt ist die Existenz von »dünnem Wissen«, wie ich das nenne. Eine unzulängliche Informationsbasis führt zu kollektivem Herdenverhalten, das rasch seine Richtung ändern kann. Dadurch kommt ein fundamentales Unsicherheitsmoment in die Politik, aber auch in andere gesellschaftliche oder ökonomische Entwicklungen. Allerlei Moden oder Finanzmarktphänomene lassen sich mit dieser Art von blindem Herdentrieb begründen. Auch Wahlausgänge, die Demoskopen nicht haben kommen sehen, dürften darauf zurückzuführen sein, dass viele Bürger ihre Entscheidungen nicht sorgfältig vorbereiten, sondern erst in der Wahlkabine fällen.

Hirshleifer nennt als anschauliches Beispiel für sein Modell eine Warteschlange im real existierenden Sozialismus. Passanten kommen vorbei, sehen die Schlange vor einem Laden und stellen sich ebenfalls an – ein häufiges Phänomen in der DDR oder in der Sowjetunion. Dabei wissen die Menschen womöglich gar nicht, was es drinnen zu kaufen gibt. Sie vermuten einfach, dass diejenigen, die bereits anstehen, mehr wissen als sie selbst. Obwohl das keineswegs der Fall sein muss. Wenn nun ein paar Leute die Ansammlung verlassen, aus welchen Gründen auch immer, kann es sein, dass sich die ganze Warteschlange auflöst. Die Leute gehen auseinander, vielleicht weil sich das Gerücht verbreitet hat, es gebe anderswo Besseres zu ergattern.

Hirshleifer legt Wert darauf, dass jeder Einzelne sich individuell nicht »dämlich« verhält, sondern durchaus rational. Einer nach dem anderen trifft eine Entscheidung, die einerseits auf seinen eigenen Informationen und Vorlieben basiert, andererseits auf der Evidenz, die sich aus dem beobachteten

Verhalten anderer ergibt. Und diese Evidenz kann so stark wirken, dass sie die Entscheidung dominiert.

Dieses Verhalten lässt sich bei Konsum-Modetrends ebenso beobachten wie in politischen Räumen oder Medienöffentlichkeiten, aber auch an Finanzmärkten, wo Anleger Wertpapiere kaufen, weil andere es ebenfalls tun, obwohl sie sehen, dass diese Vermögenswerte nach den üblichen Maßstäben hoffnungslos überbewertet sind (so entstehen Blasen). Dünnes Wissen führt zu Instabilität. Und es kann durchaus sein, dass auf diese Weise viele Leute am Ende Entscheidungen treffen, die eigentlich falsch sind – in dem Sinne, dass sie für sie selbst nachteilig sind. Wenn die »Blinden die Blinden aufführen«, besteht die Gefahr, dass man an Orten ankommt, wo man eigentlich nie hinwollte.

Als Hirshleifer sein Modell ersann, gab es noch keine sozialen Medien. Aber gerade die sind wie gemacht für Informationskaskaden bei dünnem Wissen. Jeder Nutzer kann *sehen,* welche Meldung wie oft geteilt, geliked oder zitiert wurde, wie viele »Follower«, »Fans« oder »Freunde« ein Account hat. Jede dieser Metriken signalisiert anderen Nutzern die vermeintliche Relevanz oder Irrelevanz der damit verbundenen Botschaften, unabhängig von der Qualität der Information. Noch bevor er oder sie den Inhalt einer Botschaft zur Kenntnis genommen hat, steht deren Wichtigkeit – oder Unwichtigkeit – fest. Was viele Leute interessiert, ist wichtig, was wenige interessiert, nicht. Das folgende Kapitel wird detaillierter auf die Rolle zu sprechen kommen, die soziale Medien für den Zerfall der Öffentlichkeit spielen. An dieser Stelle soll es darum gehen, wie die sozialen Medien zur Kurzschlusspolitik beitragen.

In einer kleinen Untersuchung haben wir gemeinsam mit dem Brüsseler Thinktank Bruegel die Brexit-Debatte auf Twitter analysiert.[93] Die Ergebnisse sind ziemlich interessant. Das Thema EU-Austritt wurde etwa ein Jahr vor dem Referendum im Twitter-Kosmos prominent. Am 7. Mai 2015 war David Ca-

meron als britischer Premier wiedergewählt worden. Zu seinen Wahlversprechen gehörte eine Volksabstimmung über
die EU-Mitgliedschaft. Zu dieser Zeit dominierten die Griechenland- und dann die Flüchtlingskrise die Öffentlichkeit.
Die Brexit-Befürworter sprangen auf diese Themen auf. Insbesondere die Flüchtlingskrise verbanden sie geschickt mit
der Angst vor Überfremdung und dem Verlust von nationaler
Identität, die bei Teilen der britischen Bevölkerung bestand.
Weniger Immigration war das große Thema der Leave-Kampagne. Nigel Farage, damals Vorsitzender der Anti-EU-Partei
UKIP und einer der Pro-Brexit-Wortführer, erklärte im Nachhinein, Zuwanderung sei das »tödliche Thema« gewesen.
Ohne die Bilder von den Flüchtlingen auf der Balkanroute
und die Angst vor ungesteuerter Zuwanderung in einem
grenzenlosen Europa hätte die Leave-Kampagne das Referendum wohl nicht gewonnen. Dass die Brexiteers sich durchsetzten, lag auch daran, dass sie virtuos die sozialen Medien
bespielten. Binnen weniger Wochen explodierte die Anzahl
der Tweets mit Brexit-Bezug: von rund 1000 Tweets pro Woche auf 5000 beziehungsweise auf 10 000 inklusive Re-Tweets.
Auch die Anzahl der mit dem EU-Ausstieg verbundenen
Hashtags stieg rapide, auf mehr als 15 000 auf dem Höhepunkt der Flüchtlingskrise. Das Thema der EU-Mitgliedschaft
Großbritanniens, das über Jahre eher geschlummert hatte,
gewann nun große Aufmerksamkeit. Und zwar mit einem
eindeutigen Meinungstrend: Unsere Analysen zeigen, dass
ab Sommer 2015 das Meinungsspektrum in der britischen
Twitter-Sphäre schlagartig in den Pro-Brexit-Bereich drehte –
und dort bis zum Referendum im Juni 2016 verharrte.

Ein gewisses Beharrungsvermögen ist erkennbar: Das
Pro-Brexit-Meinungsbild bleibt bestehen, begünstigt durch
Follower-Strukturen, die, einmal geknüpft, eine deutliche
Persistenz verursachen. Die Signale, die von den meinungsführenden Accounts ausgehen, sind so stark, dass die Herde
zusammenbleibt, sich sogar weitere Follower anschließen.

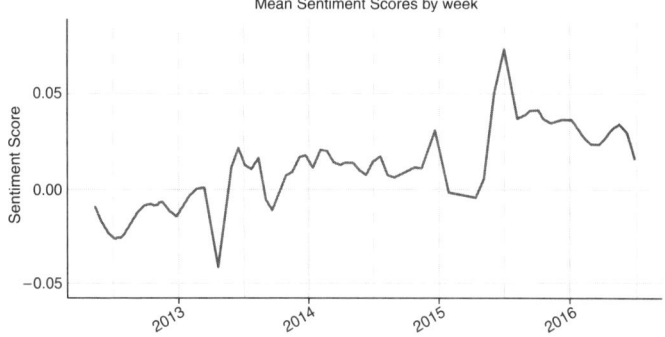

Mean Sentiment Scores by week

[6] *Brexit in der Twitter-Sphäre* – Stimmungsklima der Tweets zum britischen EU-Ausstieg*
* Sentiment-Analyse: Positive Werte zeigen an, dass eine Mehrheit der Tweets mit Hashtags, die mit dem Thema Brexit verbunden sind, eine Präferenz für den EU-Ausstieg Großbritanniens aufwies. Negative Werte zeigen eine Netto-Präferenz für den Verbleib in der EU. (Quelle: Müller/Porcaro (2016))

Twitter ist kein Massen-, sondern eine Art Leitmedium im neuen Medienzeitalter. Es wird intensiv von Meinungsbildnern in Politik und Journalismus genutzt. Positionen und Metaphern werden hier geprägt, bevor sie in klassische journalistische Medien hinüberdiffundieren (dazu detaillierter das folgende Kapitel). Die Anziehungskraft der vielen (die Zahl der Follower, Freunde oder Re-Tweets), auch auf Meinungsbildner, ist unwiderstehlich.

Wie groß die Unsicherheit und das Maß an Nichtwissen hinsichtlich der Brexit-Abstimmung waren, zeigte sich auch in der geringen Wahlbeteiligung. Lediglich rund die Hälfte der wahlberechtigten Briten nahm überhaupt an der Abstimmung teil. Von denen, die wählten, ließen sich viele ganz offenkundig von Stimmungen leiten, nicht von ernsthaften Informationen. Die Brexiteers scheuten sich nicht, allerlei Lügen und Halbwahrheiten zu verbreiten, und die sozialen Medien waren ihr machtvolles Werkzeug.

Der Vorwurf steht im Raum, bewusst gestreute Fake News,

105

etwa durch interessierte russische Kreise, würden den Verfall
der westlichen Öffentlichkeit befördern. Der Brexit, aber auch
die wüsten Gelbwesten-Proteste in Frankreich, so die häufig
geäußerte Vermutung, gehen auf das Konto von geheimen
Propagandisten. In der Tat sind Social-Media-Öffentlichkeiten, die Hirshleifers Modell folgen, anfällig für Manipulation.
Wenn sich Herdentriebverhalten angesichts von dünnem
Wissen leicht auslösen lässt, liegt es nahe, diese Effekte propa-
gandistisch auszunutzen. Dennoch halte ich den Faktor Propaganda für letztlich nicht entscheidend. Westliche Gesellschaften brauchen keine ausländischen Provokateure, um sich
in die Irre führen zu lassen. Der hohe Grad an Misstrauen
und die großen Unterschiede zwischen den westeuropäischen
Ländern legen nahe, dass andere Faktoren eine weitaus wich-
tigere Rolle spielen, insbesondere: die flächendeckende Grund-
versorgung mit traditionellen Qualitätsmedien, Bildung und
Kultur sowie die Fähigkeit staatlicher Institutionen, auf Bür-
gerinteressen vor Ort einzugehen – all das kann dazu beitragen, die Bürger gegen die Wirrungen und Polarisierungen der
Social-Media-Öffentlichkeiten ein Stück weit zu imprägnie-
ren, auch wenn es keine Garantie darstellt.

Wissen in Deutschland

»Dünnes Wissen« ist ein weitverbreitetes Phänomen. Wer
sich die großen politischen Unfälle und Fast-Unfälle der vergangenen Jahre in Europa anschaut, stellt fest, dass es eine
relativ starke Übereinstimmung mit dem allgemeinen Interesse – beziehungsweise Desinteresse – an Politik gibt. In
Frankreich, wo die Populisten von rechts und links große Unterstützung genießen und viele die diffuse, radikale Protestbewegung der Gelbwesten unterstützt haben, ist fast die Hälfte
der Bürger nach eigenem Bekunden nicht oder kaum an Politik interessiert (siehe Grafik 7, linke Balken). In Großbritan-

nien, dem Land, das mehrheitlich für den kopflosen Ausstieg aus der EU stimmte, sind 38 Prozent desinteressiert. In Italien, das 2018 eine links-rechts-populistische Regierung wählte, deren Vorleute ebenfalls über den Ausstieg aus EU und Euro fantasierten, sind 35 Prozent politikabstinent, ähnlich viele wie im nationalkonservativ regierten Polen (Stand: Herbst 2018).[94] Allerdings geht die Gleichung »wenig Interesse an Politik gleich populistische Politik« nicht überall auf. So ist der Anteil der Desinteressierten im von Viktor Orbán illiberal geführten Ungarn vergleichsweise gering, ebenso in Österreich, wo bis Mai 2019 die stramm rechte FPÖ mitregierte.

Dennoch: Das Interesse an Politik ist in Europa insgesamt erschreckend schwach ausgeprägt. In allen EU-Ländern sind jene, die sich intensiv mit Politik befassen, in der Minderheit. Wo es besonders wenige sind, ist die Gefahr groß, dass bei Wahlen Entscheidungen fallen, die letztlich dem gesellschaftlichen Wohlergehen abträglich sind – weil die Bürger die Folgen nicht überblicken. Wer sich nicht ernsthaft mit politischen Themen beschäftigt, kann kaum ein halbwegs eigen-

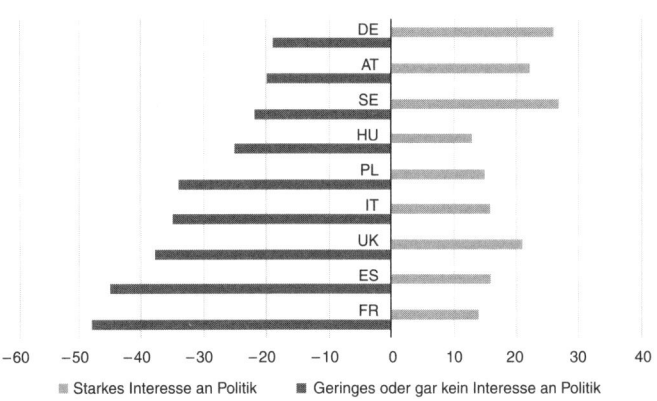

[7] Politik, nein danke!
Anteil der Bürger, die angeben, kein oder nur geringes (negative Werte) bzw. starkes Interesse (positive Werte) an Politik zu haben, in Prozent; ausgewählte Länder (Stand: November 2018) (Quelle: Eurobarometer 90, S. 2)

ständiges Urteil fällen – »dünnes Wissen« begünstigt, wie wir gesehen haben, politische Herdentriebe.

Eine Rolle spielt dabei auch die Qualität der klassischen journalistischen Medien. Wo Zeitungen, Fernsehen und Radio als wenig glaubwürdig gelten, ist auch das Interesse an politischen Informationen gering. So vertrauen in Großbritannien nur 43 Prozent der Bürger den klassischen Massenmedien, in Frankreich sind es 46 Prozent, in Italien 49 Prozent, in Spanien nur 38 Prozent; auch in Polen und Ungarn liegen die Anteile unter 50 Prozent. Wer sich nicht ohne großen Zeitaufwand durch glaubwürdigen Journalismus informieren kann, ist offenkundig eher politikabstinent. In Deutschland und anderen nordeuropäischen Ländern ist die Situation von weniger Misstrauen geprägt; dort geben immerhin mehr als zwei Drittel der Befragten an, den klassischen Medien zu vertrauen. Diese Daten korrespondieren mit relativ großen Anteilen von politisch Interessierten in diesen Ländern. So sagen 26 Prozent der Bundesbürger, sie hätten ein starkes Interesse an Politik, in der EU ein Spitzenwert.

Nun ist es möglich, dass solche Selbsteinschätzungsumfragen eher sozial erwünschte Antworten zutage fördern als wirkliche Einstellungen. Womöglich gehört gerade in den protestantisch geprägten nordeuropäischen Ländern politisches Interesse zum guten Ton, während weiter südlich derartige gesellschaftliche Konventionen nicht gelten und sich die Bürger entsprechend frei fühlen, ihr Desinteresse kundzutun. Für einen solchen Effekt spricht, dass auch in Deutschland der selbsterklärte Anspruch der Befragten und die tatsächlichen Kenntnisse der Bevölkerung erheblich auseinanderklaffen.

Wie groß diese Differenz ist, davon vermittelt eine Studie einen Eindruck, die der Bayerische Rundfunk im Jahr 2011 in Auftrag gab.[95] Dabei unterzog das Institut Infratest Dimap die Teilnehmer einem Wissenstest, bei dem relativ basale Kenntnisse sowie damals aktuelle politische Themen abgefragt wurden. Die Ergebnisse sind frappierend: So wusste nur ein Drittel der Teilnehmer, dass die Deutsche Bank ein privates und kein staatliches Geldinstitut ist. Nur die Hälfte hatte eine Ahnung davon, wie groß in etwa der Bevölkerungsanteil mit Migrationshintergrund ist (circa 20 Prozent), dass das ökonomische System der DDR Planwirtschaft hieß, wie viele Mitgliedstaaten die EU hat (damals 27), was es mit dem sozialpolitischen Instrument der Elternzeit auf sich hat, dass die Bundesrepublik 1949 gegründet wurde oder dass Ratingagenturen die Zahlungsfähigkeit von Unternehmen und Staaten bewerten.

Im Durchschnitt erzielten die Befragten die Gesamtnote 3,9 – ausreichend, mehr nicht. Nur zwölf Prozent schafften ein Gut oder Sehr gut. 29 Prozent wussten so wenig, dass sie mit den Noten Fünf oder Sechs bewertet wurden. Alles deutsche Staatsbürger, 18 Jahre und älter, wahlberechtigt. Die Selbsteinschätzung der Befragten allerdings fiel deutlich günstiger aus. Immerhin 60 Prozent glaubten, sie könnten »wichtige politische Zusammenhänge gut verstehen und einschätzen«. Von denjenigen mit der Note Fünf glaubte fast ein Drittel, »recht viel über Politik und aktuelle politische Ereignisse« zu wissen. Selbst unter den Totalausfällen (Note Sechs) meinte noch ein Fünftel, ganz gut Bescheid zu wissen.

Ignoranz und Selbstüberschätzung sind offenkundig weitverbreitet. Doch überraschenderweise gibt es zum politischen Wissen der Deutschen kaum aktuelle Untersuchungen, anders als in den USA, wo die Unkenntnisse der Bürger seit Langem Gegenstand von Studien und Diskussionen sind.[96]

Rationale Ignoranz

Die Umfrageergebnisse korrespondieren mit einem Phänomen, das die Politikwissenschaft »rationale Ignoranz« getauft hat. Dahinter steckt die Überlegung, dass es streng genommen für einen einzelnen Bürger unvernünftig ist, sich mit

Politik zu befassen oder auch nur wählen zu gehen. Ein rational handelndes Individuum stellt demnach folgende Rechnung auf: Es kostet mich einiges an Zeit und Mühe, mich auf dem Laufenden zu halten, erst recht, mir eine fundierte eigene Meinung zu bilden. In der Zeit, in der ich mich mit dem Klimawandel, der Besteuerung internationaler Konzerne oder den Feinheiten der Zuwanderungsproblematik befasse, kann ich keine Unterhaltung konsumieren, die mich emotional anspricht, kann keine Spiele machen, die mir Freude bereiten, kann mich nicht mit meinem Partner, meinen Kindern oder Freunden beschäftigen. Diesen Kosten steht ein extrem geringer Nutzen gegenüber – der politische Einfluss des Einzelnen ist minimal. Denn in einer Gesellschaft, die aus Millionen von Bürgern besteht, hat die Stimme jedes Einzelnen ein Gewicht, das gegen null geht. Aus einem reinen individuellen Kosten-Nutzen-Kalkül ist politisches Desinteresse deshalb rational. Als Massenphänomen ist diese Haltung natürlich katastrophal.

Dass Demokratien dennoch lange ziemlich gut funktionierten, liegt insbesondere daran, dass die Ignoranten kein öffentliches Forum hatten. Sicher, jeder konnte auf die Straße gehen und für sein Anliegen demonstrieren. Aber um nennenswerten Protest auf die Beine zu stellen, brauchte man Organisationsstrukturen: Parteien, Gewerkschaften, Vereine, Bürgerinitiativen, Aktionsbündnisse – hohe Hürden. Nur derart strukturiert und häufig von Kampagnenprofis geleitet, konnte man sich im öffentlichen Raum Gehör verschaffen. Auch die Medienöffentlichkeit wurde von Profis, Journalisten bei etablierten Massenmedien, organisiert. Was diese »Schleusenwärter« (»gate keepers«) nicht für berichtenswert hielten, erreichte die Öffentlichkeit nicht. Themen und Positionen, die in den Medien vorkamen, schienen Mehrheitsmeinungen zu sein. Wer sie nicht teilte, verstummte. Die deutsche Kommunikationswissenschaftlerin Elisabeth Noelle-Neumann prägte dafür den Begriff der »Schweigespirale«.[97] Gelegentlich ermittelten Demoskopen die Einstellungen und Vorlieben der Bürger. Aber auch diese Ergebnisse gelangten moderiert an die Öffentlichkeit.

Entsprechend wurde die öffentliche Meinung von jener Minderheit geprägt, für die politisches Interesse eine soziale Norm darstellte – von Leuten also, die sich wiederum aus speziell auf sie zugeschnittenen Qualitätsmedien informierten. Was die Masse dachte und fühlte, kam nur gefiltert an die Öffentlichkeit. Mehrheiten mochten sich rational ignorant verhalten, aber den Kurs bestimmte letztlich eine Minderheit von Informierten. Um innerhalb von Hirshleifers Modell zu bleiben: Dünnes Wissen kam nicht in Herdentrieben zum Tragen, jedenfalls nicht solange die Übrigen den Meinungsbildnern genug Vertrauen entgegenbrachten, auch in ihrem Interesse zu handeln.

Das Internet und insbesondere Social Media haben diese tradierten hierarchischen Beziehungen aufgelöst. Zur Schweigespirale ist eine *Lärmspirale* gekommen; in den folgenden beiden Kapiteln werden wir auf verschiedene Facetten dieses Phänomens eingehen. Im entfesselten öffentlichen Diskurs kann nahezu jede und jeder mitmischen. Hinzu kommt: Nun lässt sich *beobachten*, wie viele Leute einer bestimmten Meinung oder einem Thema folgen. Ähnlich wie beim Schlangestehen im früheren Ostblock senden heute virtuelle Gruppen, auch solche, die gar keine fundierten Positionen vertreten, öffentliche Signale. Allein die Größe dieser Gruppen macht ihre Meinungen relevant. Vernünftiges und Unvernünftiges stehen im Wettbewerb um die Deutungshoheit, und für schwach informierte Bürger ist es schwierig, beides voneinander zu unterscheiden. Wenn politische Stimmungen entstehen, die das gesellschaftliche Klima vergiften, oder kollektiv schädliche Entscheidungen gefällt werden – siehe Brexit –, dann wird aus individuell rationaler Ignoranz rasch kollektiv irrationale Ignoranz.

Die Demokratie braucht eine verlässliche Informationsbasis. Wer die Folgen nicht überblickt, trifft in der Wahlkabine womöglich eine Entscheidung, die weder in seinem eigenen Interesse liegt noch seinen eigentlichen Wünschen entspricht. Momentane gesellschaftliche Stimmungen, erzeugt von den simplen Parolen der Populisten, können somit zu hochgradig risikoreichen Weichenstellungen führen.

Doch womöglich besteht Grund zu der Hoffnung, dass wir vor einem großen Revival des Politischen stehen – und vor einer Stärkung der Demokratie. Schließlich lässt sich die verbreitete politische Ignoranz in vielen westlichen Ländern auch damit begründen, dass die Bürger eigentlich ganz zufrieden mit ihrem Leben waren und das Management des Gemeinwesens nur zu gern Politikern und Technokraten überlassen haben. Doch inzwischen hat sich die Situation grundlegend geändert: Es geht wieder um etwas. Folgenreiche Ereignisse wie der Brexit könnten sich als fatale Fehlentscheidungen entpuppen. Niemand kann sich mehr darauf verlassen, dass sich das einlullende Weiter-so auch in Zukunft fortsetzt.

Tatsächlich entsteht der Eindruck, dass zumindest einige Bürger dieses Problem erkannt haben. Umfragen zeigen, dass die Nachfrage nach qualitativ hochwertigen Informationen wächst. Das Vertrauen in den Journalismus scheint gestiegen zu sein.[98] Internationale Qualitätsmedien vermelden wieder steigende Abonnentenzahlen. Auch die Wahlbeteiligung nimmt in einigen westlichen Ländern zu. Allerdings bleibt abzuwarten, ob davon eher populistische Demagogen profitieren, die das dünne Wissen breiter Bevölkerungsschichten für ihre übermäßig vereinfachten und polarisierenden Narrative ausnutzen, oder ob nicht doch mehr und mehr Bürger spüren, dass Desinteresse, Wahlabstinenz und unvernünftige Wahloptionen letztlich gefährlich sind, auch für sie individuell. Die Logik der Aufmerksamkeitsökonomie allerdings spricht gegen eine derart tief greifende Wende.

Mehr Bildung, mehr Zeit – und trotzdem keine Ahnung?

Dass sich so viele Menschen mit dünnem Wissen zufriedengeben, ist eigentlich überraschend. Denn nicht nur *Informationen* spielen dafür eine Rolle, sondern auch *Bildung*, die ja das kognitive Instrumentarium schult, mit dem wir Informationen verarbeiten. Nun hat in den vergangenen Jahrzehnten eine ausgeprägte Bildungsexpansion stattgefunden. Im Durchschnitt der OECD-Länder haben 81 Prozent der 25- bis 64-Jährigen mindestens eine fortgeschrittene Sekundarausbildung (etwa eine dreijährige Lehre) absolviert; der Akademikeranteil liegt bei 37 Prozent.[99] Der Anteil der weniger Gebildeten ist erheblich zurückgegangen. Unter den Jüngeren (25 bis 34 Jahre) gehören nur 15 Prozent in diese Gruppe; zehn Jahre zuvor waren es noch 20 Prozent. Unter den EU-Ländern fallen drei südliche heraus; in Italien (25 Prozent), Spanien (34 Prozent) und Portugal (30 Prozent) ist der Anteil der formal Schwachgebildeten nach wie vor vergleichsweise hoch.[100] Aber auch an diesen Ländern ist die Bildungsexpansion nicht vorbeigegangen. Insgesamt ist die Basis an formaler Bildung also deutlich breiter geworden – sie ist sogar so breit wie nie zuvor.

Auch *Informationen* sind leichter zu bekommen. So kann sich jeder Bürger mit Internetanschluss oder Smartphone eine schier unendliche Menge an Originalquellen zugänglich machen. Behörden, Ämter, Parteien, Vereine, Wissenschaft, Nichtregierungsorganisationen, Thinktanks, seriöse Medienangebote, national und international – Informationen sind in einer Fülle und Detailtiefe vorhanden, wie es noch vor zwei Jahrzehnten kaum vorstellbar war, obendrein umsonst oder zu niedrigen Preisen.

Hinzu kommt ein dritter Faktor: *Zeit*. Eigentlich haben wir eine Menge davon. Zwischen 25 und 40 Prozent ihrer Zeit steht den Deutschen zur freien Verfügung; die Werte variieren je nach Altersgruppe und Geschlecht, aber der Befund bleibt: Viele Bürger haben Zeit, und zwar reichlich.[101] Verglichen mit früheren Generationen nimmt die Erwerbsarbeit weniger Raum ein, eine Folge von Arbeitszeitverkürzungen und Teilzeitarbeit. Tätigkeiten im Haushalt sind durch die fortschreitende Technisierung leichter und weniger zeitraubend.

Eigentlich sind die Bedingungen also nicht schlecht, um einer idealen Demokratie näher zu kommen, in der sich viele Bürger in der Tiefe mit wichtigen politischen Fragen beschäftigen und sich, wenn es sie drängt, vorbereitet, offen und vorurteilsfrei in den Diskurs einbringen. Die Themen mögen komplexer geworden sein, aber ein höheres Bildungsniveau, jederzeit und überall verfügbare Informationen und ein großes Quantum Zeit könnten die Bürger in die Lage versetzen, eine wahre Volksherrschaft Realität werden zu lassen. Die Demokratie könnte in diesen Zeiten zur wahren Blüte gebracht werden.

Doch ein Blick auf die Zeitnutzung sorgt für Ernüchterung. Informationsgewinnung fällt in die große Kategorie »Mediennutzung«. Drei Stunden am Tag verbringen die Deutschen (ab zehn Jahren) im Schnitt mit irgendeiner Form von Medium. Immerhin 50 Minuten davon sind sie mit Lesen im weiteren Sinne beschäftigt – vom Buch über die Zeitung bis hin zum Smartphone. Bei den Jüngeren unter 26 Jahren sind es weniger, bei Menschen im Rentenalter viel mehr. Längere Zeit verbringen alle Altersgruppen mit Fernsehen und anderen Bewegtbildangeboten, im Schnitt zwei Stunden täglich. Der überwiegende Anteil dürfte der Unterhaltung gewidmet sein. Bei den Jüngeren (unter 26) sind Computerspiele ein Zeitfresser sondergleichen. Eine halbe bis Dreiviertelstunde täglich verbringen sie daddelnd, etwa doppelt so lange wie lesend.[102]

Nicht zuletzt diese Zeiterhebungen legen den Schluss nahe,

dass die meisten Menschen Informationen, obwohl reichlich und billig vorhanden, geradezu systematisch ausweichen. Im Zweifel wählen sie lieber Zerstreuung. Eine Menge davon ist Bullshit, im Sinne von Kapitel 4. Ökonomisch argumentiert, steigen mit der Menge an Zerstreuungsangeboten die Opportunitätskosten des Informierens. Jede neue Netflix-Serie, die ich unbedingt schauen muss, jedes Computerspiel, das mich packt, erhöht die Kosten, die ich für die Aneignung von Informationen aufwenden muss. Und all diese Angebote buhlen um Aufmerksamkeit, teils brüllend, teils raffiniert. Medien, Werbung und Onlineplattformen haben in den letzten Jahrzehnten immer subtilere Formen erfunden, Aufmerksamkeit zu erregen. Letztlich seien sie nichts anderes als »Attention Merchants« – Kaufleute, die mit unserer Aufmerksamkeit Geschäfte machen –, wie Tim Wu von der New Yorker Columbia University in seinem gleichnamigen Buch darlegt. Wir befänden uns in einem »epischen Kampf«, in dem immer weitere Anbieter in unsere Hirne vorzudringen versuchten.[103] All diese Verführer halten Menschen von dem ab, was ihnen eigentlich wichtig ist, was sie zufrieden und, idealerweise, glücklich macht: Gespräche und Aktivitäten mit anderen Menschen, direkte Kommunikation und Interaktion, wie auch eine Untersuchung des Statistischen Bundesamts zeigt.[104] Dabei verschwinden zugleich Informationen, »Hard News«, für große Teile der Gesellschaft aus dem relevanten Set der Zeitnutzung.

Dan Nixon von der Bank of England diagnostiziert gar eine »Aufmerksamkeitskrise«.[105] Denn es ist nicht nur die Menge an verfügbarer Zerstreuung, die viele Menschen von wichtigeren und wertvolleren Dingen ablenkt. Es ist auch die Penetranz ihrer Darreichung. Der Strom an Mitteilungen – Emails, WhatsApp-Nachrichten, Pushmeldungen – versiegt nie. Ständig prasselt etwas auf uns ein, wann immer wir ein Smartphone oder einen Computer angeschaltet haben. Wir werden unterbrochen in unserer jeweiligen Tätigkeit: der Arbeit, einem Gespräch, der Lektüre eines Artikels oder Buchs mit komplexerem Inhalt. Ständig sind wir Stimuli ausgesetzt, die unsere Aufmerksamkeit auf sich lenken wollen. Studien zufolge schauen Smartphone-Nutzer 150 Mal pro Tag auf ihr Gerät. US-Amerikaner nutzen ihr Handy im Schnitt fast dreieinhalb Stunden am Tag, 2013 waren es noch zweieinhalb Stunden.[106] Eine Studie von Harvard-Psychologen aus dem Jahr 2010 zeigt, dass die mehr als 2000 Probanden fast die Hälfte des Tages abgelenkt waren. Sie waren nicht bei der Sache, mit den Gedanken überall, nur nicht bei der konkreten Aufgabe oder Situation, in der sie sich gerade befanden.[107] Wer bei der Arbeit unterbrochen wird, braucht einige Zeit, um wieder in seinen Produktivitätsmodus zurückzufinden – und versucht danach, schneller zu arbeiten. Versäumte Zeit soll aufgeholt werden, was Stress verursacht, wie Experimente gezeigt haben.[108]

Der mit kommerziellem Drive und technologischer Raffinesse betriebene Konkurrenzkampf um unsere Aufmerksamkeit und Konzentration wird intensiver. Die Resultate sind problematisch: Blinde führen andere Blinde in immer neue Richtungen, angestachelt von Affekten, nicht von Wissen. Eine Entwicklung, die die Grundfesten unseres gesellschaftlichen Zusammenlebens infrage stellt.

6 Gefühl und Netz

Wie Facebook, Google & Co.
die Vernunft verdrängen

Seit einiger Zeit organisiere ich regelmäßig Konferenzen, bei denen führende Leute aus Politik, Medien, Wirtschaft und Wissenschaft zusammenkommen. »On the record« heißt das Format. Wir treffen uns in Dortmund, rund 300 Menschen, die sich abseits vom Berliner oder Frankfurter Rummel einen Tag lang Zeit nehmen, um sich auszutauschen. Die Idee der Konferenz besteht darin, eine offene Gesprächsatmosphäre zu schaffen und das wechselseitige Verständnis zu fördern. Mit dabei sind Studenten und Absolventen der Studiengänge für wirtschaftspolitischen Journalismus; teils treten sie auch als Interviewer in Erscheinung. »On the record« haben wir die Veranstaltung genannt, weil alles, was in Mikrofone gesprochen wird, berichtet und verbreitet werden kann. Im November 2018 war unter anderen Bundeswirtschaftsminister Peter Altmaier dabei. Drei Studierende sprachen mit ihm darüber, welchen Einfluss die sozialen Medien auf die politische Debattenkultur nehmen.

Man hätte sich den Bundeswirtschaftsminister als nachdenklichen Mahner vorstellen können, als jemanden, der Augenmaß und Zurückhaltung im Netz predigt, vielleicht sogar für neue Regulierungen wirbt. Aber das ist nicht Altmaiers Stil. In seiner barocken Art strahlte er eine ungetrübte Begeisterung für das neue Medium aus, insbesondere für den Kurznachrichtendienst Twitter. Altmaier war damals das Regierungsmitglied mit den meisten Followern (230 000), und er war stolz drauf. Er twittert in drei Sprachen – Deutsch, Englisch, Französisch –, überwiegend Positives und Aufmunterndes. Zur Veranstaltung selbst hatte er Öffentlichkeitsarbeiter mitgebracht, die Live-Messages verschickten. Wir übertrugen das Gespräch auf Bitten seiner Kommunikationsleute per Livestream ins große, weite Netz.

Sosehr sich die Interviewer auch mit immer neuen kritischen Fragen mühten: Altmaier pries die sozialen Medien als Instrumente der Demokratisierung. Es sei eine tolle Sache, dass jeder Bürger jetzt mitreden und er selbst mit sehr vielen Menschen direkt und ungefiltert in Kontakt treten könne. Das sei doch alles ein Riesenfortschritt. Für Zwischentöne war bei ihm wenig Platz.

Dabei war unmittelbar vor Altmaier ein Topmanager an der Reihe gewesen, dessen Unternehmen zeigt, wie unberechenbar die neuen Öffentlichkeiten sind – und welche Dynamik sie auch in der Wirtschaft lostreten können.

In Giftgewittern

Liam Condon, Chef des Agrarbereichs des Bayer-Konzerns, ist als Manager durch einige Giftgewitter gegangen. Condon ist eine drahtige Gestalt, in Irland aufgewachsen, beruflich in Deutschland sozialisiert, wo er nach dem Studium zunächst für den Pharmakonzern Schering Antibabypillen verkaufte. Als Schering in den Nullerjahren von Bayer übernommen wurde, setzte er seine Karriere in Leverkusen fort. Bevor unser Gespräch begann, bemerkte ich, wie angespannt Condon war. Für ihn ging es an diesem Tag um viel. Jeder Satz konnte massive Auswirkungen auf Tausende Schadensersatzklagen haben, die in den USA gegen die Bayer-Tochter Monsanto laufen. Der US-Agrarmulti ist Hersteller des Pestizids Glyphosat, das auch unter dem Markennamen »Roundup« bekannt ist und in dem Ruf steht, krebserregend zu wirken. Die Klagewelle hatte erst begonnen, als die Übernahme von Monsanto vollzogen war – und Bayer hatte völlig unterschätzt, wie zentral es inzwischen für ein großes Unternehmen ist, welches Bild es in der Öffentlichkeit abgibt.

Wie das übrige Bayer-Management argumentierte Condon, es gebe eine Menge wissenschaftlicher Studien, die belegten, dass Glyphosat bei vorschriftsmäßiger Anwendung für Mensch und Natur unbedenklich sei. Auf dieser Basis habe Bayer Monsanto übernommen, so Condon, es sei eine rationale, auf wissenschaftlichen Erkenntnissen beruhende Entscheidung gewesen. Und er sei nach wie vor davon überzeugt, dass sie richtig gewesen sei. Zu diesem Zeitpunkt allerdings hatte das Glyphosat-Desaster Bayer bereits in eine missliche Lage gebracht. Während sich die Nettoschulden durch die Übernahme um 45 Milliarden Euro verdoppelt hatten, rauschte der Börsenwert in den Keller. Aktivistische Investoren setzten das Management unter Druck; die Drohung, den Konzern zu zerlegen, stand im Raum. Die US-Bank JP Morgan kalkulierte, dass die Einzelteile des Unternehmens – das überwiegend von Deutschland aus betriebene Pharmageschäft und das vor allem in den USA konzentrierte Agrargeschäft – 30 Milliarden Euro mehr wert seien als der Konzern insgesamt. Wenige Wochen nach unserem Interview verkündete das Management ein groß angelegtes Sparprogramm, inklusive des Abbaus von 12 000 Stellen, davon 4500 in der Bundesrepublik.

Der deutsche Traditionskonzern, der in den Jahren zuvor zeitweise das wertvollste deutsche Unternehmen gewesen war und für Aspirin, Mitarbeiterpflege und Bundesligafußball gestanden hatte, fand sich plötzlich auf der dunklen Seite der Wirtschaft wieder. Unter dem Hashtag »#glyphosat« prasselte nun Tag für Tag ein Giftgewitter auf das Unternehmen nieder. Netzaktivisten nahmen Bayer ins Visier. US-Anwälte warben für Sammelklagen. Viele Medien griffen das Thema auf. Nicht nur in Deutschland folgten Zeitungen, Newsportale und Fernsehsender dem Meinungstrend, das Unkrautvernichtungsmittel wurde in immer neuen Facetten problematisiert. Ein einmal negativ geprägtes Thema verschwindet nicht so leicht wieder; es wird, wie wir schon bei der Brexit-Debatte in Kapitel 5 (Abbildung 6) gesehen haben, von immer weiteren Akteuren in Gang gehalten: Als etabliertes Hashtag zog Glyphosat Umweltorganisationen an, die Studien in Auftrag gaben, die wiederum medial aufgegriffen wurden und die nächste Erregungswelle auslösten. So im Herbst 2018, als die US-Umweltorganisation EWG eine Untersuchung veröffentlichte, wonach sich im Müsli bekannter US-Marken wie Quaker Glyphosat nachweisen ließ. Die Ergebnisse wurden beispielsweise in der CBS-Sendung *Moneywatch*[109] diskutiert. Tenor der Gesprächsrunde: besser auf Müsli verzichten.

Um nicht missverstanden zu werden: Es geht nicht darum, Glyphosat für unbedenklich zu erklären. Aber dass die Debatte darum ein Phänomen einer überdrehten Teilöffentlichkeit war, liegt auf der Hand. Inzwischen lassen sich mit immer feineren Messmethoden kleinste Spuren aller möglichen Stoffe nachweisen, wie es bei der EWG-Studie der Fall war. Dass etwas nachweisbar ist, sollte daher kein Argument sein, sondern welche Wirkung davon ausgeht. Und auch die *Folge*wirkungen gehören in die Debatte: Was passiert, wenn man Glyphosat vom Markt nimmt? Welche alternativen Mittel stehen der Landwirtschaft zur Verfügung, und was ist über deren Wirkung auf Mensch und Natur bekannt? Wie werden sich in beiden Szenarien die Erträge der Landwirtschaft sowie die Kosten und Preise von Agrarprodukten voraussichtlich entwickeln? Vernunftgesteuerte Politik muss solche Abwägungen berücksichtigen. Aber wer die Aufrufe zu Onlinepetitionen auf Aktivistenplattformen wie change.org liest, dem wird ein Thema in maximal fünf Minuten Lesezeit präsentiert. Man erfährt, was man zu denken hat. Fürs Abwägen ist kein Platz. Es reicht, die gerade aktuelle Petition zu unterschreiben. Punkt. Diese Art des *linken Populismus von unten* spielt virtuos und wirkungsvoll mit den Mechanismen der Netzöffentlichkeiten.

Während sich mein Mitleid mit dem Bayer-Management in Grenzen hält – in der Kritik zu stehen gehört zur Beschreibung dieses Jobs, der, nebenbei bemerkt, fürstlich entlohnt wird –, macht das Beispiel deutlich, wie sehr inzwischen nicht nur die Politik, sondern auch die Wirtschaft von den Wellen medialer Erregung beeinflusst wird. In unserem Gespräch wiederholte Liam Condon denn auch eine Botschaft, die man immer wieder bei Bayer hört: Wir entscheiden nach nüchterner Evidenz. Wir können und wollen uns nicht auf die Emotionalisierung der Debatten einlassen. Aber so einfach ist das eben nicht mehr. Betriebswirtschaftliche Optimierung findet heute unter den komplexen Nebenbedingungen einer polarisierten Öffentlichkeit statt.

Früher, das heißt vor Social Media, wäre die Monsanto-Übernahme wohl in etwa so abgelaufen: Nichtregierungsorganisationen wie Greenpeace oder BUND wären Bayer öffentlich angegangen. Staatliche Behörden und unabhängige Institute hätten sich zur Sache Glyphosat geäußert. Journalisten hätten darüber berichtet. Die Umweltorganisationen – auch sie sind politische Akteure mit Eigeninteressen – hätten ihren PR-Erfolg gehabt. Danach wäre das Thema von der medialen Bildfläche verschwunden; das Unternehmen hätte sich mit Vertretern von NGOs und gegebenenfalls mit Anwälten von Geschädigten zusammengesetzt und nach Lösungen gesucht. Konzerne haben jahrzehntelange Erfahrung mit dieser Art von Dialog.

Womöglich hätte Bayer unter diesen Bedingungen Glyphosat in Europa längst vom Markt genommen. Nach dem Motto: Wenn es gesellschaftlich nicht akzeptiert wird, dann lassen wir es; den Hauptumsatz mit dem Mittel machen wir ohnehin in Nord- und Südamerika. Wäre ein solcher Schritt nicht angezeigt, geradezu ein Stück unternehmerischer Vernunft, fragte ich Condon. Nein, antwortete der Bayer-Manager, das habe man nicht vor. Der Subtext lautete: Wenn wir jetzt dem Druck nachgeben, dann schaffen wir einen Präzedenzfall. Dann entziehen wir uns womöglich auch in anderen Bereichen die Geschäftsgrundlage. Wir dürfen uns keinesfalls vom Pfad der wissenschaftlichen Evidenz verabschieden, sonst haben wir verloren.

Der Fall Bayer zeigt, dass eine emotionalisierte Öffentlichkeit nicht nur bei politischen, sondern auch bei unternehmerischen Fragen zu Verhärtungen führen kann, die vernünftigen Lösungen im Wege stehen. Die Monsanto-Übernahme wäre auch früher für Bayer enorm risikoreich gewesen: Schwierigkeiten bei der Integration von zwei völlig unterschiedlichen Unternehmenskulturen sind bei derartigen Zusammenschlüssen keine Seltenheit. Auch daran können Übernahmen letztlich scheitern. Nun kommt allgemeine Erregung als Großrisiko dazu. Und die Wirtschaft tut sich schwer, diese neuen Bedingungen zu akzeptieren.

Über die Freiheit – und ihre Grenzen

Natürlich, die Rede- und Meinungsfreiheit ist auch in digitalen Räumen ein hohes Gut. Aber damit sich Debatten fair und produktiv entfalten können, brauchen sie soziale Normen und Spielregeln. Inzwischen hat sogar Facebook-Chef Mark Zuckerberg, zu dessen Reich auch WhatsApp und Instagram gehören, einen Vorstoß in Richtung Regulierung unternommen.[110] »Politiker sagen mir oft, wir hätten zu viel Macht über Meinungsäußerungen, und ehrlich gesagt stimme ich zu.« Ein privatwirtschaftliches Unternehmen, sagt Zuckerberg, sei überfordert mit der Regulierung der freien Rede. Das sei die originäre Aufgabe von demokratischen Institutionen, die am besten international einheitliche Standards entwickeln sollten.

Zuckerberg hat für dieses Ansinnen reichlich Kritik geerntet, nicht zuletzt, weil er damit politischen Druck ableiten wollte, der vor allem seitens der EU und USA auf seinem Unternehmen lastet. Lange waren die Netzmultis, insbesondere Facebook und Google, auf deren Plattformen der größte Teil der nutzergenerierten Inhalte die Öffentlichkeit erreicht, für eben diese Inhalte nicht verantwortlich. Das ändert sich sukzessive. Inzwischen werden die Netzwerke zur Rechenschaft gezogen, wenn dort Straftaten propagiert oder sogar präsentiert werden, wie beim Massaker im neuseeländischen Christchurch im März 2019, als der Attentäter 50 Menschen erschoss und seine Gräueltaten live ins Netz übertrug. Viele Länder denken darüber nach, wie sich das Strafrecht im Netz durchsetzen lässt, und arbeiten an entsprechenden Gesetzen. In Deutschland greift seit 2017 das – recht milde – »Netzwerkdurchsetzungsgesetz«.[111] Gewalt, Terror, Hasskriminalität und dergleichen sollen von den Plattformen verschwinden. Das klingt einfacher, als es ist. Die Grenze zwischen strafbar und geschmacklos ist fließend. Wo endet im jeweils konkreten Fall das Recht auf freie Meinungsäußerung, und wo beginnt der Schutz der Opfer und der Öffentlichkeit? Ist die üble Schmähung eines Prominenten schon Hassrede? Ist ein judenfeindlicher Tweet eine antisemitische Straftat oder lediglich verunglückte Satire? Zuckerberg möchte die Antworten darauf nicht selbst geben müssen, sondern wünscht sich demokratisch legitimierte Vorgaben. So weit, so verständlich.

Tatsache ist jedoch: Zuckerbergs Vorstoß berührt keineswegs die Mechanismen, die Kernbestandteil des Geschäftsmodells von Plattformen wie Facebook sind. Er berührt insbesondere nicht die Probleme, mit denen sich dieses Buch befasst.

Der Zerfall der Öffentlichkeit und die Irreführung demokratischer Systeme werden durch gesetzliche Grenzziehungen kaum zu verhindern sein, jedenfalls nicht ohne Einschränkung der Meinungsfreiheit. *Lärmspiralen* lassen sich allenfalls in ihren extremistischen Auswüchsen beschränken. Schräge Behauptungen, steile Zuspitzungen, verdrehte Fakten oder der verächtliche Umgang mit politischen Gegnern und Experten – all das kann in freiheitlichen Gesellschaften nicht mit Gesetzen geahndet werden. Wenn jemand behaupten will, die Erde sei eine Scheibe, es gebe menschenähnliche Wesen auf dem Mond, Großbritannien werde durch den Brexit 350 Millionen Pfund pro Woche sparen oder die deutsche Kanzlerin plane die Zerstörung des deutschen Volkes durch ungebremste Zuwanderung, dann muss das auch künftig möglich sein. Natürlich darf ein YouTuber wie der blauhaarige Rezo antreten, die CDU zu »zerstören«, wie im Mai 2019 geschehen, das gehört zur politischen Auseinandersetzung. Problematisch wird es allerdings, wenn derlei Verirrungen nennenswerte Teile der Öffentlichkeit erfassen und den Blick auf die Realität verstellen – wenn Gesellschaften die Fähigkeit verlieren zu erkennen, was *ist* und was *wichtig ist*. Und dazu tragen Plattformen wie Facebook bei.

In den vorigen Kapiteln ging es primär um die Frage, welche *Folgen* der Zerfall der Öffentlichkeit hat. Ausgangspunkt der Überlegungen waren beobachtbare gesellschaftliche Phänomene: die gestiegene Unsicherheit, der grassierende Pessimismus, das Aufkommen von Identitätsfragen, die Omnipräsenz von Bullshit und das verstärkte Auftreten von erratischen politischen Entscheidungen. In diesem Kapitel wird es um jene *Ursachen* gehen, die der Logik der digitalen Plattformen entspringen. Insbesondere zwei Fragen stehen dabei im Fokus:

- Welche sozialen Mechanismen kommen in digitalen Öffentlichkeiten zum Tragen, und wie beuten die Algorithmen, die Plattformen wie die von Facebook oder Google steuern, diese Effekte aus?
- Welche Verbindungen gibt es zwischen den Plattformen und dem Journalismus, dessen Rolle ja klassischerweise im Herstellen von Öffentlichkeit besteht?

Hier ein paar Vorabantworten, weitere Erklärungen folgen unten:

Erstens, die ökonomische Logik der Plattformen setzt auf Fragmentierung. Die großen Datenkonzerne vermessen jeden Nutzer mit seinen individuellen Vorlieben. Denn genau das ist ihr Produkt: die zielgenaue Ansprache des Einzelnen, dessen Aufmerksamkeit man an Werbetreibende verkauft und den man zum Kauf von Produkten aller Art animieren will. Weil es sich um gewinnmaximierende Unternehmen handelt, sind die Algorithmen darauf ausgelegt, die Nutzer zu möglichst vielen Interaktionen und möglichst langer Verweildauer auf der jeweiligen Plattform zu verleiten. Jeder Einzelne kommt mit jenen Inhalten in Kontakt, die Facebook, Google oder Twitter ihm zuspielen. Ihm wird vorgesetzt, was er mag, was seinen Vorlieben, Interessen und Vorurteilen entspricht. Und er kommt genau mit jenen Leuten in Kontakt, die ähnlich ticken wie er selbst. Um die Interaktionen zu steigern, sprechen die Algorithmen gezielt menschliche Affekte an. Was zählt, ist der Klickimpuls. Langes Nachdenken stört. Aber zur Demokratie gehören Diskurse, in deren Verlauf Wissen zutage gefördert wird, Argumente ausgetauscht und abgewogen werden. Die Bedingungen müssen es zulassen, dass man mit dem Unerwarteten, dem Neuen, dem Fremden in Kontakt kommt. Auf den Plattformen passiert das Gegenteil: Sie sortieren Menschen in Nischen, die das Entstehen von Filterblasen, Echokammern oder Feedbackhöllen begünstigen.

Zweitens, die Logik der Algorithmen ist dabei, in den Journalismus einzusickern. Er droht damit von einem unabhängigen System der Informationsgewinnung und -verbreitung zu einem Erregungsverstärker zu verkommen. Seinem Selbstverständnis und seiner Tradition nach ist Journalismus aber gänzlich anders gestrickt. Die allgemeine Zeitung, die das Leitbild des Journalismus geprägt hat, ist unparteiisch, unabhängig, multiperspektivisch, repräsentativ, wahrhaftig, vernunft- und faktenbasiert. So verstandener Journalismus produziert ein öffentliches Gut: Er stellt Informationen bereit, die für die Allgemeinheit, das heißt für die Gesellschaft als Ganzes, von Interesse sind. Er schafft Begegnung mit dem Neuen, Unerwarteten und manchmal Verstörenden. Und er stellt einen Marktplatz für Anliegen, Ideen und Lösungsvorschläge bereit.

All das tat Journalismus nicht allein aus reiner Menschenfreundlichkeit, sondern auch aus ökonomischem Eigeninteresse: Die vertrauenswürdige allgemeine Zeitung erreichte hohe Auflagen, die wiederum (dank sinkender Durchschnittskosten und Größenvorteilen) hohe Renditen einfuhren. Ökonomische Bedingungen, die dem Journalismus lange enorme Freiheiten bescherten. Diese Zeiten sind vorbei. Indem der Vertrieb journalistischer Inhalte zunehmend über die großen digitalen Plattformen läuft, passen sich die Produzenten der Logik der Algorithmen an. Und zwar, wie wir sehen werden, weithin unreflektiert.

Ein Insider denkt nach

James Williams arbeitete jahrelang als Produktdesigner für Google, ein Job, um den ihn viele beneidet haben dürften. Immerhin ist Google, beziehungsweise der Mutterkonzern Alphabet, eines der wichtigsten Unternehmen der Welt, ausgestattet mit dem hehren Anspruch, »die Informationen der Welt zu ordnen« und zum allgemeinen Nutzen zugänglich zu machen – sowie mit einem gigantischen Budget für Forschung und Entwicklung (mehr als 20 Milliarden Dollar 2018). Es ist ein riesiger Spielplatz für ambitionierte Techies. Doch Williams kündigte, ging nach Oxford und machte seinen Doktor in Philosophie. Er wollte in Ruhe darüber nachdenken, was er in den Jahren zuvor getan hatte.

Williams' Resümee fällt niederschmetternd aus. Letztlich

gehe es den großen Plattformbetreibern nicht darum, Menschen dabei zu helfen, ihr Leben zu verbessern, sondern darum, sie von ihren eigentlichen Lebenszielen fernzuhalten. Niemand, schreibt Williams, setze sich das Ziel, möglichst viel Zeit am Tag mit weitgehend sinnfreier Social-Media-Nutzung zu verbringen. Aber genau darauf laufe es hinaus: den freien Willen des Individuums zu manipulieren, indem man seine Affekte ausnutzt, um ihn zu maximalem *Engagement* zu verleiten. Und das wiederum habe schwerwiegende Folgen. Wer online ständig gefühlsauslösende Momente erlebe, der werde irgendwann aggressiv und unbeherrscht; er werde emotional in einer Weise konditioniert, die ihm persönlich und der Gesellschaft insgesamt schade. Die Zähmung der Affekte des Menschen, die Mäßigung des Willens, die erst persönliche Freiheit ermöglicht, die kulturelle Verfeinerung der Gesellschaft – all das sieht Williams durch die perfektionierte Aufmerksamkeitsökonomie im Netz gefährdet. »Geht uns aus der Sonne«, lauten sein Plädoyer und der Titel seines Buchs. Wie einst der griechische Philosoph Diogenes den großen Alexander anraunzte, so möchte Williams jetzt die Netzkonzerne auf Abstand halten.[112]

In der Tat bietet Williams' früherer Arbeitgeber Google Anschauungsmaterial dafür, wohin das Zusammenspiel aus technologischen Möglichkeiten, menschlichen Affekten und jeder Menge Geld führt. Wie viele Digitalunternehmen aus dem Silicon Valley startete Google mit dem Ziel, die Welt besser und das Wissen der Menschheit für jeden Netzbürger zugänglich zu machen. Die Suchmaschine sollte werbefrei sein, sie sollte nicht verstören, nicht ablenken. Doch diese Selbstbeschränkung war auf Dauer nicht aufrechtzuerhalten. Investoren wollten nicht nur tolle Technologie, sondern auch ein tragfähiges Geschäftsmodell.[113] Und so wurde Googles Suchmaschine zu dem, was sie heute ist: ein gigantischer Apparat zur Aufmerksamkeitsabsorption – weil sich genau damit Geld verdienen lässt.

Der Algorithmus liefert Suchergebnisse, die den Präferenzen des jeweiligen Nutzers entsprechen; sie präsentieren einen auf ihn zugeschnittenen Teil der Wirklichkeit, wie sie sich im Netz niederschlägt. In diesem Ausschnitt findet sich auch jede Menge Werbung, die dort passgenau an den Rezipienten gebracht wird. Weil Plattformbetreiber, voran Google, Facebook und ihre konzerneigenen Beiboote (YouTube, Instagram, WhatsApp), ihre Nutzer so gut kennen, dass sie Inhalte und Werbung individuell ausliefern können, ist inzwischen ein großer Teil des Werbevolumens dorthin gewandert, weg von traditionellen Werbekanälen (TV, Zeitungen, Zeitschriften, Plakate). Die Produzenten der Inhalte wiederum, die in Googles Trefferlisten auftauchen möchten, geben sich alle Mühe, ihre Inhalte so zu gestalten, dass die Nutzer darauf reagieren – das heißt: sie anklicken. Sind sie dann einmal auf der jeweiligen Internetseite, sollen sie möglichst lange dort gehalten und zu möglichst vielen weiteren Aktionen animiert werden.

Ein Selbstversuch: Auf den Suchbegriff »Impfen« – ein überraschend kontroverses Thema der vergangenen Jahre – wirft der Algorithmus auf Platz 4 der Trefferliste eine Impfgegnerseite aus (»impfen-nein-danke.de«), die auch direkt mit Medien-Bashing beginnt (»ARD Tagesschau: Skrupellos und verlogen – Kann man diese Pharma-Propaganda noch Journalismus nennen? Wohl kaum«). Bei der Suchbegriffserweiterung schlägt Google automatisch als Erstes »… nein danke« vor, weiter unten auch noch »Autismus« (viele Impfgegner glauben, Autismus sei die Folge von Impfungen). Sucht man mit »Impfen nein danke« weiter, erscheinen oben auf der Trefferliste YouTube-Videos, darunter ein Verschwörungstheoretiker-Kanal (»Antiilluminaten-TV«) und eine Esoterik-YouTuberin (»Julias Spiritual Living«). In der Empfehlungsspalte daneben werden weitere Clips angezeigt, darunter der YouTube-Kanal »Welt im Wandel.TV« (immerhin 170 000 Abonnenten), der ein Filmchen mit dem Titel »Ungeimpfte leben gesünder – die geheimen Tricks der Pharma-industrie« anbietet. Ironischerweise wird Werbung für ein Prostatamittel eingespielt, bevor der Film beginnt. Aber das nur am Rande.

Ein typischer Suchverlauf: Zu Beginn präsentieren die Algorithmen ein relativ ausgewogenes Bild. Aber nach drei, vier Klicks in eine Richtung ist man tief drin in einer Bullshit-Blase. So geht es weiter, kanal- und plattformübergreifend. Teils werden Facebook-Videos vorgeschlagen, die bei You-Tube hochgeladen wurden, teils sehe ich YouTube-Inhalte bei Facebook oder Twitter, außerdem alle möglichen Websites mehr oder weniger obskurer Urheberschaft, dazwischen Werbung, Shops, weitere Links, Blogs, Foren.

Algorithmen stellen auch Nachrichtenseiten zusammen. Beim populären Angebot Google News bekomme ich unter den Toptreffern am Sonntag, den 14. April 2019, eine einzige wirklich relevante Nachricht angezeigt; sie bezieht sich auf mein Interessengebiet Wirtschaft und stammt von *Spiegel Online*:

Daimler in der Abgasaffäre: Der Betrug nach dem Betrug
Daimler rutscht immer tiefer in die Dieselaffäre: Die Ingenieure haben offenbar eine weitere Manipulation in der Motorsteuerung beseitigt, ohne es den …

Darauf folgt eine lange Liste von irgendwie Aufregendem und Absurdem. Fairerweise muss man sagen, dass dies keineswegs immer der Fall ist. Die Newsabfrage fand an einem nachrich-tenarmen Wochenende ohne dominierende Ereignisse statt. An anderen Tagen sind die Resultate gehaltvoller. Dennoch ist dieses Extrembeispiel interessant und alarmierend. Kost-proben:

Münsterland/NRW: Hilfloses Pferd liegt am Boden – was Kutscher macht, ist abscheulich

In Rhede im Münsterland haben sich abscheuliche Szenen zugetragen. Wie Zeugen berichten, soll ein Kutscher auf ein hilfloses Pferd eingeschlagen haben …
(*Derwesten.de*)

Ikea: Kurios! Möbelhaus kreuzt zwei Gegenstände: Wird das Produkt ein Hit? | Wirtschaft
Ikea bringt ein neues Produkt auf den Markt. Dabei handelt es sich um eine Kombination zweier Alltagsgegenstände – doch ergibt das Sinn? (*merkur.de*)

Unfall auf der A31 bei Schüttorf: Frau (22) auf Autobahn überfahren – wohl in geduckter Haltung auf der Fahrbahn
Bei einem Verkehrsunfall in der Nähe von Schüttorf ist eine 22-jährige Frau ums Leben gekommen. Ihr Tod gibt Rätsel auf. (RTL *Online*)

Strand wurde asphaltiert: Schildkröte legt Eier auf Startbahn
Dieses Bild macht traurig. Es zeigt erschreckend konkret, wie wir Menschen den Kreislauf der Natur zerstören. (*bild.de*)

»Ekelhaft«: Netto-Kassiererin findet deutliche Worte für Discounter-Kunden | Karriere
Schlechte Bezahlung, fragwürdige Arbeitsbedingungen – und dann auch noch nervige Kunden: Eine Netto-Kassiererin macht ihrem Ärger Luft und berichtet, … (*merkur.de*)

Irgendwann folgt dann noch eine Meldung von der Website des Nachrichtenkanals n-tv über den Sparkurs bei VW, wo die Mitarbeiter nun auf Farbausdrucke verzichten sollen, sowie eine Meldung von *Spiegel Online* über europäische und deutsche Industrieverbände, die vor Naivität gegenüber China warnen. Dann geht die digitale Freakshow weiter: »Weilheim/Bayern: Hund reißt trächtiges Reh – Jäger berichtet Unfassbares«, »Köln: Was die Stadt gegen Sonnenblumenkerne-Spucker macht«, »Ehepaar: Mit einer unglaublichen Nachricht in die Flitterwochen«, »Berliner Bischof: ›Mich erinnern die Freitagsdemos an die biblische Szene vom Einzug Jesu‹«, »Florian Silbereisen schwul? Schlagerstar spricht nun Klartext« …

Jede einzelne Meldung mag harmlos sein. Aber in der Masse ist die Bullshitisierung des öffentlichen Raums ein Problem. Wer ausschließlich auf Aggregatorseiten wie Google News vertraut, läuft Gefahr, mit intellektuell leichtgewichtigem, aber emotional schwer verdaulichem Content zugeschüttet zu werden (um das Wort »Inhalt« an dieser Stelle bewusst zu vermeiden). Warum bekomme ich ausgerechnet solche Meldungen angezeigt? Wieso ist keine einzige Nachricht über die Frühjahrstagung von IWF und Weltbank, den beginnenden Europawahlkampf oder das erste Foto eines schwarzen Lochs – alles zum Zeitpunkt der Abfrage aktuelle, wichtige Themen – in meiner Google-News-Liste? Weil die Netznews auf meine Affekte abzielen, nicht auf meine Vernunft. Oder, in den Kategorien der Psychologie, auf mein »System 1«.[114]

»Unempfindlich gegenüber Informationen«

In Entscheidungssituationen verfügen Menschen über zwei kognitive Modi: schnelles und langsames Denken, wie der Nobelpreisträger Daniel Kahneman das genannt hat.[115] Beide Prozesse laufen nicht komplett getrennt voneinander ab, aber in Alltagssituationen überwiegt meist System 1, das uns zu schnellen Entscheidungen befähigt. Allerdings stellen sich manche dieser Entscheidungen im Nachhinein als nur bedingt vernünftig heraus. Deshalb schaltet sich gelegentlich System 2 ein, in dem die menschliche Ratio beheimatet ist. (Kahneman erhielt den Nobelpreis in Ökonomie, weil sein Ansatz insbesondere menschliches Verhalten an Finanzmärkten erklären kann.) Wenn in den vorherigen Kapiteln von vernünftigem oder rationalem Verhalten die Rede war, wurden stets Abwägungsprozesse unterstellt, wie sie System 2 vornimmt. Auch selbstauferlegte Ignoranz – also das Nichtwahrnehmen von verfügbaren Informationen – oder das Orientieren am Verhalten anderer Menschen entspringt einem vernünftigen Abwägungskalkül; weil es mit Kosten verbunden ist, Informationen zu gewinnen und zu verarbeiten, ist es durchaus rational, die Informationsmenge zu beschränken.

Tatsächlich läuft ein wichtiger Teil unserer Entscheidungen über System 1 ab. Es gilt evolutionsgeschichtlich als älter und ist darauf ausgelegt, Menschen dazu zu befähigen, durch unbekannte Umgebung zu navigieren. Schnelles Denken funktioniert intuitiv, automatisch und unbewusst. Es ist leichtgläubig, heuristisch, assoziativ, und es orientiert sich an bekannten Mustern. Normalerweise treffen Menschen Entscheidungen auf Basis von System 1.

Das gilt erst recht im Netz. Die Anbieter von Inhalten fordern von uns die Entscheidung, etwas anzuklicken – oder es eben bleiben zu lassen. Diese Entscheidung fällt binnen Sekundenbruchteilen. Nach dem Klicken geht es rasend schnell weiter. Fürs Lesen einer Nachricht nehmen sich die Leser nur wenige Sekunden Zeit. Aufmerksamkeit ist ein knappes Gut angesichts der Menge an Angeboten, die um unsere begrenzten Zeitbudgets konkurrieren. Netzplattformen und Inhalteanbieter versuchen, unsere Aufmerksamkeit zu erregen, indem sie Reize setzen, die System 1 ansprechen.

System-1-Denken versetzt uns in die Lage, schnelle, klare Entscheidungen zu treffen. Das war von unschätzbarem Vorteil, als unsere Vorfahren mit Säbelzahntigern oder rivalisierenden Clans zu tun hatten, und das ist es immer noch, wenn wir uns heute im Autoverkehr fortbewegen oder in einer Teamsitzung Stimmungsänderungen wittern müssen. System 1 unterdrückt Zweifel. Zuerst kommt der Impuls, dann folgen die Argumente. »Das Erfolgskriterium von System 1 ist die Kohärenz der Story, die es erschafft«, schreibt Kahneman, wobei es »radikal unempfindlich gegenüber der Qualität und der Quantität von Informationen« sei, die unsere Eindrücke und unsere Intuition beeinflussen könnten. Um schnell und sicher entscheiden zu können, greift System 1 auf bestehende Erklärungen zurück, auch auf Stereotype und Vorurteile. Neue Informationen in Betracht zu ziehen oder zu beschaffen ist nicht Sache von System 1. Es bevorzugt einfache Fragen und Antworten. Um uns in widriger Umgebung zu schützen, ist es insbesondere darauf ausgelegt, Gefahren zu erkennen, weshalb wir Risiko und Unsicherheit (siehe Kapitel 1) besonders sensibel wahrnehmen.

Vieles von dem, was wir bereits in Kapitel 3 in anderem Kontext gesehen hatten, findet eine weitere Erklärung in der Dual-Process-Theorie: Der Mensch als erzählendes Wesen, Narrative als Verkürzungen von komplexer Realität, das Beharrungsvermögen von Narrativen, selbst wenn sie sich als falsch oder veraltet herausgestellt haben – all diese Phänomene, die sich in gesellschaftlichen Diskursen feststellen lassen, haben hier ihre kognitive Basis.

Allerdings ist der Mensch seinen Affekten und Vorurteilen keineswegs hilflos ausgeliefert. System 2 steht bereit, um gegenzusteuern. Es arbeitet bewusst, langsam, kontrolliert, überlegt, misstrauisch. Es ist der Ort des Zweifels, der Abwägung, auch der Informationsgewinnung und -verarbeitung. Bildung und Kultur schärfen diese Art des Denkens, wie übrigens auch guter Journalismus. Die Geschichte der Moderne samt der Bildungsexpansion, die damit einherging, lässt sich als Projekt zur Stärkung von System 2 verstehen. Eine hochkomplexe Gesellschaft muss Impulse zur Vernunft bringen, um funktionieren zu können.

Doch mit dem Netz und seinen »Attention Merchants« ist ein mächtiger Apparat entstanden, der das exakte Gegenteil tut: Er regt System 1 an. Er versucht, uns bei unseren Affekten zu packen: Angst und Gefahr, Gut und Böse, Ärger und Mitleid – all das ist tief in unseren Hirnen verdrahtet. Und genau darauf sind die Inhalte, die wir von den Plattformen präsentiert bekommen, zugeschnitten. Nicht aus teuflischer Bosheit, sondern aus betriebswirtschaftlichem Kalkül.

Dabei spielt eine Rolle, dass System 1 mühelos arbeitet, während tieferes Nachdenken im Modus 2 uns geradezu physisch beansprucht. Wenn wir die Wahl haben, geben wir uns mit einfachen Fragen und Antworten zufrieden, mit einfachen Narrativen. Schwierige Differenzierung, komplexe Abstraktion, wissenschaftliche Zweifel, diese von System 2 gesteuerten kognitiven Leistungen tun weh. In der aufmerksamkeitsökonomisch optimierten Netzöffentlichkeit wird deshalb zuerst System 1 angesprochen. Die Folgen: Dramatisierung und Negativismus, heftige Erregungszyklen, die Ausbreitung des Populismus.

Wenn Bürger im Modus des schnellen Denkens seien, löse demokratische Politik negative Urteile aus, haben die Politikwissenschaftler Gerry Stoker und Kollegen experimentell festgestellt.[116] Politische Debatten verliefen heute emotionaler als früher. Um in den Medien stattzufinden, bemühten sich Politiker darum, das Dramatische zu inszenieren, also eher System 1 als System 2 anzusprechen. Die Vernunft bleibe dabei auf der Strecke. So gesehen, sei »die Politik selbst ihr schlimmster Feind«. Soziale Medien verstärken diese Entwicklung hin zur Kurzschlusspolitik.

Im medialen Panoptikum verdrängen die vermeintlichen sexuellen Präferenzen von Florian Silbereisen dann die Tagung von Währungsfonds und Weltbank von der Google-News-List. Da sind Impfungen gefährlich und entspringen einer Verschwörung von Big Business, Politik und Medien, nicht etwa einer rationalen Abwägung der Risiken des Impfens gegenüber den Risiken des Erkrankens. Ein rätselhafter Verkehrstod, geheimnisvolle Flitterwochen oder ein abscheulicher Kutscher stacheln unsere Neugier an, während der Europawahlkampf nur ganz am Rande vor sich hin plätschert. Wer sich trotzdem für ein komplizierteres Thema entscheidet, dem gibt System 1 bestenfalls wenige Sekunden für die Informationsverarbeitung. Was in bestehende Muster und Deutungen passt, hat es leichter. Wer sich einmal eine Meinung gebildet hat, wird sie nur schwerlich revidieren. Glyphosat ist dann ohne jeden Zweifel hochgradig gefährlich; mithilfe von TTIP zerstören US-Konzerne die Demokratie; und Deutschland wird immer noch von Flüchtlingen überrannt.

Einmal Feedbackhölle – und zurück?

Bisher haben wir nur das Individuum betrachtet, um dessen Aufmerksamkeit die Plattform- und Content-Anbieter ringen. Doch im Mitmach-Internet sind wir nicht allein, sondern umgeben von anderen Menschen, beziehungsweise ihren digitalen Repräsentationen, mit denen wir interagieren. Die dabei auftretenden kollektiven Effekte sind hochgradig relevant für den Zerfall der Öffentlichkeit. Im vorigen Medienzeitalter wurde die gesellschaftliche Wirklichkeit aufgespannt durch Massenmedien, die alle Nutzer in exakt der gleichen Form vorgesetzt bekamen. Nun, da die Netzkonzerne unsere Präferenzen erkennen, sind sie in der Lage, individuell maßgeschneiderte Angebote zu entwerfen. Jeder bekommt seine eigene Tageszeitung, »The Daily Me«, wie der Tech-Guru Nicholas Negroponte vom Massachusetts Institute of Technology (MIT) bereits 1995 orakelte.[117] Derlei Anwendungen waren damals von der Realisierung noch weit entfernt. Inzwischen ähneln die News-Dienste von Google oder Facebook allerdings frappierend Negropontes Idee. Dadurch geht etwas Wichtiges verloren: Wenn es zu den Funktionen von Massenmedien gehört, den gesellschaftlichen Diskurs und die politische Agenda zu strukturieren, dann ist »The Daily Me« ihre Antithese.

Immerhin werden die Nachrichten, die in die individualisierten Angebote einfließen, noch von Profis bestückt, die journalistischen Mindeststandards folgen. Aber die Medienöffentlichkeit besteht längst aus mehr als Onlinenachrichten. Die Datafizierung führt dazu, dass die Nutzer auf andere Nutzer und Gruppen und deren Inhalte hingewiesen werden. Diese Empfehlungsmechanismen folgen dem Prinzip der Selbstähnlichkeit (Homophilie). Hier ist das Geschäftsinteresse der Netzkonzerne am Werk, die den allzu menschlichen Impuls bedienen, das Ähnliche und Bekannte gegenüber dem Fremden und dem Unbekannten zu bevorzugen. System 1 führt uns dorthin, wo unsere Vorurteile bestätigt werden, wo an vertraute Narrative angeknüpft wird, wo wir Gleichgesinnte finden. Ein Plattformanbieter, der die Bedürfnisse seiner Kunden (Nutzer) befriedigen will, wird ihnen möglichst Dinge vorsetzen, die Wohlgefallen bei ihnen auslösen.

Wenn Sie Zweifel haben, ob Impfen tatsächlich eine gute Idee ist, und im Netz nach Antworten suchen, werden Sie nicht nur auf Seiten stoßen, die Ihnen den Stand der Wissenschaft darlegen, sondern auch auf solche, auf denen sich Impfgegner versammeln. In solchen Gruppen läuft dann eine eigene Dynamik ab. Der Harvard-Professor Cass Sunstein hat dafür den Begriff der »Echokammer« geprägt. Man ruft etwas hinein, und andere Gruppenmitglieder antworten bestätigend. Widerspruch, Zweifel, Relativierungen, so überhaupt vorhanden, werden von der Mehrheitsmeinung übertönt. Und zuweilen wird das Geschrei so laut, dass James Williams lieber von »Feedback« als von »Echo« spricht: Wie bei einer Rückkopplung zwischen Mikrofon und Lautsprecher entsteht ein ohrenbetäubender Lärm, der leisere Töne unhörbar macht. Lärmspiralen führen durch die Feedbackhölle.

Experimente haben immer wieder gezeigt, dass abgeschlossene Gruppen die Tendenz haben, sich zu polarisieren.[118] In Gruppen, deren Mitglieder nach dem Prinzip der Selbstähnlichkeit zusammengestellt wurden und die keinen neutralen Moderator haben, gibt es wenig Offenheit für Gegenargumente. Wer Zweifel äußert, riskiert einen Ansehensverlust. Viele Einwände, die eigentlich in eine Diskussion gehören, bleiben ungenannt. Niemand will als Querulant dastehen, der schon wieder Unliebsames anspricht. In Abwesenheit von Gegenargumenten sind die Bedingungen für eine weitere Radikalisierung gegeben. Wer sich zum Wortführer der Zuspitzung aufschwingt, kann mit einem Reputationsgewinn rechnen – der traut sich was, endlich sagt's mal einer!

»Group Think« stärkt das individuelle Selbstbewusstsein. Wer ständig bestätigt wird, verliert Zweifel, die er zunächst noch gehegt haben mag. Er wird sicherer in seinen Überzeugungen, Identitäten verfestigen sich. Wenn Menschen aus der Gruppenzugehörigkeit Selbstachtung ziehen, sind sie umso eher bereit, ein Gruppennarrativ zu übernehmen und zu verteidigen, das zum Bestandteil des individuellen Identitätsbaukastens geworden ist. Die inneren Widerstände, eine bestimmte Überzeugung zu revidieren, die System 1 ohnehin ausübt, sind dann umso stärker. Online ist dieser Effekt womöglich noch wirkmächtiger als bei Gruppen, die sich persönlich treffen. Im Netz hat man keine vollständigen Persönlichkeiten vor sich, mit denen man echte Freundschaften pflegen könnte, sondern nur Accounts und deren Meinungsäußerungen – das einzig Verbindende ist das gemeinsame Narrativ.

Wer das Gruppendenken nicht teilt, zieht weiter, wodurch sich die verbleibenden Mitglieder weiter radikalisieren. Anders als in Elisabeth Noelle-Neumanns tradiertem Modell der »Schweigespirale«, bei dem sich jene Teile der Bevölkerung, die sich nicht medial repräsentiert fühlen, resigniert oder verängstigt zurückziehen, gibt es in der Digital-Moderne die

Möglichkeit des Austritts. Wem die Richtung nicht passt, der ist nicht wie früher zum Schweigen verurteilt. Nun kann er sich einer anderen Gruppe anschließen – wo andere Narrative herrschen, aber die gleichen Mechanismen am Werk sind.

In der Konsequenz zerfallen politische Diskurse in verschiedene Lager. Die Differenzen sind kaum überbrückbar, wenn sich jede Gruppe auf ihre Weise radikalisiert. In »balkanisierten Öffentlichkeiten«, so Sunstein, herrsche eine Tendenz zur Polarisierung. Es ist dann nicht damit getan, dass Gruppen mit gegensätzlichen Meinungen miteinander ins Gespräch kommen. Experimente haben gezeigt, dass dabei das Gegenteil des erwünschten Ergebnisses herauskommen kann: eine weitere Verhärtung der Positionen. Bei unmoderierten Gruppendiskussionen, an denen Menschen mit unterschiedlichen Wertvorstellungen teilnahmen, etwa Anhänger der Republikaner und der Demokraten in den USA, gab es keinerlei Annäherung oder Kompromiss. Vielmehr wurden die jeweiligen Positionen im Lauf der Diskussion extremer. Wo es anfangs eine relative Nähe zwischen moderaten Stimmen auf beiden Seiten gegeben hatte, zeigte sich nun schroffe Abgrenzung. Beide Gruppen wurden im Lauf der Auseinandersetzung homogener.

»Die Echokammer ist ein Feind der Demokratie«, meint Cass Sunstein. Der Zerfall der Öffentlichkeit führe zur Aufspaltung der Gesellschaft, wodurch deliberative Diskurse verhindert würden; Debatten, in deren Verlauf verschiedene Argumente zutage treten und vernünftig abgewogen werden könnten, seien kaum mehr möglich.

Die Bedingungen, die zu dieser Spaltung führen, sind individualisierte Informationsangebote (à la Negropontes »Daily Me«) und die algorithmusgestützte Aufspaltung der Gesellschaft in Gruppen. Gerret von Nordheim, wissenschaftlicher Mitarbeiter am Dortmunder Forschungszentrum DoCMA, spricht in diesem Zusammenhang von Tendenzen der medialen »Singularisierung«. In Anlehnung an den Soziologen

Reckwitz stellt er einen Gegensatz zwischen dem Allgemeinen und dem Singulären her. Zentrale Aufgabe des Journalismus sei das »doing general« – also das Allgemeine »holistisch« herauszufiltern und eine gesellschaftliche Realität zu konstruieren, in der sich alle – oder fast alle – wiederfinden können. Die Plattformtechnologien des Internets hingegen seien aufs Singularisieren ausgerichtet: auf das Zerteilen der Öffentlichkeit und damit der Gesellschaft. In der Folge steckten die westlichen Gesellschaften in einer »Epistemologie-Krise«, so von Nordheim: Die Fähigkeit zur kollektiven Erkenntnis gehe verloren.[119]

Die Frage ist, wie weit dieser Prozess fortgeschritten ist. Immerhin gibt es in Deutschland noch ein ziemlich vitales Mediensystem – mit großer Vielfalt, bedeutenden privatwirtschaftlichen und öffentlich-rechtlichen Medienangeboten, die überwiegend respektiert und für vertrauenswürdig erachtet werden. Nicht mal die Hälfte der Bundesbürger holt sich ihre Informationen online, wenig im internationalen Vergleich, wie das Institut Pew ermittelt hat.[120] Allerdings sind auch hierzulande die klassischen Medien auf dem Rückzug, insbesondere bei jüngeren Generationen. Und es ist keineswegs so, dass wir es mit zwei voneinander getrennten Systemen zu tun hätten: hier die Plattformen, die Gesellschaften spalten, dort der klassische Journalismus, der seine Rolle wie eh und je ausfüllt. Die Logik der Singularisierung sickert längst in den Journalismus ein.

Hühner in grünlicher Flüssigkeit

Ein zentrales Thema, mit dem sich das Forschungszentrum DoCMA beschäftigt, ist die Übertragung von Diskursen von Social Media auf traditionelle Medien und vice versa. In mehreren Studien konnten wir zeigen, dass diese Wechselwirkungen intensiver geworden sind und sich ihr Charakter verändert hat: Bis vor einigen Jahren waren beide Sphären weitgehend getrennte Teile der Öffentlichkeit – einerseits der breite Mainstream mit seinen traditionellen Medien, andererseits das Netz mit seinen Spezialdebatten auch der abseitigeren Art. Diese Spaltung gibt es längst nicht mehr. Stattdessen ist eine enge Verzahnung feststellbar, die neue Dynamiken erzeugt.

Bevor wir näher auf die Natur dieser Übertragungseffekte eingehen, lohnt es sich allerdings, sich die Maßstäbe zu vergegenwärtigen, die klassischerweise den Journalismus – und damit die Öffentlichkeit – beherrschten. Redaktionen fokussierten sich auf Themen, die gerade im Schwange waren, meist von prominenten Akteuren vertreten, bei denen sich krisenhafte Entwicklungen aktuell zeigten oder perspektivisch abzeichneten, die kontroverse Debatten auslösten, bei denen Interessengegensätze zutage traten. Solche Themen haben oft eine Vorgeschichte. So knüpfte beispielsweise das Reaktorunglück von Fukushima 2011 an die Havarie von Tschernobyl 1986 an. Der GAU in Japan, obwohl geografisch weit entfernt, rief alte Ängste wach. Die Öffentlichkeit war vorbereitet. Psychologen würden sagen: Sie hatte einen Prozess des »Priming« hinter sich; neue Ereignisse ließen sich mittels etablierter Deutungsmuster interpretieren.

Dass sich die Mechanismen der politischen Öffentlichkeit grundlegend verändert hatten, wurde erstmals vor einigen Jahren in vollem Umfang bei der Debatte über das transatlantische Handels- und Investitionsabkommen TTIP deutlich. Als die Verhandlungen 2013 begannen, fand das Thema in Zeitungen und TV-Nachrichten nur am Rande statt. Das war nicht weiter überraschend. Wie bei vielen Handelsabkommen zuvor ging es vor allem um die Angleichung von technischen Standards, die Farbe von Autoblinkern beispielsweise, und die Abschaffung von ein paar Zöllen, etwa auf kleine Lieferwagen. TTIP war etwas für Spezialisten in Regierungen, Verbänden, Gewerkschaften. Große Konflikte gab es nicht, und sie zeichneten sich auch nicht ab. Ein transatlantischer Wirtschaftsvertrag würde, so war zu erwarten, wie frühere Handelsabkommen zwischen reichen Ländern auch in Deutschland allgemein begrüßt werden. Kurzum, aus journalistischer Sicht war TTIP langweilig. Journalistische Medien berichteten darüber am Rande, weil es irgendwie bedeutend war. Mehr aber auch nicht. Man kann sich das heute kaum noch vorstellen, aber internationaler Handel war damals kein nennenswertes Polit-Drama. Dem Thema fehlte einfach die Würze.

Das änderte sich im Sommer 2014. Plötzlich war TTIP eine große Geschichte. Zwischenzeitlich war im Netz, weitgehend unbemerkt vom politökonomischen Mainstream, eine wütende Gegenbewegung entstanden. Sie hatte vor allem drei Punkte ins Visier genommen: die vermeintlich unappetitlichen Produktionsstandards bei US-Lebensmitteln (Stichworte: »Chlorhühnchen«, »Genmais«); die Schiedsgerichte, die es angeblich vor allem US-Konzernen ermöglichten, demokratische Entscheidungen auszuhebeln; sowie die Vertraulichkeit der Verhandlungen, die die TTIP-Gegner als undemokratisch brandmarkten.

Dass die USA insgesamt hohe Lebensmittelstandards haben, dass Deutschland und Europa bereits seit Jahrzehnten Abkommen geschlossen hatten, die Schiedsgerichte als Schlichtungsstelle bei Konflikten vorsahen, dass Vertraulichkeit bei derartigen Verhandlungen seit jeher die Norm war, weil es ansonsten kaum möglich gewesen wäre, zu Ergebnissen zu gelangen – all das zählte nicht mehr.

Die Anti-TTIP-Kampagne war die erste große Social-Media-gestützte Bewegung mit tief greifenden politischen Auswirkungen im Westen. (Zuvor hatte bereits der Arabische Frühling gezeigt, welche Macht in der Kombination aus Social Media und weitverbreiteten Smartphones steckte.) Die Kampagne brachte ein bedeutendes Abkommen zu Fall, das dem Weißen Haus unter Barack Obama genauso am Herzen lag wie der EU-Kommission und den europäischen Regierungen. Wenigen Netzaktivisten gelang es, zunächst in den deutschsprachigen Ländern eine Empörungswelle loszutreten, gegen die die gesammelten Interessen aus Konzernen, Verbänden und Gewerkschaften letztlich machtlos waren. Sie überspülte die EU-Kommission, die beteiligten Ministerien und die großen Parteien, und sie überraschte die klassischen journalistischen Medien. Aus dem deutschsprachigen Raum schwappte sie in anderssprachige Öffentlichkeiten; auch in Frankreich oder der Wallonie war die Stimmung zunehmend kritisch gegenüber dem transatlantischen Abkommen.

In einer Untersuchung hat das DoCMA-Team analysiert, wie sich die Aufmerksamkeit zunächst auf Twitter manifestierte und sich dann auf klassische, meinungsbildende Zeitungen übertrug.[121] Abbildung 8 zeigt, dass in beiden Mediengattungen das Interesse zunächst gering war. Lediglich die verschiedenen Verhandlungsrunden in Brüssel und Washington boten Berichterstattungsanlässe, die sich als kleine Spitzen im Verlauf niederschlugen. Im Frühjahr 2014 jedoch gewann das Thema zunächst auf Twitter an Fahrt. Die Zahl der Tweets stieg auf bis zu 5000 pro Woche. Erst mit einigen Monaten Verzögerung griff die TTIP-Debatte auf die klassischen Medien über und erfuhr nun auch dort gehörige Aufmerksamkeit.

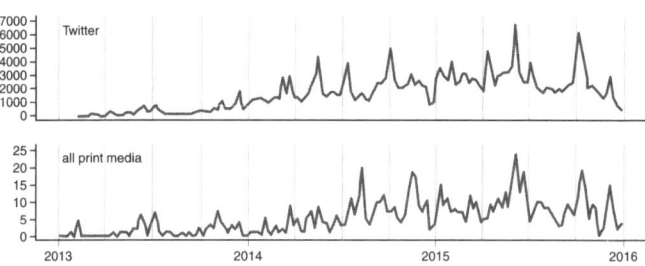

[8] TTIP auf Twitter und in klassischen Zeitungen* – Intensität der Berichterstattung (wöchentliche Anzahl der Artikel und Tweets)

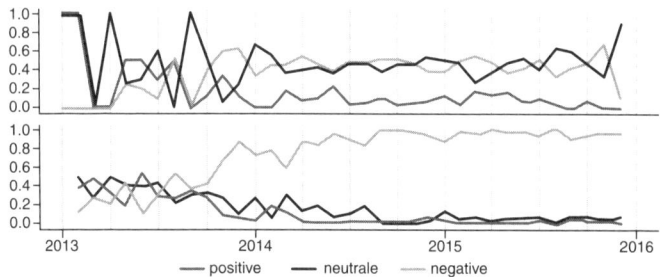

In Abbildung 9 wird ein typisches Muster sichtbar, das sich auch im Fall der Brexit-Debatte zeigte: Ein Thema wird in dem Moment auf Twitter groß, als es einen eindeutig negativen Meinungstrend bekommt. In einer sogenannten Sentiment-Analyse wurden die Tweets und Zeitungsartikel kategorisiert: in solche, die TTIP eher positiv, neutral oder negativ bewerteten. In einer ersten Phase, etwa bis Ende 2013, ist das Meinungsbild noch ausgeglichen; positive, negative und neutrale Bewertungen halten sich in etwa die Waage. Im letzten Quartal 2013 dreht der Meinungstrend auf Twitter eindeutig in den negativen Bereich. Tweets, die positive Aspekte des Abkommens betonen oder eine neutrale Bewertung versuchen, verschwinden weitgehend aus der Debatte. Eine Polarisierung, charakteristisch für Social Media, wird deutlich.

Die Berichterstattung der Zeitungen folgt mit Zeitverzögerung. Auch hier verschwinden TTIP-freundliche Beiträge weitgehend, während negative Beiträge den Meinungstrend vorgeben. Allerdings versuchen die klassischen Medien insofern gegenzuhalten, als sie nach wie vor neutrale, erklärende Artikel bringen. Anders als die sozialen Medien bemühen sie sich um Aufklärung und Multiperspektivität, das wird in den Kurven deutlich. Gegen den insgesamt negativen Trend kommen sie allerdings nicht an. Mehr noch: Inhaltlich folgen sie den Aspekten, die bereits die Twitter-Sphäre dominieren – Lebensmittelsicherheit, Schiedsgerichte, Geheimhaltung der Verhandlungen. Wohlgemerkt: Twitter ist eine inhaltlich getriebene Plattform, eine Art Leitmedium neuen Typs, auf dem sich Meinungsbildner aus Politik, Journalismus, Wissenschaft und Wirtschaft sowie stark politikinteressierte Privatleute verbreiten und vernetzen, überwiegend in reiner Textform und unter Verwendung von vertiefenden Links. Auf eher bildgetriebenen Plattformen wie YouTube ist das Meinungsbild typischerweise noch extremer.

Die Anti-TTIP-Kampagne hat in beeindruckender Weise demonstriert, dass sich der Prozess des »Agenda Settings« grundlegend verändert. Die politischen Prioritäten werden nicht mehr exklusiv im Wechselspiel zwischen etablierten Akteuren in Regierungen, Parlamenten, Parteien, Wirtschaft und Wissenschaft einerseits und dem klassischen Journalismus andererseits ausgehandelt. Über die sozialen Medien können Aktivisten über die Hashtag-Sphäre themensetzend und meinungsbildend wirksam werden. Von dort überträgt sich der Meinungstrend in die klassischen Medien, wo er, zumal via TV, weite Teile der Öffentlichkeit erreicht. Mittels dieser Transmission von Social Media über Zeitungen, Nachrichtenwebsites und TV bis hin zur physischen Manifestation in Form von Massendemonstrationen auf der Straße oder dem Abstimmungsverhalten an der Wahlurne lässt sich sehr effektiv Politik machen. So kulminierte die zunächst rein virale Anti-TTIP-Kampagne schließlich Anfang 2015 in einer sehr realen Großdemo durch Berlin (Slogan: »Wir haben es satt!«).

Das Niederreißen der Schranken zur Öffentlichkeit mag sympathisch erscheinen, aber es bringt Resultate hervor, die nicht unbedingt kompatibel sind mit demokratischen Verhältnissen (dazu mehr in Kapitel 8). Die vernünftige Abwägung, der Kompromiss, der Respekt vor Andersdenkenden –

all das gilt nicht mehr viel. Die Netzaktivisten spielen mit menschlichen Affekten, auf die auch die Algorithmen der Plattformen zielen. Sie erzählen einfache, bedrohliche Geschichten. Und sie produzieren emotionale Bilder, die sich in ihrer Suggestivkraft in unsere Meinungsbildung einschalten. Der Erfolg der Anti-TTIP-Kampagne basierte nicht zuletzt auf simplen, aber hochgradig effektiven Clips, die zeigten, wie fahle Schlachthühner durch eine grünliche Flüssigkeit gezogen werden. Voilà, das Chlorhühnchen! Ein Bild mit Ekelfaktor. Die ultimative Verkürzung eines großen, komplexen wirtschaftspolitischen Projekts. So einfach, so wirksam.

Ist ein solches Bild einmal durch unser kognitives System 1 aktiviert, lässt es sich nur schwer wieder aus den Köpfen tilgen. Das Narrativ, wonach TTIP schlecht ist, weil den guten Europäern nun von profitgierigen US-Konzernen ekliges oder sogar gesundheitsgefährdendes Essen aufgedrängt wird, ist einprägsam und leicht zu verstehen. Die Geschichte hingegen, die Ökonomen erzählen, geht so: Die Beseitigung von Handelsbarrieren führt insgesamt zu mehr Wohlstand, mehr Jobs, mehr Auswahl an Produkten und niedrigeren Preisen. Sie ist vage, abstrakt und blutleer. Aus Sicht der politischen Kommunikation ist das Chlorhuhn eindeutig die bessere Geschichte. Mit Social Media hat diese Art von negativistischer Vereinfachung den idealen Kanal gefunden.

Es ist leicht geworden, etwas zu verhindern, aber sehr schwer, Politik zu gestalten. Social Media ist wie gemacht für kurze, prägnante, negative Botschaften. Netzaktivisten bedienen sich letztlich des gleichen kommunikativen Repertoires wie populistische Politiker: Negativismus, Vereinfachung, Feindbildzentrierung, Underdog-Perspektive – und alles mit einprägsamen Bildern garniert. Es sind die Charakteristika des bereits erwähnten *Populismus von unten.*

Social Media und Journalismus – Übertragungswege

Das Beispiel der Anti-TTIP-Kampagne ist schon einige Jahre alt, angesichts des rasanten Strukturwandels der Öffentlichkeit ist das eine halbe Ewigkeit. Zwischenzeitlich sind die Übertragungswege zwischen sozialen und klassischen Medien schneller und vielfältiger geworden. Beide Sphären der Öffentlichkeit, die zunächst noch relativ klar getrennt voneinander waren, wachsen enger zusammen – wobei der Journalismus Gefahr läuft, die Logik der »singularisierenden« Plattformen zu übernehmen.

Insbesondere drei Übertragungswege zwischen Journalismus und Social Media zeichnen sich ab:

Social Media als Quelle: Journalisten greifen auf Äußerungen von Politikern, Wissenschaftlern, Unternehmen oder Aktivisten zurück und verwenden sie für Beiträge. So konnte eine DoCMA-Studie[122] mithilfe einer algorithmusgestützten Inhaltsanalyse nachweisen, dass die Zitierungen in Zeitungen mit Verweis auf Facebook und Twitter deutlich zugenommen haben. Eine zwischenzeitlich beobachtbare Plateaubildung ist ab 2016 überwunden; die Anzahl der Zitierungen steigt weiter. Auffällig ist dabei, dass Inhalte von Twitter, obwohl als Netzwerk viel kleiner als Facebook, häufiger zitiert werden. Eine Tendenz, die sich quer durch alle Themen in allen betrachteten Zeitungen zeigt. Offenkundig ist hierbei ein Trump-Effekt am Werk: Die öffentlichkeitswirksamen Twitter-Aktivitäten des US-Präsidenten haben viele andere Sender von Botschaften dazu angeregt, sich ebenfalls verstärkt über soziale Medien zu verbreiten. Für Journalisten ist somit das Angebot an verfügbaren Meinungsäußerungen größer geworden, und sie suchen häufig nach einem gerade passenden Statement auf Twitter – was es wiederum für weitere potenzielle

Sender von Nachrichten umso attraktiver macht, sich ebenfalls via Twitter kundzutun. Ein Netzwerkeffekt ist wirksam: Eine hohe Nutzungsintensität befördert weiteres Wachstum.

Für Journalisten sind Tweets oder Facebook-Posts als Quellen verlockend: Schneller und billiger kann man kaum einen Beitrag zu einem aktuellen Thema mit Meinungsäußerungen prominenter Stimmen anreichern. Man guckt schnell unter den entsprechenden Hashtags nach, wählt aus, was man gebrauchen kann, und kopiert es in den Bericht. Was arbeitsökonomisch vorteilhaft erscheinen mag, ist durchaus problematisch. Denn die Journalisten stellen keine Fragen; sie steuern den Erkenntnisprozess nicht mehr aktiv. Vielmehr geben nun Politiker und andere Akteure ungestört von sich, was sie wollen – was aus ihrer Sicht wiederum attraktiv erscheint. Sie können ihre Botschaften treffsicher verkünden, ohne sich auf das Nachhaken eigensinniger Journalisten einlassen zu müssen: Statt Telefoninterviews zu geben, senden sie nun eine Reihe von Tweets. Statt eine Pressekonferenz zu geben, präsentieren sie sich per Onlinevideo. Das ist weniger zeitaufwendig – und zuweilen hochgradig manipulativ.

Social Media als Anlass der Berichterstattung: Journalisten greifen Themen auf, die gerade die sozialen Medien bewegen (»trenden«), und sie versuchen zugleich, über die sozialen Medien Aufmerksamkeit für ihre Inhalte zu generieren. An den Newsdesks der Onlinemedien läuft Twitter als Nachrichtenkanal mit. Früher bildeten Agenturen wie Reuters und DPA das Nachrichtengeschehen ab, ergänzt von eigenen recherchierten Beiträgen und kommentierenden Stücken. Inzwischen ist Twitter als zusätzliche Quelle etabliert. In der Folge wird die Agenda der Berichterstattung maßgeblich über soziale Medien und ihre Mechanismen gesetzt. So finden auch empörende Tabubrüche, etwa von AfD-Politikern, ihren Widerhall in klassischen Medien, die dadurch zu Verstärkern werden.

Warum lassen sich Medien auf diesen Deal ein? Weil sie glauben, gar nicht anders überleben zu können. Viele journalistische Medien verbreiten ihre Inhalte über die großen Plattformbetreiber. Noch vor einigen Jahren funktionierte dieser Vermarktungsweg so, dass Redaktionen unabhängig ihre Themen auswählten und Beiträge produzierten. Erst in einem zweiten Schritt machten sich dann Fachkräfte daran, die Texte, insbesondere Headlines und Vorspänne (»Teaser«), einer »Search Engine Optimization« (SEO) zu unterziehen, damit der Google-Algorithmus die Texte findet und oben in der Trefferliste anzeigt. Inzwischen sind Redaktionen vermehrt dazu übergegangen, ihre Inhalte direkt auf die Anforderungen der sozialen Medien zuzuschneiden. So sind mutmaßlich die oben zitierten Beiträge in der Google-News-Liste entstanden: »Hilfloses Pferd liegt am Boden«, »›Ekelhaft‹: Netto-Kassiererin findet deutliche Worte für Discounter-Kunden« oder »Ikea: Kurios! Möbelhaus kreuzt zwei Gegenstände«. Nicht weil professionelle Journalisten diese Themen für besonders berichtenswert hielten, sondern weil sie die Affekte der Leser ansprechen und sie zum Klicken animieren sollen, damit der Verlag rundherum Werbung ausliefern und Gehälter bezahlen kann.

Die Imperative der Aufmerksamkeitsökonomie sind gnadenlos. Sogar öffentlich-rechtliche Nachrichtenwebsites gehen inzwischen dazu über, morgens lediglich eine Reihe von Kurzmeldungen über ihre Social-Media-Seiten zu veröffentlichen; ausführliche Hintergrundgeschichten werden dann zu jenen Themen in Auftrag gegeben, die die meisten Zugriffe haben. Redaktionen, die so handeln, unterwerfen sich in ihrer inhaltlichen Schwerpunktsetzung der Plattformlogik und spielen sie ins Netz zurück – was die aufmerksamkeitsabsorbierende Wirkung abermals verstärkt.

Social Media als publizistische Echokammern: Viele Journalisten sind individuell in den sozialen Medien aktiv, wo sie versuchen, sich selbst zu vermarkten, und direkt mit anderen Journalisten, Politikern, Experten oder Aktivisten in Dialog treten. Vielfach sind diese persönlichen digitalen Netzwerke nach dem Prinzip der Selbstähnlichkeit zusammengestellt: Journalisten folgen bevorzugt Leuten, die ihre thematischen Interessen und weltanschaulichen Einstellungen teilen. So entstehen Filterblasen. Es sind eben jene Bedingungen, unter denen sich leicht die beschriebenen Echokammer-Effekte einstellen.

Der Verdacht liegt nahe, dass Journalisten durch diese Mechanismen in ihrer Arbeit zunehmend beeinflusst werden und eine Verengung der Themen und Blickwinkel innerhalb der digitalen Peer Group stattfindet, womöglich sogar mit der Tendenz zu Polarisierung und Radikalisierung. Diese Gefahr ist umso größer, als viele Journalisten angesichts der wirtschaftlich angespannten Lage und der hohen Schlagzahl des Arbeitsalltags kaum noch Möglichkeiten haben, selbst vor Ort zu recherchieren und direkt persönliche Eindrücke zu erlangen. Die Ergebnisse einer Umfrage unter deutschen Wirtschaftsjournalisten, die an meinem Lehrstuhl unternommen wurde, zeigt, dass Twitter weitgehend unreflektiert genutzt wird – und dass gerade diejenigen die wenigsten Vorbehalte haben, die diesen Kanal besonders intensiv nutzen.[123] So droht das Social-Media-Geschehen auch für Medienschaffende zu einer *Ersatz-Realität* zu werden, die womöglich von der gesellschaftlichen weit entfernt ist. Journalismus berichtet dann nicht mehr unbedingt darüber, *was ist*, sondern darüber, *was sozialmedialen Widerhall* findet – und das ist ein großer Unterschied.

Tempo, Wut und Wahrheit

Bei den skizzierten Übertragungswegen mit all ihren Schleifen handelt es sich keineswegs um feste Straßen, eher um Pfade, die sich herausbilden, eine Zeit lang beschritten und durch weitere Pfade ergänzt werden. Einige Wege werden aufgegeben, sie verschwinden im Dickicht. Die Transmission von Inhalten verändert sich rapide – als Folge der Fortentwicklung der Geschäftsmodelle von Unternehmen und der individuellen Verhaltensweisen der Akteure. Dieser Prozess ist längst nicht abgeschlossen. Die Richtung allerdings ist bislang eindeutig: Die Plattformen gewinnen mehr und mehr Einfluss auf den Journalismus.

Entsprechend nehmen Emotionalisierung und Polarisierung zu. Unter den englischsprachigen Medien, die ihre Inhalte über Facebook verbreiten, führt mit weitem Abstand *Fox News*, der US-Nachrichtenkanal mit rechtspopulistischen Neigungen, die Nutzung an, wie ein Report der Beratungsfirma Newswhip zeigt.[124] Auf Rang 6 folgt *The Daily Wire*, eine Seite mit klar rechter Ausrichtung, auf Rang 12 *Breitbart News,* die hart rechte Seite, einst geleitet vom zwischenzeitlichen Trump-Strategen Stephen Bannon. Dieser rechten Kammer der Mediensphäre steht eine mittig-linke Kammer gegenüber, die allerdings um einiges kleiner ist. Sie besteht aus CNN, *New York Times* und dem nicht kommerziellen *National Public Radio*. Neben diesen politiklastigen Angeboten gibt es eine ganze Reihe weiterer Seiten, deren ideologische Grundausrichtung linksliberal sein mag, die sich aber so weit der Aufmerksamkeitsökonomie des Webs unterworfen haben, dass sie bei Facebook überwiegend Klatsch, Tratsch, Lebenshilfe und sonstige unterhaltsame Themen posten; die bunten Medien sind insgesamt die größte der drei Kategorien bei Facebook.[125]

Netzbasierte Inhalte, insbesondere in sozialen Medien, zielen auf schnelle Affekte, was sich auch darin zeigt, dass Facebook seit 2017 einen »angry button«, einen rot angelaufenen Kopf, anbietet. Damit können Nutzer ihren Missmut zum Ausdruck bringen, wenn Inhalte sie wütend machen (oder, offenkundig seltener, wenn sie einen Beitrag schlecht finden). Kaum verwunderlich: Die Angebote, die ihre Nutzer am häu-

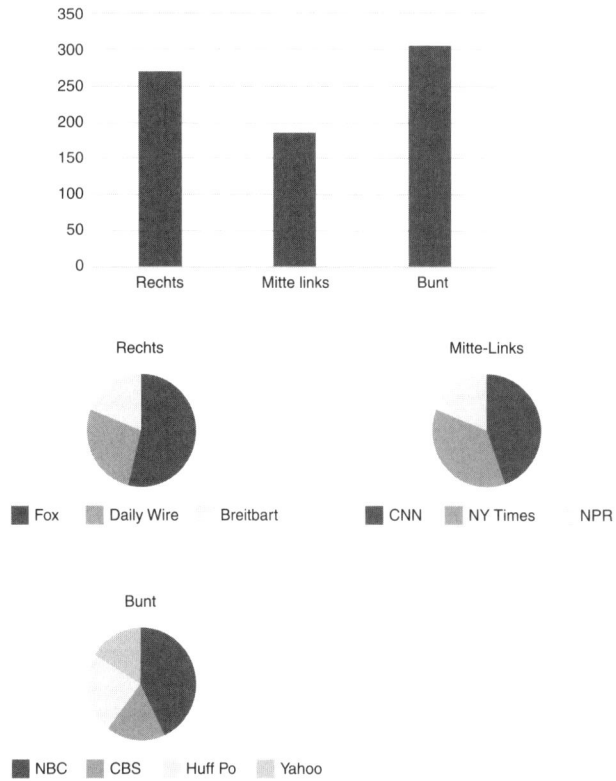

[10] Die meistverbreiteten* US-Nachrichtenseiten auf Facebook
* Engagement in Millionen Minuten 2018 (Quelle: Newswhip 2019, eigene Kategorisierung)

figsten zu negativen Gefühlsäußerungen veranlassten, waren jene von hart rechts – *Fox News*, *Breitbart* und *Daily Wire*-Gründer Ben Shapiro. Zusammen kamen sie in den ersten zehn Wochen des Jahres 2019 auf 14 Millionen Wut-Emojis. Auch linke Angebote wie *Occupy Democrats* sowie die Seiten des Senators Bernie Sanders oder des Berkeley-Professors Robert Reich (der in dieser Zeit mit einer kapitalismuskritischen Netflix-Dokumentation Furore machte) schürten negative

Emotionen, erreichten aber nur einen Bruchteil des rechten Empörungspotenzials.[126] Wobei man davon ausgehen kann, dass Beiträge, die die eine Seite erfreuten, die andere besonders ärgerten – es sind Kollisionen zweier polarisierter Echokammern.

Nicht nur negative Emotionen bestimmen die Öffentlichkeit, auch ein steigendes Tempo. Was Gesellschaften heute prägt, lässt sich als Abfolge von Erregungswellen beschreiben. Bereits Anfang der 1970er-Jahre beschrieb der US-Kommunikationswissenschaftler Anthony Downs Aufmerksamkeitszyklen als Fünf-Phasen-Modell.[127] Ausgehend von einem Schlüsselereignis wird die öffentliche Wahrnehmung auf ein Thema gelenkt; in weiteren Phasen differenziert sich die Debatte mehr und mehr aus und wird komplizierter; das Publikumsinteresse und die Intensität der Berichterstattung nehmen allmählich ab, bis sich andere Themen in den Vordergrund schieben und ein neuer Aufmerksamkeitszyklus beginnt. Inzwischen wird die Amplitude dieser Zyklen immer kürzer, wie eine empirische Langzeituntersuchung zeigt.[128] Das Augenmerk der Öffentlichkeit wechselt teils binnen Tagen von einem Thema zum anderen, stets hochgradig emotional, meistens negativ aufgeladen. Was gestern noch viele Leute aufregte, ist heute verblasst und morgen vergessen. Angesichts des schwindelerregenden Tempos ist es oft gar nicht möglich, sich tiefer gehend zu informieren und mehr als *dünnes Wissen* anzusammeln – oder direkt umzuschalten und sich absurdem oder unterhaltsamem Bullshit (Kapitel 4) hinzugeben.

Für den Journalismus als Profession ist das eine gigantische Herausforderung. Und eine große Chance.

7 Lärm und Journalismus

Was wir ignorieren sollten –
und was nicht

Es ist leicht, über Journalismus zu urteilen, aber schwierig, guten Journalismus zu machen. Urteile kommen inzwischen von allen Seiten: Die Jungen schalten ab, weil sie Nachrichten langweilig finden. Die Rechten schreien »Lügenpresse« (Pegida) und »Fake News« (Donald Trump). Langgediente Journalismusforscher wie Siegfried Weischenberg[129] oder Robert Picard[130] sparen nicht mit harscher Kritik und schrecken teils auch nicht vor Häme zurück. Mir persönlich ist diese Haltung unsympathisch. Zugegeben, ich bin befangen. Als jemand, der in Redaktionen und in der Journalistenbildung tätig (gewesen) ist, bin ich zutiefst davon überzeugt, dass die Antwort auf die Frage »Brauchen wir überhaupt noch Journalismus?«[131] nur ein kräftiges »Ja!« sein kann. Aber damit ist natürlich noch nichts darüber gesagt, welche gesellschaftlichen Funktionen Journalismus heute ausüben sollte, wie Journalisten agieren sollten, was sie dafür wissen und können müssen. Darum geht es in diesem Kapitel. (Über meine eigenen publizistischen Erfahrungen als *Spiegel Online*-Kolumnist berichte ich etwas weiter unten.)

Nehmen wir für einen Moment an, es gäbe keinen Journalismus mehr. Das ist keineswegs eine abwegige Vorstellung. Historisch betrachtet sind unabhängige Medien ein junges Phänomen. Gäbe es keinen Journalismus mehr, stellt sich die Frage, wie denn sonst eine Öffentlichkeit entstehen soll, in der

ein fairer kommunikativer Austausch herrscht, in der gesellschaftliche Prioritäten sich aus einem vielstimmigen Chor
herauskristallisieren sollen, in der Eliten und Institutionen
zur Rechenschaft gezogen werden. Denn all das ist nötig.
Demokratische Nationalstaaten, zumal solche mit großen
Sozialsystemen, die annähernd die Hälfte der Wirtschaftsleis-
tung umverteilen, brauchen eine tief verankerte Legitimation – was offener Diskurse bedarf, die idealerweise in einen
breiten Konsens münden.

Wo die Presse frei ist, hält sie die Korruption in Schach, das
ist empirisch gut belegt.[132] Wo hingegen der Staat oder mit
ihm verbundene Oligarchen die Öffentlichkeit dominieren,
ist es mit Freiheit und gesellschaftlicher Dynamik nicht weit
her.[133] Institutionen werden dann leicht zur Beute der Mächti-
gen; Propaganda ersetzt Information; der kreative Fluss von
Wissen und Ideen wird behindert. Unabhängiger Journalismus ist nicht nur ein sichtbares Zeichen dafür, dass das Recht
auf freie Meinungsäußerung geachtet wird. Funktionierende
Mediensysteme sind auch eine Versicherung gegen die Dege-
neration von Institutionen – und insgesamt gegen einen un-
fairen Umgang innerhalb der Gesellschaft. Das mag zwar
nicht immer so wirken angesichts all des öffentlich zelebrier-
ten Streits und all der Probleme, die thematisiert werden.
Aber in puncto Lebensqualität und allgemeiner Lebenszufriedenheit (siehe Kapitel 2) brauchen sich die westlichen Demokratien wahrlich nicht zu verstecken. Sie sind weltweit immer
noch einsame Spitze. Und freie Medien gehören zu den
Grundbedingungen, damit dieses System funktionieren kann.

Allerdings steht der Journalismus massiv unter Druck –
nicht nur wirtschaftlich, weil durch die Digitalisierung tradierte Geschäftsmodelle erodieren, sondern auch, weil er
Gefahr läuft, sein Publikum zu verlieren, das vom allgegen-
wärtigen Bullshit abgelenkt wird. Hinzu kommen Angriffe
durch Politiker mit autokratischen Neigungen. In Ungarn
und Polen werden Fernsehsender der jeweiligen Regierung

untergeordnet. In Russland und der Türkei ist dies längst geschehen, kritische Zeitungen sind weitgehend verschwunden. In der Tschechischen Republik werden handfeste Politskandale von regierungsfreundlichen Medien unter den Teppich gekehrt. Auf Malta, in der Slowakei und anderswo sind hartnäckig recherchierende Journalisten ermordet worden. In Italien agitieren Links- und Rechtspopulisten gegen kritischen Journalismus. In den USA stützt sich Präsident Donald Trump auf eine Handvoll willfähriger Privatmedien, von *Fox News* bis *Breitbart*, und ätzt via Twitter gegen Instanzen des Investigativjournalismus wie die *New York Times* und die *Washington Post*. In Österreich gibt es seit einiger Zeit Versuche, dem öffentlich-rechtlichen ORF die Beitragsfinanzierung zu entziehen und ihn durch Zuweisungen aus dem Bundeshaushalt ans fiskalische Gängelband zu nehmen. »Attacken auf die Unabhängigkeit der Medien« seien in den etablierten Demokratien des Westens zunehmend verbreitet, schreibt der US-Thinktank Freedom House in seinem Jahresbericht 2019. Seit Mitte der Nullerjahre erlebe die Welt eine Erosion des Rechts auf freie Meinungsäußerung, und seit 2012 habe sich das Tempo des Niedergangs beschleunigt.[134]

Die Realität nähert sich unserem Gedankenexperiment an.

Geld kauft Botschaften

Theoretisch ist eine Gesellschaft denkbar, in der zwar Meinungsfreiheit herrscht, der klassische Journalismus aber weitgehend abgestorben ist. In einem solchen System könnten die Bürger weiterhin auf Straßen und Plätzen demonstrieren und sich via Internet und Social Media öffentlich äußern (unter den in Kapitel 6 beschriebenen problematischen Bedingungen). Pressestellen von staatlichen Institutionen, Regierungen, Rathäusern, Parlamenten würden über das offizielle politische Geschehen berichten. Parteien, NGOs, Verbände und

Gewerkschaften würden ihre Positionen präsentieren. Unternehmen würden über eigene Medien Geschichten über das Geschehen in ihrem Haus verbreiten. Thinktanks würden Entwicklungen, Probleme und Politikentwürfe debattieren, auch kontrovers.

Tatsächlich scheint sich unser System in diese Richtung zu entwickeln. Die Öffentlichkeitsarbeit all der genannten Akteure hat sich enorm professionalisiert. Sie sind äußerst umtriebige Sender ihrer Botschaften. Das Angebot ist inzwischen groß und vielfältig. Gelder sind vorhanden, und zwar reichlich, anders als im darbenden Journalismus, der unter versiegenden Werbeerlösen und Gratisinhalten im Netz leidet. Hinter vorgehaltener Hand erzählen Pressesprecher, dass sie keine Journalisten mehr brauchen, um ihre Botschaften unters Volk zu bringen, und dass sie darüber froh sind. Sie machen jetzt alles selbst: Konzerne beschäftigen ganze Bataillone ehemaliger Journalisten, bespielen souverän alle Kanäle, vom Hochglanzmagazin bis zur Facebook-Gruppe. *Sie* steuern die Botschaften. Sie brauchen sich nicht mehr herumzuärgern mit anstrengenden Journalisten, die, so eine verbreitete Klage, von der Sache nicht viel verstehen und von ihrem Handwerk schon gar nicht, aber auf Teufel komm raus eine kritische Geschichte verfassen wollen – oder die einfach nur keine falsche Geschichte bringen wollen und dafür willfährig dem jeweiligen Pressesprecher ihren Beitrag vorlegen zum Faktencheck.

Sollte sich diese Entwicklung fortsetzen, wäre das desaströs. Denn sie bedeutet nichts anderes, als dass sich das freiheitliche System von innen heraus auflöst. In diesem Szenario gibt es dann irgendwann keine unabhängige Stimme mehr. Alle Akteure verfolgen ihre eigenen Ziele: Staatliche Institutionen sowie Interessengruppen verschiedenster Färbung werben für ihre Anliegen. Es gibt keine Instanz, die aus unabhängiger Warte prüft, welche Motive die einzelnen Akteure antreiben, wie es um die Machtkonstellationen innerhalb der jeweiligen Institution bestellt ist und was eigentlich die wirklich wichtigen Themen sind, die die Bürger in der erlebbaren Realität beschäftigen. Die kritische Selbstbeobachtung der Gesellschaft, das ist die Aufgabe des Journalismus, genauer: *all* der journalistischen Medien, die in einem produktiven Wettbewerb darum stehen, die gesellschaftliche Realität zu erfassen und zu deuten.

Natürlich, auch Journalisten haben Eigeninteressen. »Der Journalist als Homo Oeconomicus«[135] ist von egoistischen Motiven getrieben. Viele Journalisten sind eitel, manche sendungsbewusst. Verlage und andere Unternehmen, die journalistische Inhalte anbieten, unterliegen wirtschaftlichen Restriktionen; sie müssen Geld verdienen und die Aufmerksamkeit auf ihre Produkte lenken. Aber diese eigennützigen Motive werden gezügelt, wenn der Wettbewerb um die treffendsten Realitätsdeutungen funktioniert. Journalistische Produkte fallen in eine Kategorie, die Ökonomen »Vertrauensgut« nennen. Weil die Nutzer den Wahrheitsgehalt eines Beitrags meist nicht selbst beurteilen können, haben Medien lediglich dann Wert, wenn sie vertrauenswürdig sind.[136] Wer Falsches oder Irrelevantes berichtet, riskiert nicht nur seine Reputation, sondern auch seine wirtschaftliche Existenz.

Aus seiner spezifischen Eigenlogik heraus steht der Journalismus jenseits der übrigen Akteure. Eine Gesellschaft, in der ausschließlich Interessenvertreter – auch Thinktanks verfolgen ihre eigene Agenda (oder die ihrer Geldgeber) – den Ton angeben und daneben die Echokammern und Feedbackhöllen der sozialen Medien dröhnen, ist nicht mehr in der Lage, sich selbst zu erkennen.

Scouts im Info-Dschungel

Die vorherigen Kapitel haben gezeigt, in welcher Weise sich die Öffentlichkeit verändert hat. Der Journalismus reagiert darauf, indem er vermehrt die Logik der Aufmerksamkeitsökonomie übernimmt. Das ist heikel: Medien, die dies unreflektiert und um jeden Preis tun, gefährden ihren Wert als Produzenten von Vertrauensgütern und ihre gesellschaftliche Rolle als unabhängige Realitätsdeuter.

In der alten Medienwelt, wie sie noch vor gar nicht langer Zeit existierte, konnten Medien die Aufmerksamkeit der Nutzer weitgehend als gegeben annehmen. (Lediglich Boulevardzeitungen und Illustrierte mussten jede Ausgabe am Kiosk mit lauten Titelseiten an die Leser bringen.) Gedrucktes und Gesendetes gab es nur in limitierter Menge. Hohe Hürden verhinderten, dass neue Konkurrenten sich auf etablierte Medienmärkte vorwagten. Denn Zeitungen und Nachrichtenmagazine benötigten teure Produktionsanlagen und Distributionsnetze; Papierausgaben mussten gedruckt, transportiert und verteilt werden. TV-Sender brauchten aufwendige Sendetechnik (und Sendelizenzen). Neue Anbieter mussten sich Glaubwürdigkeit als entscheidende Produkteigenschaft erst zeit- und geldaufwendig erarbeiten; etablierte Medien hingegen besaßen sie bereits – ein unschätzbarer Vorteil. All das sorgte dafür, dass kaum weitere Wettbewerber auf die Medienmärkte strebten. Zeitungsneugründungen kamen äußerst selten vor, und wenn – wie im Fall der Wirtschaftszeitung *Financial Times Deutschland* oder ein Jahrzehnt zuvor des *Zeit*-Konkurrenten *Die Woche* –, dann machten sie dauerhaft Verluste, sodass sie nach einigen Jahren wieder eingestellt wurden. Kurzum: Klassische Medienmärkte waren beschränkt; die dominierenden Anbieter waren durch die Produkteigenschaften und die Produktionsbedingungen geschützt. Verlage erwirtschafteten hohe Renditen. Und sie investierten in Qualität und Glaubwürdigkeit – und das hieß vor allem: in große, gut ausgestattete Redaktionen –, nicht zuletzt, um potenzielle Wettbewerber auf Abstand zu halten.[137]

Die Öffentlichkeit wurde von einer begrenzten Zahl von Medien aufgespannt. Die Journalisten der großen Blätter und Sender kontrollierten die Zugänge. Wer darin nicht vorkam, existierte öffentlich nicht. Journalismus hatte die Funktion des »gate keeping«[138] und des »Agenda Setting«[139]. Eine mächtige und deshalb oft kritisierte Rolle. Im Journalismus prallte die politische Agenda der Eliten auf die Lebenswirklichkeit der Bürger, sodass Regierende und Regierte erkennen konnten, was die jeweils andere Seite umtrieb. So jedenfalls das Ideal. Die Medienlandschaft wies ein starkes Gefälle auf: Leute mit hohem Bildungsgrad und gesellschaftlichem Status lasen Elitezeitungen. Weiter unten auf der sozialen Skala las man einfacher strukturierte Blätter, die sich allerdings an den elitären Leitmedien orientierten.[140]

Internet und Social Media haben diese Zutrittsbarrieren eingerissen. Eine Website ins Netz zu stellen war von Anfang an billig; eine Facebook-Seite oder einen Twitter-Account gibt's umsonst. Dadurch hat sich die Wettbewerbsintensität drastisch erhöht. Knapp ist jetzt nicht mehr das mediale Angebot – ganz im Gegenteil –, sondern die Aufmerksamkeit des Publikums. Etablierte Medienmarken mögen auch im digitalen Raum nach wie vor Glaubwürdigkeitsvorteile und eine erhöhte Sichtbarkeit genießen.[141] Aber sie dominieren längst nicht mehr das Geschehen.

Wie also kann/soll/muss der Journalismus künftig seine Rolle ausfüllen?

Zerklüftete Öffentlichkeiten gleichen heute unübersichtlichen Landschaften, durchzogen von schroffen Felsen, kaum überwindbaren Schluchten und undurchdringlichem Dschungel. Gefahren lauern reichlich in diesem Gelände, echte und eingebildete. Wer an einer Weggabelung steht, kann nicht erkennen, welcher Pfad über sicheres Terrain führt und welcher an einen Abgrund. Benötigt werden Scouts,[142] Leute, die von Berufs wegen durch dieses unübersichtliche Gebiet geleiten. Dazu brauchen sie eine solide Basis an Können und Kenntnissen: journalistisches Handwerkszeug, tiefes Wissen über ein oder mehrere Spezialgebiete sowie über die Strukturen und Funktionsweisen von Medienöffentlichkeiten, damit sie nicht unreflektiert in die Fallen der Aufmerksamkeitsökonomie tappen.[143] Um im Bild zu bleiben: Scouts müssen in der Lage sein, schnell und sicher auf unerwartete Ereignissen zu reagieren; sie müssen das Gelände kennen, in dem sie sich bewegen; und sie dürfen dabei ihr Ziel nicht aus den Augen verlieren.

Journalisten sind als Spezialisten gefordert, die unabhängig – das heißt aus ihrer eigenen Anreizlogik heraus – auswählen, was in der *Gegenwart* wichtig ist, die durch eigenständige Recherchen aufdecken, was in der *Vergangenheit* falsch gelaufen ist und welche Fehlentwicklungen sich für die *Zukunft* abzeichnen. Damit erfüllen Journalisten eine wichtige öffentliche Aufgabe: Sie arbeiten an einer gesellschaftlich geteilten Fakten- und Wissensbasis, durch die überhaupt erst kollektive Handlungsfähigkeit entsteht. Journalismus ist insofern *systemrelevant* für die Demokratie. Denn in Gesellschaften mit streng fragmentierten Weltwahrnehmungen kann sich kein »Volkswille« im Diskurs herausbilden.

Auch in radikal veränderten Medienöffentlichkeiten, in denen buchstäblich jeder Bürger zum Sender seiner Botschaften werden kann, braucht es Spezialisten, die eigenständig Themen aufspüren, recherchieren und analysieren können. Es versteht sich von selbst, dass Journalismus nur glaubwürdig ist, wenn die Fakten stimmen, wenn er eine angemessene Neutralität und Quellenvielfalt wahrt, wenn Analysen treffend sind und Zuspitzungen nicht überdreht. Journalismus sollte neutral in dem Sinne sein, dass er bestrebt ist, die *Wirklichkeit* zu erfassen, aber nicht objektiv: Im Journalismus geht es um Auswahl und Komplexitätsreduktion, was immer einen bestimmten eigenen Blickwinkel voraussetzt. Allerdings sollten Medien ihren jeweiligen Blickwinkel transparent machen. Journalismus benötigt ein konsistentes und transparentes eigenes Wertesystem, das die jeweilige Medienmarke unverwechselbar macht. Journalismus braucht einen eigenen Standpunkt, und er muss bereit sein, diesen Standpunkt immer wieder kritisch zu hinterfragen.

Ein Journalismus, der sich unreflektiert Themen und Meinungstrends von außen vorgeben lässt, verliert seine Unabhängigkeit und letztlich seine Existenzberechtigung. Journalisten sollten Hypes skeptisch gegenüberstehen, Narrative an Fakten messen, Missstände aufdecken. Journalismus muss gegen den Strich bürsten – und zwar begründet und fair.

All das ist teuer. Wie gesagt, es ist schwierig, guten Journalismus zu machen. Wer lediglich mit geringen Ressourcen Aufmerksamkeit erregen will, betreibt eigentlich keinen Journalismus, der diesen Namen verdient. Das Abrufen menschlicher Affekte – durch das Ungeheuerliche, das Ekelerregende, das Skandalöse, das Frivole – mag in der »attention economy« einen (kurzfristigen) Wettbewerbsvorteil gegenüber dem Differenzierten, dem Tiefgründigen, dem Seriösen haben. Auf Dauer gefährdet es nicht nur die Gesellschaft, sondern auch den Journalismus selbst. Es ist eine autoaggressive Strategie.

Die gegenwärtig dominierende medienökonomische Logik trägt dazu bei, dass die Abfolge der Erregungszyklen sich beschleunigt. Dahinter steckt folgendes Kalkül: Redaktionen, die auf ein emotional aufgeladenes Thema aufspringen, bei dem die Berichterstattungsintensität und das Publikumsinteresse gerade steigen, können mit ziemlich sicheren Erlösen rechnen. Die Produktionskosten sind indes gering. Geschichten lassen sich von Nachrichtenagenturen, Wettbewerbern oder den sozialen Medien übernehmen, neu verpacken, allenfalls mit geringer Zusatzrecherche anreichern. Derartiger *Recycling-Journalismus* leistet, wenn überhaupt, einen marginalen aufklärerischen Beitrag. Aus kurzfristigem ökonomischem Kalkül jedoch ist er vorteilhaft – verglichen mit der Produktion von neuen, aufwendig recherchierten eigenen Geschichten, bei denen die Kosten hoch sind und die Erlöse unsicher, weil unklar ist, ob der Beitrag ein nennenswertes Publikum erreichen wird. Dieser Logik folgend feuern sich Medien gegenseitig an, während zugleich Politiker und Experten auf den Aufmerksamkeitsexpress aufspringen.[144] Es kommt zu medialen Herdentrieben, wobei sich eine bemerkenswerte Einförmigkeit in der Berichterstattung herausbildet. Es entsteht zwar eine »gemeinsame Realität«, wie der Kommunikationsforscher Wolfgang Donsbach formulierte,[145] aber sie existiert nur so lange, wie die Erregung anhält. Sobald differenzierte Argumente und komplizierte Problemlösungsansätze in den Mittelpunkt rücken, nimmt das Publikumsinteresse rapide ab, bis der nächste Erregungszyklus beginnt.

Man kann – und muss – die Auswüchse affektzentrierter Berichterstattung kritisieren. Aber klar ist auch: Real existierender Journalismus, auch solcher mit hohem Qualitätsanspruch, kann diese neuen Rahmenbedingungen nicht einfach ignorieren. Die kollektiven Gefühlsgewitter gehören heute zu den medienökonomischen Nebenbedingungen. Das gilt nicht nur für privatwirtschaftliche, sondern auch für öffentliche Medien, die ihre Budgets rechtfertigen müssen, indem sie ein hinreichend großes Publikum erreichen.

Um seiner Aufgabe auch künftig noch gerecht zu werden, sollte der Journalismus eine sorgfältig austarierte Balance pflegen. Er muss einerseits im Aufmerksamkeitswettbewerb bestehen, andererseits als Vertrauensgut seinen Marktwert behalten und seiner öffentlichen Aufgabe gerecht werden. Daraus ergeben sich vier Anforderungen:[146]

Mehr verstehen, besser erzählen: Journalisten sollten persönlich die Komplexität des jeweiligen Themas durchdringen, zugleich aber in dcr Lage sein, diese Komplexität zu reduzieren und in Formen zu präsentieren, die sie für das Publikum konsumierbar machen.

Selbstkritik und Reflexion: Journalisten sollten ihre eigene Tätigkeit und Rolle im täglichen Geschäft reflektieren, sodass sie nicht selbst von affektzentrierten Debatten mitgerissen werden.

Wellen reiten mit Kalkül: Um ihre aufklärerische Rolle zu erfüllen, sollten Medien das Publikumsinteresse während eines Themenzyklus kalkuliert nutzen. Sie sollten das Spektrum der Debatte um Hintergründiges, Überraschendes und Kontraintuitives ergänzen.

Recherche und Analyse: Journalistische Medien sollten eigene Themen setzen, die sie sich durch exklusive Recherchen und Analysen erschließen und die idealerweise einen Bogen schlagen zwischen gesellschaftlichen Entwicklungen, den Lebenswirklichkeiten der Bürger und der kritischen Analyse der Arbeit von Eliten und Institutionen.

Ihre Rolle als Scouts können Journalisten nur ausüben, wenn sie unabhängig sind. Journalistische Unabhängigkeit umfasst drei Facetten:[147] *Intellektuelle Unabhängigkeit* befähigt dazu, eigene Deutungen der Fakten und Zusammenhänge zu entwickeln. Journalisten sollten sich nicht damit zufriedengeben, sich auf die eine oder andere Seite eines Diskurses zu schlagen, sondern bestrebt sein, eigenständige Blickwinkel und Positionen zu entwickeln. *Ideologische Unabhängigkeit* fordert innere Erkenntnis- und Urteilsfreiheit. Eine Selbstverortung in Dogmen und Denkschulen, die den Blick auf die Realitäten verstellen, ist mit der Rolle als Realitätsdeuter nicht vereinbar. Da niemand frei ist von Werthaltungen und Vorurteilen, sind Journalisten aufgefordert, ihre eigenen Präferenzen und Schlussfolgerungen aus einer Haltung der selbstkritischen Skepsis zu hinterfragen. *Wirtschaftliche Unabhängigkeit* schließlich versetzt Verlage, Sender und andere journalistische Inhalteanbieter in die Lage, eigene Prioritäten zu setzen, ökonomische, politische und institutionelle Interessen kritisch zu hinterfragen und sich selbst ein Bild von der Realität durch aufwendige Recherchen zu machen.

Die finanzielle Unabhängigkeit ist besonders schwierig zu realisieren, weil der Journalismus dafür Hilfe von außen braucht. Die Digitalisierung hat viele tradierte Geschäftsmodelle ausgehöhlt. Ob und in welchem Umfang neue Vermarktungskonzepte Einnahmen in angemessenem Umfang sichern können, steht keineswegs fest.

Immerhin gibt es einige Anzeichen, die verhalten optimistisch stimmen. Internationale Topzeitungen wie die *New York Times* gewinnen immer mehr Digitalabonnenten und bauen ihre Redaktionen aus. Nachrichtenwebsites deutscher Qualitätsblätter platzieren große Teile ihrer Inhalte hinter Bezahlschranken (»Paywalls«). Dadurch verändert sich die publizistische Logik: Es geht nicht mehr nur um die Erregung von Aufmerksamkeit mit dem Ziel, Werbung zu vermarkten; der Erfolg eines Artikels wird nun auch daran gemessen, wie oft er gekauft wird beziehungsweise wie viele Leute er zum Abschluss eines Abonnements animiert. Dadurch gewinnen Faktoren wie Vertrauen und Reputation wieder an Bedeutung, wenigstens für einige Qualitätsmedien.

Derzeit gilt die schwedische Zeitung *Dagens Nyheter* als wegweisend. Das Blatt schien, wie viele andere auch, im unaufhaltsamen Niedergang begriffen zu sein. Doch dann setzten Verlag und Redaktion konsequent auf eine mutige Social-Media-Strategie. Statt die Inhalte über die Nachrichtenseiten von Google oder Facebook zu vermarkten, verschwanden sie komplett hinter einer Bezahlschranke. Die Redakteure wurden angehalten, sich intensiv via Social Media zu vernetzen, die dortigen Inhalte als Anregungen für eigene Recherchen zu nehmen und die daraus resultierenden Geschichten wiederum über Social-Media-Kanäle zu vermarkten – mit dem Ziel, Abonnements für die digitale Ausgabe zu generieren. Die Zeitung hatte im Frühjahr 2019 rund 160 000 Digitalabos.[148] Ein enormer kommerzieller Erfolg im kleinen schwedischen Sprachraum. Ob es auch ein nachhaltiger publizistischer Erfolg ist, muss sich noch erweisen. Es hängt nicht zuletzt davon ab, wie reflektiert die *Dagens Nyheter*-Journalisten mit den sozialen Medien umgehen.

Allerdings dürfen positive Meldungen von einigen Qualitätsmedien nicht darüber hinwegtäuschen, dass sich der Zerfall der Öffentlichkeit fortsetzt. Wenn in kleinen, elitären Nischen hochwertige Informationen angeboten werden, ist das eine begrüßenswerte Entwicklung, aber es bedeutet noch nicht, dass rationales, »langsames Denken« in die Breite der Gesellschaft transportiert wird. Immerhin: Der Kampf um die Vernunft läuft. Das Ergebnis ist offen.

Populismus und die Rolle der Medien

Die Erfolge von Populisten sind ohne die Mechanismen der medialen Aufmerksamkeitsökonomie und ohne die Unterstützung durch exzessive Berichterstattung kaum vorstellbar. Sicher, auch soziale Medien sind ein mächtiges Instrument, das populistische Parteien und Politiker in der Hand halten. Intensiv nutzen sie Twitter, Facebook, WhatsApp, YouTube oder Instagram, um ihre Botschaften ungestört unter die Leute zu bringen und sich zu organisieren. Aber über ihre eigenen Mitglieder- und Unterstützerkreise hinaus konnten sie in den vergangenen Jahren insbesondere dadurch wirken, dass traditionelle Medien über sie berichteten oder ihnen ein Forum boten. Donald Trump wäre im hierarchisch strukturierten Mediensystem der Vergangenheit kaum über den Vorwahlkampf der Republikaner hinausgekommen; man hätte ihn als Reality-TV-Kuriosum dargestellt und ansonsten weitgehend ignoriert. In der wettbewerbsintensiven Aufmerksamkeitsökonomie jedoch sprang insbesondere das private Fernsehen auf den schrill schillernden Kandidaten an und machte ihn damit groß. Nicht unbedingt, weil die Journalisten seine Ansichten geteilt hätten, sondern weil er gut fürs Geschäft, also die Einschaltquoten, war. Er lieferte eine populäre Show.

Der Journalismus steht vor einer schwierigen Abwägung. Er soll eine Plattform bereitstellen, auf der vernünftige gesellschaftliche Diskurse stattfinden können. Zugleich muss er selbst im Aufmerksamkeitswettbewerb Erfolg haben, um wirksam zu sein. Populisten beherrschen das große Erregungsspiel und lassen sich deshalb schwerlich ignorieren. Tabubrüche geben der *Lärmspirale* neue Impulse. »Es sind Merkels Tote!«, twitterte Marcus Pretzell, damals AfD-Landeschef von NRW, nach dem Attentat auf dem Berliner Weihnachtsmarkt im Dezember 2016 – zu einem Zeitpunkt, als noch gar nichts über den Attentäter Anis Amri und die Hintergründe bekannt war. Das Resultat dieser Intervention war erwartbar: Aufregung, Empörung, Anschuldigungen. Medien berichteten, Politiker anderer Parteien echauffierten sich, Kommentatoren bezogen Stellung, Parteifreunde sprangen ihm bei. Egal ob ablehnend oder zustimmend: Stets standen der Urheber des Tweets und seine Partei im Mittelpunkt. Ziel erreicht! Anstatt die Ermittlungsergebnisse abzuwarten, zu recherchieren, Erkenntnisse und Argumente zu wägen und dann, vielleicht, in eine grundsätzlichere Debatte über innere Sicherheit und die möglichen Gefahren, die von illegal zugewanderten Extremisten ausgehen, einzusteigen, folgte ein Zweig der öffentlichen Debatte dem populistischen Tabubruch.

Kann man eine solche Entgleisung nicht einfach ignorieren? Natürlich. Aber wer nicht auf die Lärmspirale aufspringt, läuft Gefahr, nicht wahrgenommen zu werden. Wer nicht wahrgenommen wird, gefährdet seine öffentliche Existenz. Das gilt für Politiker und Experten, erst recht aber für Medien. Spätestens wenn sich prominente Politiker öffentlich zu einem solchen Tabubruch positioniert haben, kommen Journalisten nach ihren eigenen Maßstäben nicht mehr umhin zu berichten.

Vielen Journalisten ist durchaus klar, dass sie benutzt werden. Aber sich gegen den Nachrichtenstrom zu stemmen erscheint ihnen zuweilen unmöglich. Das ist, in Kurzform, das Ergebnis einer Befragung unter Journalisten, die am Dortmunder Institut für Journalistik unternommen wurde.[149] Überwiegend handelt es sich bei den Befragten um Chefs vom Dienst (CvDs), also leitende Redakteure, die maßgeblich für die Auswahl und Positionierung der Themen verantwortlich sind, die auf Nachrichtenwebsites und in -sendungen auftauchen. Provokative Meldungen helfen der Reichweite eines Mediums und sind deshalb so verführerisch. »Wenn wir wissen, solche Themen klicken gut, sind wir natürlich auch eher dazu geneigt, das zu machen«, gab einer der Befragten zu Protokoll. Empörung, Wut oder die Bestätigung von Vorteilen funktionieren verlässlich auf dem Nutzermarkt. Ein Thema, bei dem man wisse, »wenn wir das machen, läuft das wie irre«, lasse sich deshalb kaum ignorieren, sagte ein anderer CvD. Publizistische Inhalte müssen sich verkaufen: Nutzer und Zuschauer anlocken, Werbeeinnahmen generieren, Abonnenten gewinnen. Affekte bedingen die Attraktivität eines Themas und werden somit zum Kriterium der Nachrichtenauswahl.

Der scharfe Wettbewerb unter den Medien trägt dazu bei, dass die Lärmspirale zuweilen eskaliert. Alle Befragten gaben an, permanent zu beobachten, was die Konkurrenz gerade bringt. So sagte der CvD einer großen Nachrichtenseite: »Wenn die anderen über ein Thema berichten, und wir tun es nicht, müssen wir uns fragen, warum (…). Insofern hat das 'ne sehr hohe Relevanz, was die anderen tun.« Es komme vor, dass sich seine Redaktion dazu entschieden habe, eine Meldung nicht zu bringen – etwa weil man sich bewusst sei, politisch instrumentalisiert zu werden –, und dann sehe man, dass »alle anderen« berichten. Daraufhin werde die Entscheidung mitunter revidiert: »Okay, dann machen wir's doch.«

Mediale Herdentriebe sind das Resultat eines unerbittlichen Konkurrenzkampfs um Aufmerksamkeit. Am Ende müssen sich Redaktionen nicht nur daran messen lassen, ob sie das Wahre und Relevante berichtet haben, sondern auch, ob die Zahlen stimmen. Und das heißt: Der Markterfolg, im Vergleich zu den Wettbewerbern, zählt. Sogar leitende Redakteure von Qualitätsmedien, deren Markenkern auf Seriosität basiert, sehen sich immer wieder gezwungen zu sagen: »Da haben wir ein Thema unterschätzt«, wie ein Befragter einräumt. Es gebe nun mal Geschichten, »an denen kommt man nicht vorbei«. Wenn erst »ein bestimmtes Maß an Öffentlichkeit erreicht« sei, so ein anderer, müsse man eben mitmachen. Man könne sich dann immer noch von der Konkurrenz abgrenzen – erklären, einordnen, Hintergründe erhellen –, also »Mehrwert bieten«. Aber der Kern ist eben das von Populisten gesetzte Tabuthema, das man aus einer rein journalistischen Abwägung heraus eigentlich rechts liegen lassen müsste.

Umso wichtiger sei die Einordnung durch professionelle Journalisten, sagte einer der befragten Redakteure. Denn das Publikum sei damit zunehmend überfordert. Noch vor einigen Jahren sei man sich ziemlich sicher gewesen, dass die Leser selbst einschätzen können, ob eine Aussage Bullshit sei oder nicht. Mittlerweile müsse man jedoch davon ausgehen, dass »anscheinend niemand mehr irgendetwas einschätzen« könne.

Aufklärung vs. Dämonisierung

Es ist nicht so, dass alle Rechtspopulisten tumbe Gesellen wären, die unbedarft drauflospolterten. Ihre Öffentlichkeitsarbeit ist hochprofessionell. So unterhält die AfD eine üppig besetzte eigene Redaktion, der Parteimitglieder und Sympathisanten – sowie diverse Unterstützer aus dem Ausland (Accounts außerhalb Deutschlands spielen in diesem Zusammenhang eine bedeutende Rolle) – eine enorme Social-Media-Reichweite bescheren. Auf Facebook ist ihre Präsenz überwältigend, nicht nur was die Zahl der Beiträge angeht, sondern auch in Bezug auf die Weiterverbreitung: 85 Prozent aller geteilten Nachrichten (»Shares«) deutscher Parteien entfallen auf die AfD, wie der Kommunikationsforscher Trevor Davis von der George Washington University ermittelt hat.[150] Die AfD agiert als hyperaktiver Sender in eigener Sache. Sie verfolgt damit offenkundig drei Ziele: ihre Anhänger in ihrer eigenen »Echokammer« zusammenschweißen, die Basis durch die direkte Kommunikation mit der Netzöffentlichkeit vergrößern – und journalistische Medien zur Berichterstattung animieren. Social-Media-Inhalte stellen somit einen Hebel dar, um die klassischen Massenmedien, zumal das Fernsehen, zu öffnen. So hoffen die rechtspopulistischen Polit-Unternehmer auch jene Teile der Bevölkerung zu erreichen, die bislang außerhalb der Reichweite der Partei und ihrer dünnen Ideologie liegen. Wie geht man als Journalist damit um?

Die Ergebnisse einer Befragung von Berliner Hauptstadtkorrespondenten führender deutscher Medien[151] verdichten sich zum Bild einer lauernden Distanz zwischen Berichterstattern und AfD-Bundestagsabgeordneten. Anders als die übrigen im Bundestag vertretenen Parteien ist die AfD den etablierten Medien gegenüber grundsätzlich ablehnend eingestellt. Die Pegida-Parolen (»Lügenpresse, halt die Fresse!«) hallen noch nach. Dass die AfD gebührenfinanziertes öffentlich-rechtliches Fernsehen und Radio abschaffen will, trägt ihr bei den dort beschäftigten Journalisten auch nicht gerade Sympathien ein. Teils sei diese journalismusfeindliche Haltung reine öffentliche Pose, die sich im persönlichen Umgang rasch relativiere, berichteten einige Befragte, teils jedoch erlebten sie im direkten Kontakt auch harsche Ablehnung.

Das Verhältnis ist angespannt. Immer wieder werden Medienvertreter willkürlich von Veranstaltungen ausgesperrt. Derlei Provokationen spornen die Journalisten erst recht zu eigenen Recherchen über das Innenleben der Partei an. Seit die AfD als stärkste Oppositionsfraktion in den Bundestag eingezogen ist, ist sie Objekt der Berichterstattung – innerparteilicher Streit, persönliche Querelen und programmatische Auseinandersetzungen inklusive, wie bei anderen Parteien auch.

Verglichen mit der Befragung von CvDs, die rund ein Jahr vor der Korrespondentenbefragung stattfand, ist eine Mischung aus Abstumpfung und Reflexion über das eigene Tun zu erkennen. Die Berichterstatter greifen nicht mehr jeden Tabubruch auf. Wenn sie berichten, dann orientieren sie sich der Befragung zufolge an drei Fragenkomplexen: a) Wie wichtig ist der betreffende Politiker? Es ist ein Unterschied, ob der Partei- und Fraktionsvorsitzende die Verbrechen der Nazizeit kleinredet oder ein Hinterbänkler. b) Verrät ein Tabubruch etwas über mögliche innerparteiliche Konflikte? Erstarkt ein Flügel gegenüber dem anderen? Steht womöglich ein neuerliches Parteiausschlussverfahren gegen einen Rechtsradikalen bevor? c) Offenbart sich im konkreten Fall unterschwelliges autoritäres Denken? Gibt es womöglich Aufschluss über illiberale oder gar verfassungsfeindliche Tendenzen?

Sofern sie Relevantes zur Sache beizutragen haben, finden AfD-Abgeordnete mit programmatischen Einlassungen in der Parlamentsberichterstattung Gehör. Viele der befragten Korrespondenten gaben an, sich bewusst um Ausgewogenheit zu bemühen, auch um Angriffen von hart rechts vorzubeugen. Im Übrigen sei ein Großteil der AfD-Politiker sehr auf Berichterstattung erpicht. Sie möchten *beachtet* werden, aber auch *geachtet* als professionelle Teile des Politikbetriebs der Hauptstadt. Insbesondere in den Hauptnachrichtensendungen von ARD und ZDF vorzukommen liegt ihnen am

Herzen, was sie als eine Art Ritterschlag zum echten Politiker verstehen.

Distanz und Präsenz – das gilt auch für die politischen Talkshows der öffentlich-rechtlichen TV-Sender: Anne Will, Maybritt Illner, Frank Plasberg und Sandra Maischberger. AfD-Politiker gehören dort seit einigen Jahren zum Stammpersonal. Während sich die Partei immer wieder darüber beklagt, in diesen Sendungen nicht gebührend repräsentiert zu sein, äußerten Vertreter etablierter Parteien, etwa Joachim Herrmann, CSU-Spitzenkandidat bei der Bundestagswahl 2017, den Vorwurf, die Talkshows hätten die AfD erst groß gemacht, indem sie ihr zu viel Präsenz eingeräumt hätten.[152] Eine an meinem Lehrstuhl unternommene umfangreiche Analyse von 243 Sendungen zwischen dem 1. Januar 2016 und dem 23. September 2017, dem Tag der Bundestagswahl, ergibt ein differenziertes Bild: Für eine damals nicht im Bundestag vertretene Partei waren die Rechtspopulisten häufig in Talkshows eingeladen; gemessen an ihren Umfragewerten jedoch, die sich später auch im Ergebnis der Bundestagswahl niederschlugen, tauchten sie eher selten auf. AfD-Politiker waren 2016 häufiger in Polit-Talkshows eingeladen als 2017; offenkundig hatte sich ihr Neuigkeitswert verbraucht.

Frappierend ist ein anderer Befund: Durch ihre Präsenz gelang es den AfDlern häufig, den Inhalt einer Sendung zu kapern. Egal, worum es ging, für die AfD ließ sich nahezu jedes Problem auf die Zuwanderung zurückführen. Anstatt diese programmatische Ödnis herauszustellen, ließen sich die Moderatoren der Analyse zufolge immer wieder auf AfD-Blickwinkel ein und befragten die Teilnehmer sogar explizit danach.[153]

Inzwischen scheint aufseiten des Journalismus ein Gewöhnungsprozess eingesetzt zu haben. Die Präsenz der AfD ist ein Faktum, sie gehört zum politischen Betrieb. Bei aller Distanz und ideologischer Differenz professionalisiert sich der wechselseitige Umgang. Und nicht alle Positionen, die die AfD vertritt, sind volksverhetzend oder völlig unsinnig. Eine pauschale Dämonisierung wäre kontraproduktiv und würde die Partei eher radikalisieren. Wenn AfD-Mandatsträger mit halbwegs vernünftigen Beiträgen zu Sachthemen mehr medialen Widerhall finden als stumpfe Tabubrecher, dann könnte das die moderaten Kräfte in der Partei stärken. Eine Gewähr für eine derartige Wirkung besteht natürlich nicht, zumal der Journalismus nicht das einzige Tor zur Öffentlichkeit ist und sich die Populisten selbst in den sozialen Medien eine breite Bühne gebaut haben. Wenn es schlecht läuft, findet eine Gewöhnung an das Infame statt, das den gesamten politischen Diskurs vergiftet. Wenn es gut läuft, wird der rechte Rand abgeschliffen und die AfD insgesamt demokratisch domestiziert. Derzeit, im Herbst 2019, gibt es Hinweise in beide Richtungen.

Rosige Zerrbilder? Die Flüchtlingskrise in deutschen Zeitungen

Der Vorwurf, der Journalismus habe zum Aufstieg des Rechtspopulismus beigetragen, kommt auch von anderer Seite: Für die Kommunikationsforschung hat Michael Haller mit Nachdruck die Position vertreten, die Berichterstattung über die Flüchtlingszuwanderung 2015 habe ein allzu rosiges Zerrbild gezeichnet. Probleme und berechtigte Ängste in der Bevölkerung seien weitgehend unbeachtet geblieben. Ein multikulturell verblendeter journalistischer Mainstream habe Probleme und kritische Töne in die sozialen Medien abgedrängt und dort die Debatte den Rechten überlassen. Erst mit den Übergriffen in der Kölner Silvesternacht 2015/16 habe sich das übermäßig positive dominante Narrativ gedreht.[154]

Im Forschungszentrum DoCMA haben wir mit einer algorithmusgestützten Methode[155] die Berichterstattung über die Flüchtlingskrise in drei führenden überregionalen Tageszeitungen (*Süddeutsche Zeitung, Die Welt, Handelsblatt*) sowie der rechtsnationalen, AfD-nahen *Jungen Freiheit* (*JF*) vermessen. In die quantitativ-qualitative Untersuchung gingen 11 420 Artikel ein.[156] Eine systematisch verzerrte Berichterstattung konnten wir für die drei Mainstream-Zeitungen nicht nachweisen, wohl aber für die *JF*.

Abbildung 11 zeigt die Intensität der Berichterstattung in allen vier Zeitungen sowie die Zahl der monatlich registrierten Flüchtlinge. Dabei ist der typische Verlauf eines Aufmerksamkeitszyklus zu erkennen: Die Berichterstattung wird zunächst umso intensiver, je mehr Flüchtlinge nach Deutschland kommen. Nach einem Maximum im September 2015 flaut die Berichterstattung zunächst wieder ab. Obwohl die Zahlen weiter steigen, tritt beim Publikum, und womöglich auch in den Redaktionen selbst, ein gewisser Ermüdungseffekt ein. Das ändert sich nach den Übergriffen in der Kölner Silvesternacht, ein Ereignis, das ein erneutes Anschwellen der Berichterstattung auslöst.

Die statistische Analyse zeigt: Obwohl sich die betrachteten überregionalen Tageszeitungen in ihrer politischen Grundausrichtung und Kommentierung unterscheiden, findet sich in allen Blättern außer der *Jungen Freiheit* ein ähnlicher Mix

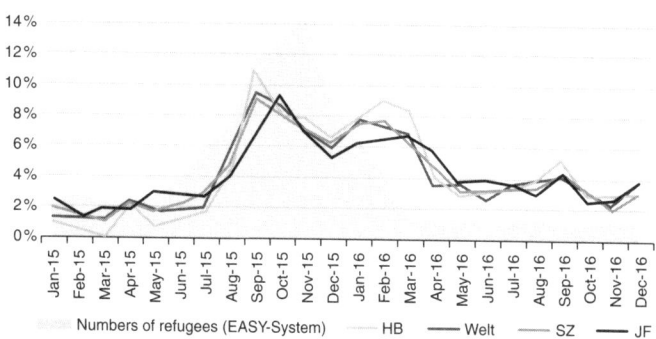

[11] Berichterstattung über die Flüchtlingskrise* und registrierte Flüchtlinge
* Normierter Anteil der Flüchtlingsberichterstattung am redaktionellen Gesamtumfang. (Quelle: von Nordheim et al. (2019), S. 46)

an Aspekten, in dem sich die politische Debatte über die Flüchtlingskrise in Deutschland und Europa spiegelt. Der Nahostkonflikt, die Ursache der Migrationsbewegungen, schlägt sich in allen drei Blättern umfangreich nieder, ebenso die ökonomischen Kosten der Flüchtlingsaufnahme, die Diskussion über eine Neuausrichtung der Asylpolitik sowie die europäische Dimension mit all ihren Interessengegensätzen und dem Streit unter den EU-Mitgliedstaaten. Es gibt auch Be-

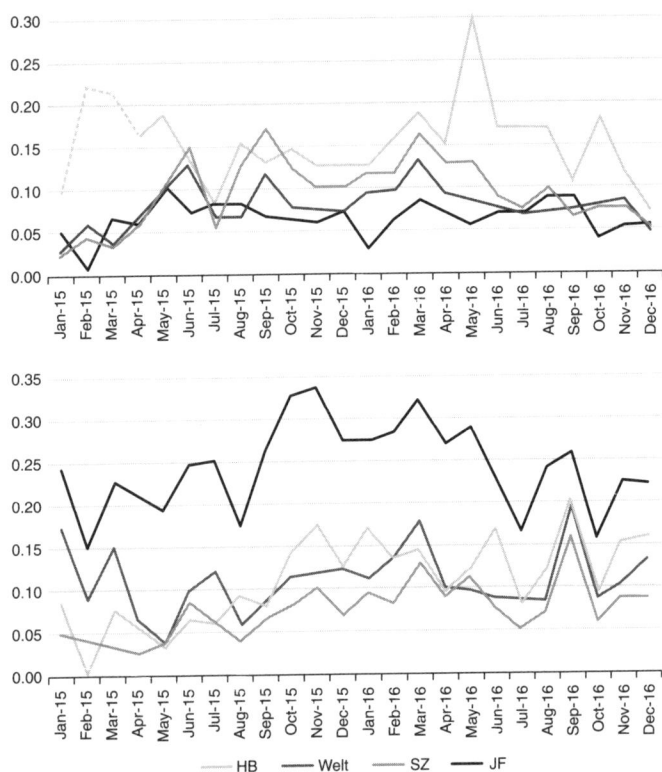

[12] Berichterstattung über europäische (oben) und nationale (unten) Aspekte der Flüchtlingspolitik*
* Anteile an der Berichterstattung zum Thema in Prozent (Quelle: von Nordheim et al. (2019), S. 48–50)

richte über Flüchtlingsschicksale, die Solidarität der freiwilligen Helfer. Insgesamt ergibt sich ein ausgewogenes Gesamtbild, in dem diverse Aspekte und Probleme aufscheinen, auch komplizierte. Die Berichterstattung behält diese Breite über den gesamten Beobachtungszeitraum. Im Gegensatz dazu vermeidet die rechtsalternative *JF* komplexe Themen wie die europäische Dimension der Zuwanderung oder die Krisenursachen. Dafür befasst sie sich umso intensiver mit der bundespolitischen Asyldebatte (unter besonders wohlwollender Beachtung der AfD und ihrer Positionen) und der Kritik der Flüchtlingsberichterstattung in Mainstream-Medien, ein Blickwinkel, der sich im betrachteten Zeitraum in den übrigen Blättern nicht nachweisen lässt.

Die obige Grafik zeigt die Berichterstattungsintensität über nationale und europäische Aspekte der Flüchtlingskrise. Deutlich zu erkennen ist, dass die Anteile an der Berichterstattung in den drei Mainstream-Blättern über den gesamten Zeitraum ziemlich konstant sind.[157] Während in diesen Zeitungen die deutsche und die europäische Politik in etwa gleich große Anteile einnehmen, konzentriert sich die *JF* auf den nationalen Blickwinkel und ignoriert weitgehend die größere – und komplexere – europäische Dimension.

Der Vorwurf, die Berichterstattung der etablierten Leitmedien sei allzu gleichförmig, lässt sich anhand der Ergebnisse in gewisser Weise nachvollziehen. Allerdings ist dies eine Homogenität in der Breite, die auch komplexe, problematische Aspekte einbezieht. Zugeständnisse an populistische Verengungen und Zuspitzungen konnten nicht nachgewiesen werden. Damit ist jedoch weder gesagt, dass dieser Befund auch über den Beobachtungszeitraum hinaus Bestand hat, noch dass er sich auf andere Medien, etwa News-Websites, ausdehnen lässt. Mehrere Untersuchungen zeigen einen Zusammenhang zwischen der Wettbewerbsintensität in Medienmärkten und der Offenheit für aufmerksamkeitsheischende populistische Berichterstattungsmuster.[158]

Ausflüge in die Praxis

Als ich aus dem praktischen Journalismus an die Uni wechselte, war mir bald klar, dass ich nicht nur Zuschauer sein wollte. Ich wollte auch selbst erleben, wie der Journalismus sich weiterentwickelt – und ob ich in der Lage sein würde, unter den veränderten Rahmenbedingungen die oben genannten Maßstäbe auch nur ansatzweise zu erfüllen. Also nahm ich das Angebot der *Spiegel Online*-Redaktion an, eine Kolumne unter dem Titel »Müllers Memo« zu schreiben. Seit Herbst 2013 liefere ich jede Woche einen Text. Die Kolumnen erscheinen fast immer sonntags. Sie greifen ein wirtschaftspolitisches Thema der bevorstehenden Woche auf, ergänzt um einen kommentierten Terminplan mit den wichtigsten bevorstehenden Ereignissen.[159]

Mit den Kolumnen verfolge ich vier Ziele:

- Aspekte und Themen herausstellen, die meinem Eindruck nach in der öffentlichen Debatte vernachlässigt werden;
- Hintergründe und Zusammenhänge auf Basis von nachprüfbaren Fakten (Zahlen!) beleuchten, gerade im Grenzbereich zwischen Wirtschaft und Politik;
- Gesprächsstoff für eine hoffentlich kontroverse Debatte liefern, damit sich die Leser selbst ein Urteil bilden können;
- Aufmerksamkeit schaffen: Ein Text muss sich durchsetzen können gegen das allgemeine Grundrauschen der Nachrichten und Aufregungen – was nicht gelesen wird, ist leider nicht viel wert.

Die Ziele sind nicht widerspruchsfrei. Ein abgewogener Text über ein Thema, das am Erscheinungstag kaum jemanden interessiert, droht unterzugehen und kaum wahrgenommen zu werden. Hingegen stößt ein stark zugespitztes Stück zu einem gerade »trendenden« Thema vielleicht auf Leserinteresse, aber der aufklärerische Ansatz (Ziel 2) bleibt weitgehend auf der Strecke. Allen vier Zielen zugleich einigermaßen gerecht zu werden gelingt mal besser und mal schlechter, je nach Thema, Anlass, Nachrichtenumfeld und persönlicher Form des Kolumnisten. Immerhin hatten zwischen Mai 2017 und April 2019 mehr als 60 Prozent der Kolumnen sechsstellige Leserzahlen. Ziel 4 erreiche ich also ziemlich häufig. (Mir liegen gemessene Nutzungsdaten vor, die die Redaktion allerdings nicht en détail veröffentlicht.) Was die anderen drei Ziele angeht, bin ich als Autor naturgemäß befangen.

Nicht selten bin ich überrascht von den Reaktionen der Leser, so im Fall des Textes »Deutschlands stiller Zuwanderungskonsens« vom 4. November 2018. Ein Stück ohne konkreten aktuellen Anlass, mit der wohlüberlegten These, dass sich die Extrempositionen pro und kontra Zuwanderung inzwischen so weit angenähert hätten, dass sich eine Art neuer Konsens herauszukristallisieren schien, was ich als hoffnungsfrohes Zeichen für die deutsche Diskurskultur wertete (siehe auch Kapitel 2). Aber das Thema erregt immer noch viele Gemüter, wie nicht zuletzt die große Zahl von 670 Leserkommentaren zeigt. Manchmal hilft eine spielerische Überschrift (»Deutschland sucht den Super-Kanzler«), um Interesse für ein sperriges Thema zu wecken. Doch dieses Rezept funktioniert nicht zuverlässig; »Europas Qualen und Draghis Beitrag« (über die Nebenwirkungen des expansiven EZB-Kurses) schnitt ebenso mau ab wie »Präsident Xi und die Zombies« (über eigentlich bankrotte chinesische Staatskonzerne), der kaum mehr Leser erreichte. Gelegentlich lenkt Zuspitzung die Aufmerksamkeit auf einen intellektuell eher verspielten Text, wie den zum 200. Geburtstag von Karl Marx (»Der Kapitalismus geht zugrunde«), der über die Frage spekulierte, mit welchen Phänomenen sich der linke Großdenker heute wohl beschäftigen würde. Doch auch Zuspitzung ist kein Patentrezept. Manchmal geht sie ins Leere.

Welche Themen gut laufen und welche schlechter, ist im Einzelfall schwer prognostizierbar. Allenfalls lässt sich sagen, dass es Kolumnen zum Thema Europa mit einem konstruktiven Ansatz schwer haben. Negativ gedreht hingegen wird das Thema im Kontext von Krisen (Brexit, Italiens Schuldenprobleme, zuvor Griechenland) sehr wohl wahrgenommen. Die Geldpolitik der Europäischen Zentralbank war jahrelang ein Aufreger, dann trat eine gewisse Gewöhnung ein, bei entsprechend geringerem Leserinteresse; gegen Ende von Mario Draghis Amtszeit als Präsident der Europäischen Zentralbank wurde die angebliche Enteignung deutsche Sparer durch Niedrigstzinsen wieder ein größeres Thema. Wie gesagt, Vorhersagen bleiben schwierig.

Im Gegensatz zu anderen Formen des klassischen Journalismus bieten Onlinemedien den Lesern die Gelegenheit, Texte zu kommentieren, ohne dabei ihre Identität preisgeben zu müssen. Dadurch entsteht ein öffentlicher Resonanzraum, in dem nicht nur berufsmäßige Journalisten und Publizisten das Wort ergreifen, sondern jede und jeder, der oder die sich dazu berufen fühlt. Verhetzende Äußerungen werden von der Redaktion getilgt. Wenn zu viele diffamierende Äußerungen auf die Redaktion einprasseln, kann es vorkommen, dass die Kommentarfunktion gesperrt wird. Das Setting unterscheidet sich somit von den Echokammern in den sozialen Medien, von denen in Kapitel 6 die Rede war. Es gibt zwar keinen aktiven Moderator, der sich mit seiner Stimme in Debatten einmischt, aber Redakteure als Schiedsrichter. In den Foren bei *Spiegel Online* herrscht keine Anarchie; es gelten Spielregeln, die die Redaktion aufstellt und veröffentlicht.[160] Kritik, auch in der Wortwahl harsche, gelangt allerdings reichlich auf die Seite.

Autoren haben verschiedene Strategien entwickelt, mit den Leserkommentaren umzugehen. Einige Kollegen beteiligen sich sofort nach Erscheinen selbst an der Debatte, um einem allzu negativen Spin entgegenzutreten. Manche ignorieren die Lesermeinungen gänzlich. Ich halte es so: Ich mische mich nicht ein, aber wenn ich etwas Muße habe, lese ich die Kommentare durchaus; selten greife ich sie in einer folgenden Kolumne auf. Manchmal entspinnen sich in den Foren wunderbar reflektierte und perspektivenreiche Diskussionen. Der Philosoph Jürgen Habermas, der den »deliberativen Diskurs« zum Ideal erhoben hat, wäre wohl davon angetan. So animierte der Beitrag zum 200. Marx-Geburtstag immerhin 132 Kommentare – eine angeregte Debatte.

Manchmal allerdings ist das Resultat zum Haareraufen: Aggressionen, vorgefasste Meinungen, persönliche Angriffe – die allermeisten hinter Pseudonymen versteckt. Da unterstellt dann beispielsweise Kommentarschreiber »hle«, dass das bereits erwähnte Stück »Deutschlands stiller Zuwanderungskonsens« wohl »eine Auftragsarbeit« sei, »um jedem einzutrichtern, dass man mehr Ausländer braucht«, nämlich mit dem Ziel, die Löhne niedrig zu halten. Zu einem anderen Text schreibt »Sossossos«: »Wie verpeilt muss man eigentlich sein um so einen Nonsens schreiben zu können.« Ein gewisser »Rubikon2016« meint, der Memo-Autor litte »wie viele der gut situierten Menschen in diesem Land darunter, dass sie die Realität nicht mehr wahrnehmen können, da Sie sich offensichtlich in einer Parallelgesellschaft befinden«. Ein – oder eine – »Öko Nom« findet: »So wie Müller reden nur Dogmatiker. Blind gegenüber der Realität. Das sind die wirklich gefährlichen Charaktere für eine Gesellschaft.« Und so weiter und so fort.

Anlässlich einer Kolumne, in der ich mich mit den Schwierigkeiten des EU-Ausstiegs Großbritanniens beschäftige und die These zur Diskussion stelle, die EU sei womöglich faktisch nicht auflösbar, jedenfalls nicht zu halbwegs vertretbaren Kosten, weshalb man über Modelle der abgestuften EU-Integration nachdenken müsse, schreibt »tailspin«, das sei »alles unverifizierte Ideologie und gequirlter Unsinn«. Einer von 183 Beiträgen.

Ein Kollege an der Uni hat mich mal besorgt gefragt, ob ich das wirklich alles lese und wie ich persönliche Angriffe aushielte. Nein, ich lese das nicht alles. Und ich finde es zunächst einmal gut, dass sich Leute aktiv und kritisch mit jenen Themen auseinandersetzen, die ich selbst für wichtig erachte. Im Übrigen: Wer sich mit Meinungsbeiträgen öffentlich äußert, darf sich über Kritik, auch beißende, nicht beklagen. Wer Leser dazu bringen will, selbst nachzudenken, sollte nicht beleidigt sein, wenn genau das eintritt, auch wenn einem selbst die Richtung nicht gefällt. Konträre Ansichten gehören zum Projekt der Aufklärung. Wenn Leser miteinander in Debatten eintreten – umso besser. Auch das findet sich in den Foren: Diskussionen, die sich von meinen Texten lösen und sich verselbstständigen, manchmal über Nebenaspekte, die den Diskutanten besonders wichtig sind. Davon abgesehen: Undifferenzierte Angriffe schätze ich selbstverständlich nicht. Der freie Diskurs braucht Form und Anstand (dazu mehr in Kapitel 9).

Ansager beim *Bullshit Bingo?* Einige vorläufige Schlussfolgerungen

Am Schluss dieses Kapitels vier vorläufige Schlussfolgerungen für den Journalismus:

Erstens: Alle, die sich professionell öffentlich äußern, tun dies unter den Bedingungen der Aufmerksamkeitsökonomie. Das gilt für Wissenschaftler genauso wie für Politiker, Journalisten oder Aktivisten. Wer nicht öffentlich wahrgenommen wird, spielt keine Rolle. Wer sich aus dem Diskursgetümmel heraushält, obwohl ihm an evidenzbasierter Aufklärung und der Verständigung auf vernünftige politische Ziele gelegen ist, der überlässt den öffentlichen Raum jenen Leuten, denen an Polarisierung und Konflikt gelegen ist. Insofern verstehe ich meine eigenen sonntäglichen Kolumnen als bescheidenen Beitrag im großen Ringen um den Fortbestand von Vernunft und Liberalität.

Zweitens: Es wäre ein Fehler, die Leser zu unterschätzen. Glücklicherweise gibt es da draußen viele Millionen denkende Menschen, die bereit sind, sich auch auf anspruchsvolle Argumentationen einzulassen. Der Impuls des Verkürzens und Personalisierens lässt offenkundig eine Menge Bürger zurück: ratlos, frustriert, schlimmstenfalls wütend. Journalisten sollten ihr Publikum nicht unterfordern, indem sie zu stark vereinfachen und Fakten, Zahlen, Belege, Quellen vorenthalten. Ähnliches gilt für die Zuspitzung von Thesen: Einerseits setzen die Mechanismen des Internets bei menschlichen Affekten an, weshalb auch der Onlinejournalismus ständig in Gefahr ist, übermäßig zu dramatisieren. Andererseits ist Glaubwürdigkeit eine wichtige Währung. Wer ständig »Alarm« ruft, wird irgendwann nicht mehr ernst genommen, wenn sich nämlich die beschworenen Gefahren doch nicht materialisieren. Viele Leser haben ein Gespür für das Wahrhaftige. Im Zweifel gilt: Korrektheit und Konsistenz sind wichtiger als Klicks.

Drittens: Ein bisschen Demut schadet nicht. Traditionelle demokratische Öffentlichkeiten waren hierarchisch strukturiert. Diese Zeiten sind längst vorüber. Nun gilt: Jeder kann sich äußern, jeder wird kritisiert. Die vormalige Ehrfurcht vor Prominenz und Eminenz ist einer Haltung gewichen, die zwischen Skepsis und Abscheu changiert. Diesen Wandel zu ignorieren wäre töricht. Diejenigen, die sich berufsmäßig öffentlich zu Wort melden, und das gilt gerade auch für Wissenschaftler und Journalisten, sollten dies in einer Form tun, die ihre eigenen Zweifel nicht verhehlt. Schließlich widerspricht der hergebrachte Impuls, als Wissenschaftler so etwas wie ewige Wahrheiten verkünden zu wollen, dem Wesen der Wissenschaft, in der es immer nur vorläufige Erkenntnisse gibt, die jederzeit widerlegt werden können – von neuen Erkenntnisse, Messergebnissen und gesellschaftlichen Entwicklungen. Zweifel gehören deshalb zur mentalen Grundausstattung des Wissenschaftlers und des Journalisten. Niemand ist im Besitz absoluter Wahrheit. Daran sollte sich das öffentliche Auftreten orientieren.

Viertens: Akteure, die besonders laut im öffentlichen Diskurs auftreten, sind so weit wie möglich zu ignorieren. Journalisten sollten sich davor hüten, die Lärmspirale weiter anzutreiben. Aufklärender Journalismus konfrontiert populistische Positionen mit Inhalten, anstatt auf der gleichen Ebene emotional zu kontern. Vor allem darf er Themen und Provokationen nicht blindlings nachlaufen. Journalisten, die sich beim allgemeinen *Bullshit Bingo* zu bloßen Ansagern selbst degradieren, haben ihren Beruf verfehlt.

8 Demokratie und Repräsentation

Warum die freiheitliche Gesellschaftsordnung auf dem Rückzug ist

Die vorigen Kapitel haben verstörende Ergebnisse zutage gefördert: Nur wenige Bürger interessieren sich für politische Fragen, die Kenntnisse über gesellschaftlich relevante Entwicklungen sind im Durchschnitt spärlich. Das Vertrauen in Institutionen und Eliten nimmt ab. Die Beteiligung an Wahlen geht seit Langem zurück (lediglich infolge der Populismuswelle sind die Werte zuletzt wieder etwas gestiegen). Öffentliche Diskurse sind durchzogen von Polarisierungen, Herdentrieben und erratischen Wenden. Konsens und Kompromiss sind im Social-Media-Zeitalter schwerlich erreichbar; Individuen und ganze Gesellschaften werden emotionalisiert und auf Wut konditioniert. Demokratie gedeiht in geordneten Kommunikationsräumen. Wenn aber der vernünftige Austausch von Argumenten und der Respekt vor der Wahrheit abhandenkommen, ist dann die freiheitliche Gesellschaftsordnung aufrechtzuerhalten? Kann die Demokratie den Strukturwandel der Öffentlichkeit überleben?

Die ersten Resultate der neuen Ära lassen Schlimmes für die Zukunft erwarten. Donald Trump konnte nur unter den Bedingungen des Turbodemokratismus Präsident werden. Einmal im Amt, hat er das Ansehen der Justiz und der Verfassung seines Landes beschädigt, die wichtigsten Partnerländer mit einem absurden Handelskrieg überzogen und mit einer prinzipienlosen Außenpolitik die Welt unsicherer gemacht. Das Brexit-Referendum hat Großbritannien in eine existenzielle Krise gestürzt. Der Streit um das Ob und Wie des EU-Ausstiegs hat jahrhundertealte Verfassungsprinzipien des Vereinigten Königreichs infrage gestellt, das Parteiensystem zersetzt und die britische Volkswirtschaft einem schweren Schock ausgesetzt – und das ohne Not. In Italien hat eine Regierung aus Links- und Rechtspopulisten das Land dem Staatsbankrott näher gebracht. Zur Zeit des Schreibens sind in rund der Hälfte der EU-Staaten Regierungen im Amt, die sich nicht auf eine stabile Parlamentsmehrheit stützen können.

Das westliche Modell aus Demokratie und Marktwirtschaft hat zweifellos an Strahlkraft verloren. »Has the West lost it?«, fragt Kishore Mahbubani, früher UNO-Botschafter Singapurs, in seinem gleichnamigen Essay.[161] Das Fragezeichen ist eigentlich überflüssig. Das Buch ist ein Abgesang auf die westliche Vormachtstellung – wirtschaftlich, geostrategisch, kulturell. Der »Rest«, wie Mahbubani die Weltbevölkerung jenseits des Westens nennt, hat die alten Zentren in Europa und Nordamerika längst überholt. Nur haben wir Westler das noch nicht verstanden. Sagt Mahbubani. Wie so viele Angehörige der Eliten Asiens stellt er der repräsentativen Demokratie mit ihren individuellen Freiheitsrechten das Gegenmodell einer technokratisch-autoritären Regierungsführung entgegen, die effektiver und stabiler sei. Sein Buch ist eine Provokation, und so ist es auch gemeint. Es ist durchzogen von schrägen Behauptungen. So kommt China unter der Diktatur Xi Jinpings als Musterbeispiel guter Regierungskunst und als Garant der multilateralen globalen Ordnung daher. Das ist einigermaßen abenteuerlich. Aber zweifellos trifft Mahbubani einen Nerv. Der Westen gibt in diesen Zeiten tatsächlich kein gutes Bild ab.

Objektiv betrachtet sind wir immer noch führend. Nirgends – mit Ausnahme weniger Kleinstaaten wie Katar oder Mahbubanis Heimat Singapur – sind das materielle Wohlstandsniveau, die Lebenserwartung und die individuelle Lebenszufriedenheit der Bürger vergleichbar hoch. Nach wie vor träumen Migrationswillige auf der ganzen Welt von einem Leben in Nordamerika oder in Westeuropa, auch dies ein eindrucksvoller Beleg für die Attraktivität unseres Gesellschaftsmodells. Aber dieses Modell hat Risse bekommen, nach außen sichtbare und nach innen spürbare. Und die Erosion scheint sich zu beschleunigen.

Unter den spezifisch deutschen Bedingungen ist das Verdörren der Volksparteien besonders problematisch: Die Verfassung der Bundesrepublik erfordert einen Dauerkonsens. Die Macht im Land ist zersplittert – zwischen Bund und Ländern, zwischen Bundestag und Bundesrat. Ohne Volksparteien, die einen stabilen Konsens organisieren können, geht in Deutschland kaum etwas voran.

Stillstand oder Chaos – hält die Demokratie das aus? Welche weiteren Entwicklungen sind zu erwarten? Lässt sich dem verbreiteten Anspruch der Bürger auf Mitwirkung entgegenkommen? Welche Reformansätze könnten die demokratischen Strukturen stabilisieren? Fragen, auf die dieses Kapitel Antworten sucht.

Vulkanier, Hobbits, Hooligans – und die »Tyrannei der öffentlichen Meinung«

Forderungen nach Um- und Abbau der Demokratie kommen inzwischen auch aus dem Westen. Die Bürger wüssten so wenig und verhielten sich derart irrational, meint etwa Jason Brennan, Philosoph an der Washingtoner Georgetown University, dass das allgemeine gleiche Wahlrecht eine gute Regierungsführung eher verhindere als gewährleiste. Die Ausweitung der Wahlberechtigung seit dem 19. Jahrhundert – weg von der Bindung an Besitz und Stand, hin zur Einbeziehung immer weiterer Bevölkerungskreise – hält Brennan für einen historischen Irrweg. Es sei kein Fortschritt, wenn mehr und mehr Leute wählen dürften, die nicht in der geistigen und seelischen Verfassung dazu seien. Brennan polemisiert gegen das Ideal der deliberativen Demokratie, die versucht, möglichst alle einzubeziehen, wenn es darum geht, den Volkswillen zu formulieren. Dieses System setze voraus, dass die Bürger sich wie »Vulkanier« verhielten: streng rational, unemotional, unterkühlt, wie der spitzohrige *Raumschiff Enterprise*-Offizier Spock. Tatsächlich jedoch ähnelten real existierende Wahlberechtigte eher »Hobbits« – Leuten, die sich »nicht groß für aktuelle Ereignisse« interessierten, vor allem ihr »zweites Frühstück« im Kopf hätten und ansonsten entspannen wollten. Und dann ist da, nach Brennan, noch eine dritte Kategorie: »Hooligans«. »Sie interessieren sich sehr für Politik, aber mehr wie Fußballfans sich für ihr Team interessieren, alles parteiisch eingefärbt. (…) Die Daten zeigen, dass wir immer mehr zum Hooligan werden, je länger wir uns mit Politik beschäftigen.«[162] Das mag arg überspitzt formuliert sein, aber an der Beobachtung, wonach viele Bürger in politischen Dingen überemotionalisiert oder ignorant sind, ist natürlich was dran, wie wir in den vorigen Kapiteln gesehen haben.

Das Recht der Bürger, über die öffentlichen Angelegenheiten mitzubestimmen, so sieht Brennan das, setzt die Bereitschaft voraus, sich eingehend über diese Angelegenheiten zu informieren, um sie vernünftig beurteilen zu können. Diejenigen, die dieses Interesse vermissen lassen, verlieren aus Brennans Blickwinkel ihre Mitwirkungsrechte. Es ist eine zutiefst pessimistische Sicht auf die Demokratie. Der Gedanke, dass das Recht auf demokratische Mitentscheidung das Verantwortungsgefühl der Bürger für ihr Gemeinwesen insgesamt stärken könnte, wird rundheraus verworfen.

Brennan schlägt vor, das Wahlrecht an das Wissen der Bürger zu knüpfen. Die Demokratie, die Herrschaft des Volkes, müsse sich zur Epistokratie, zur Herrschaft der Wissenden, wandeln. Das erinnert an den griechischen Staatsphilosophen Platon, der einst die Herrschaft von Philosophenkönigen als ideale Regierungsform pries, und an John Stuart Mill, den großen liberalen Denker des 19. Jahrhunderts, der den Wissenden (und den Besitzenden) größeres Stimmengewicht einräumen wollte. Nun sei der Zeitpunkt gekommen, meint Brennan, abermals nur noch jene über die öffentlichen Belange befinden zu lassen, die über ausreichend Bildung und Wissen verfügen. Er schlägt vor, dass nur wahlberechtigt ist, wer eine Art Wahlführerschein macht: einen Wissenstest, der verpflichtend vorgeschrieben ist.[163]

Ein radikaler Vorschlag. Wer ihn zu Ende denkt, landet bei Gesellschaften, die mit westlichen Vorstellungen von Freiheit nicht mehr viel gemein haben.[164] Die Epistokratie würde unter heutigen Bedingungen nahezu zwangsläufig nicht nur die allgemeinen bürgerlichen Mitwirkungsrechte beseitigen, sondern die Freiheitsrechte gleich mit (was Brennan explizit nicht will). Wie so viele politische Theoretiker macht er den Fehler, die Öffentlichkeit als eigenständige Sphäre des demokratischen Systems auszuklammern. Nach dieser Lesart gibt es eine strikte Trennung: einerseits die Gesellschaft, in der die Bürger sich frei entfalten und ihren privaten Vorlieben und Interessen nachgehen können – andererseits die Politik, in der Entscheidungen von allgemeiner Bedeutung getroffen werden, mit der sich die meisten Menschen aber ohnehin nicht befassen und deshalb gar kein Interesse an demokratischer Mitwirkung haben (wie die geringe Wahlbeteiligung in vielen Ländern belegt, die in Brennans Augen eine positive Entwicklung darstellt). Wer diese Trennung als gegeben annimmt, kann der privaten Sphäre Liberalität zusichern, während er in der politischen Sphäre Restriktionen das Wort redet.

Es ist nur so: Freie Meinungsäußerung jedes einzelnen Bürgers ist im Social-Media-Zeitalter der Sphäre des Privaten entwachsen. Was früher an Stammtischen geäußert wurde und eng begrenzte Wirkung entfaltete, kann nun potenziell ein Millionenpublikum erreichen – und damit die gesellschaftliche und politische Realität verändern. Politische Entscheidungen in die Hand von wenigen zu legen und gleichzeitig weiterhin freie Meinungsäußerungen geschehen zu lassen wird sich als inkompatibel erweisen.

Nehmen wir als Beispiel ein epistokratisch beschlossenes staatliches Sparprogramm, das öffentliche Sozialleistungen zusammenkürzt. Das ist unter Umständen eine vernünftige Entscheidung in einem hoch verschuldeten Land, das vor demografischen Herausforderungen steht. Nun aber rufen Aktivisten zum Widerstand auf. Über Facebook, WhatsApp und Twitter organisieren sie Proteste und wilde Streiks, sperren Straßen, wie es die Gelbwesten in Frankreich im Winter 2018/19 getan haben. Sie legen das Land lahm. Womöglich droht eine Revolution.

Das Beispiel macht deutlich, dass in einer Epistokratie auch die Stimmrechtslosen enorme Macht haben – solange sie sich frei äußern können. Via Social Media können sie sich sammeln, radikalisieren und organisieren. Die epistokratische Elite wird deshalb entweder die Stimmrechtslosen in die Entscheidungsfindung einbeziehen müssen – oder, wie es autoritäre Staaten tun, die freie Meinungsäußerung begrenzen, die öffentliche Sphäre beschränken, insbesondere das Internet kontrollieren und Social Media blockieren. Es gibt keine Dichotomie mehr zwischen dem Öffentlichen und dem Privaten.

Dass Ideen wie die Brennans inzwischen überhaupt einen voluminösen Resonanzraum finden, zeigt das neue Unbehagen an Repräsentation und Partizipation. Im Zeitalter der Kurzschlusspolitik sind Entwicklungen möglich, die bereits die Vordenker des Liberalismus umtrieben. So befürchtete John Stuart Mill[165] Mitte des 19. Jahrhunderts ein Abgleiten der Demokratie in eine Tyrannei der Mehrheit, eine Herrschaft des Mobs; die Mehrheit des Volkes sei ungebildet, ihr fehle eine Erziehung zur Mäßigung, die die menschlichen Affekte zügeln könne. Interessanterweise graute ihm bereits damals vor einer »Tyrannei der öffentlichen Meinung«. Mill plädierte deshalb für ein Mehrklassenwahlrecht; die Gebildeten und die Besitzenden sollten mehr Stimmrechte haben.

Allerdings: Anders als zu Mills Zeiten bestehen heutige Gesellschaften nicht mehr überwiegend aus dürftig beschulten, elenden Massen, sondern aus einer breiten, relativ gebildeten Mittelschicht. Auf diese Mehrheit der Mitte stützt sich bislang die westliche Demokratie, auf Leute nämlich, die private und bürgerschaftliche Verantwortung übernehmen und die (bislang) staatstragende Parteien wählen. Im Übrigen hat sich in vielen Ländern gezeigt, dass die Institutionen mit ihren »Checks and Balances« so ausgestaltet sind, dass die Demokratie auch unter schwierigen Bedingungen befriedigende Ergebnisse zeitigt.

Wenn sich jedoch Gesellschaften selbst beschädigen, weil die Herrschaft der Mittelschicht zur Tyrannei der Polit-»Hooligans« degeneriert, dann könnten Feinde der offenen Gesellschaft argumentieren, es sei ein Gebot der Gefahrenabwehr, Demokratie und Meinungsfreiheit zu beschränken. Schließlich ist die Demokratie nicht per se schützenswert oder moralisch überlegen. Entscheidend sind ihre Resultate. Um einen Extremfall zu formulieren: Sollten Hooligan-Herrschaft und Meinungsfreiheit im Social-Media-Zeitalter zu Bürgerkriegen und dem Zusammenbruch der staatlichen Institutionen führen, dann sind die Ergebnisse dieses Systems womöglich so nachteilig, dass Beschränkungen der Freiheit angezeigt sein könnten. So weit sind wir noch nicht, glücklicherweise.

Input, Output, Throughput

Der Turbodemokratismus stellt die Funktionsfähigkeit des freiheitlichen westlichen Systems grundsätzlich infrage. Es lohnt sich daher, an dieser Stelle einen Blick auf die Grundsätze der liberalen Demokratie zu werfen, die in der Hektik der Tagesaktualität häufig in Vergessenheit geraten.

Demokratie, sagte Abraham Lincoln, sei »government of the people, for the people, by the people«. Das klingt gut, einfach und einleuchtend. Doch dahinter steckt ein komplexes Konstrukt. Damit die Demokratie eine Regierungsform *des Volkes* sein kann, die *für das Volk* arbeitet und *durch das Volk* ausgeübt wird, wie es der 16. US-Präsident in seiner »Gettysburg Address« formulierte,[166] müssen einige Bedingungen erfüllt sein. *Des Volkes* heißt: Die erste und letzte Instanz sind die Bürger – ohne das Vertrauen des Volkes bricht das System zusammen. Es wählt seine Repräsentanten und delegiert seine Macht an die Staatsgewalt. *Durch das Volk* heißt: Über die Institutionen herrscht keine Aristokratie (ererbte Vorrechte) oder Oligarchie (auf unfaire Weise angeeignete Vorrechte), sondern eine durch Verfassung und Gesetze gebundene Meritokratie (jeder Bürger, der über die erforderlichen Fähigkeiten verfügt, kann in die Funktionseliten aufsteigen). *Für das Volk* heißt: Die Resultate der Regierungsführung müssen breiten Mehrheiten nützen, sie müssen das Leben der allermeisten besser und sicherer machen und nicht nur kleinen Minderheiten zugutekommen. Und sie sollten dauerhaft tragfähig sein; eine Politik, die sich in effekthascherischen Ad-hoc-Maßnahmen erschöpft, langfristig aber teure Folge- und Nebenwirkungen zeitigt, widerspricht dieser Forderung.[167]

Demokratie ist eine fragile Veranstaltung. Die Volksherrschaft muss Entscheidungen in einer Weise fällen, die dem Anspruch gerecht wird, dass sich jeder Bürger in gleichem Maße daran beteiligen kann (wobei zu Lincolns Zeiten nur

Männer als Bürger galten; Frauen hatten kein Wahlrecht). Anders ausgedrückt: Der prozedurale *Input* sollte dem Gleichheitsgrundsatz entsprechen. Die Institutionen, die diese Entscheidungen umsetzen, sollten einen verlässlichen und nachvollziehbaren *Throughput* gewährleisten. Und was an Resultaten dabei herauskommt, der *Output*, sollte vernünftig sein und dem Volk nachhaltig nützen.

Input, Throughput, Output – wenn die Demokratie in diesen drei Disziplinen versagt, wird sie instabil. Dann leidet ihre Legitimation, und andere, weniger freiheitliche Herrschaftsformen erscheinen in vorteilhafterem Licht. Derzeit läuft die liberale Demokratie Gefahr, ihre Rechtfertigungsgrundlage zu verlieren. Das betrifft zum einen den Output: Die Aus- und Unfälle des westlichen Systems – von der Finanz- und Eurokrise über das Brexit-Referendum bis zur Wahl Trumps – unterminieren die Glaubwürdigkeit. Bröckelnder Wohlstand und steigende Unsicherheit fallen nicht unbedingt den Populisten selbst auf die Füße, sondern beschädigen das System insgesamt, weil es überhaupt erst derart selbstschädigende Resultate ermöglicht. Die verbreitete Skepsis darüber, ob einzelne westliche Länder auf dem richtigen Weg sind, die sich in diversen Umfragen zeigt, lässt sich als mangelnde Output-Legitimation verstehen.

Was den Input betrifft, so ist das Vertrauen vor allem in die repräsentativen Institutionen – Parlamente, Parteien, Regierungen – auf einem Tiefpunkt angelangt (siehe Kapitel 6). Viele Bürger haben nicht mehr das Gefühl, die Politikprofis verträten ihre Interessen. Es ist dieses Misstrauen gegen die Repräsentanten, das sich der Populismus von oben und der Populismus von unten zunutze machen – wir, das einfache Volk, gegen die Eliten. Was den Throughput angeht, so sind die Befunde für die regulativen Institutionen (Polizei, Gerichte, öffentliche Behörden) in Deutschland und vergleichbaren Ländern deutlich positiver.[168] Allerdings ist das längst nicht überall der Fall; korrupte und inkompetente Institutionen destabilisieren das System beispielsweise im EU-Staat Rumänien sowie in vielen Schwellen- und Entwicklungsländern.

Der Zerfall der Öffentlichkeit spielt bei diesen Entwicklungen eine zentrale Rolle. In einem idealen System stabilisieren sich Input, Throughput und Output wechselseitig, indem sie eingebettet sind in den freien öffentlichen Diskurs. Wenn die wesentlichen, die drängenden Fragen offen debattiert werden, wenn Missstände aufgedeckt und die negativen Folgen aktueller Entwicklungen thematisiert werden, dann stehen die Chancen nicht schlecht, dass die Repräsentanten des Volkes sie in Gesetze gießen (Input), die tatsächlich die Lebenswirklichkeit positiv beeinflussen (Output). Eine aktive Öffentlichkeit erhöht die Transparenz, vermindert Informationsasymmetrien und verbessert dadurch die Funktionsfähigkeit der Institutionen (Throughput). Um noch einmal Lincoln zu zitieren: »You can fool all the people some of the time and some of the people all the time, but you cannot fool all the people all the time.« Unterschiede im Informationsstand von Repräsentanten und Regierten mögen Ersteren gewisse Freiheitsgrade verschaffen. Aber die sind zeitlich begrenzt. Irgendwann kommt alles raus. Dies ist eine der großartigen Seiten der Demokratie: Niemand entkommt auf Dauer der Wahrheit.

Voraussetzung dafür ist eine funktionierende Öffentlichkeit. Wenn allerdings nicht mehr das Relevante in wahrhaftiger Form thematisiert wird, wenn falsche Nachrichten oder Triviales die Debatten durchziehen, wenn sich öffentliche Diskurse in Nischen, Echokammern und Feedbackhöllen aufspalten, dann ist es nicht mehr unbedingt gewährleistet, dass der öffentliche Diskurs einen breiten Konsens produziert, der von den Repräsentanten des Volkes in politischen Input verwandelt wird. Wie es um die Qualität des institutionellen Throughputs bestellt ist und welche Resultate eigentlich wirklich dabei herauskommen, der Output, lässt sich dann nicht mehr so einfach erkennen.

Die Qualität des öffentlichen Diskurses auch unter den veränderten medialen Bedingungen zu sichern ist deshalb zentral für den Fortbestand der freiheitlichen Demokratie. (Wir werden in Kapitel 9 darauf zurückkommen.)

Brauchen wir noch Parteien?

In repräsentativen Demokratien spielen vermittelnde Instanzen eine wichtige Rolle. Dazu gehören insbesondere Massenmedien (siehe Kapitel 7) und Parteien. Ohne diese Institutionen, die Meinungen und Entscheidungsprozesse kanalisieren, sind Großgesellschaften aus vielen Millionen Menschen schwerlich in der Lage, gemeinsam Debatten zu führen und in Gesetze zu gießen.

Parteien sind eigentlich ein Fremdkörper in der Demokratie. Sie stehen zwischen den Bürgern und ihrem Staat. Als Organisationen, die ihre eigene Agenda verfolgen, mit einer Funktionärsriege, die ihre spezifischen Interessen vorantreibt, wirken sie auf viele Bürger abstoßend. Der frühere Bundespräsident Richard von Weizsäcker erkannte bereits Anfang der 1990er eine »Politikverdrossenheit«. Womöglich haben wir es eher mit einer *Parteien*verdrossenheit zu tun. Denn viele Bürger sind durchaus für bestimmte Themen und Anliegen mobilisierbar, während sie sich gleichzeitig von den traditionellen Parteien abwenden. Parteien genießen unter den Organisationen im demokratischen Staat laut Umfragen bei den Bürgern das geringste Vertrauen. Dass sie dem Gemeinwohl dienen, glauben die meisten Menschen offenkundig nicht. Dennoch werden Parteien gebraucht, um Themen, Anliegen und Missstände an die Öffentlichkeit zu bringen und Mehrheiten zu organisieren. Sie wirken »bei der politischen Willensbildung des Volkes mit«, wie es in Artikel 21 des Grundgesetzes heißt.

Der Wiesbadener Juraprofessor Emanuel Towfigh spricht denn auch von einem »Parteien-Paradox«. Seiner – lesenswerten – Analyse zufolge haben Parteien den politischen Prozess viel zu stark dominiert.[169] Die Eigeninteressen der Großorganisationen und ihrer Funktionäre entfremdeten den demokratischen Staat dem Volk, zumal der politische Wettbewerb in der Parteiendemokratie nicht unbedingt die Besten nach oben bringe, sondern die Ruchlosen.

Politökonomisch haben stabile Parteistrukturen jedoch unschätzbare Vorteile. Wir haben es mit Institutionen und Akteuren mit langem Zeithorizont zu tun. Ein populistischer Führer hingegen dient zunächst nur sich selbst; er will ins Amt kommen und möglichst lange dort bleiben. Danach ist Schluss. Die Scherben können andere auffegen. Eine Bewegung *von unten* kommt zusammen, um in einem ganz spezifischen Politikbereich etwas zu erreichen (weniger Einwanderung, mehr Klimaschutz, niedrigere Treibstoffsteuern etc.). Für die negativen Nebenwirkungen ihrer Politik kann man sie später nicht mehr zur Rechenschaft ziehen, weil sie sich dann längst verflüchtigt hat. Parteien, insbesondere organisatorisch fest gefügte wie die deutschen Volksparteien, sind auf Dauerhaftigkeit angelegt. Sie wurden gegründet, um zu bleiben. Aus langfristigem Eigeninteresse heraus sind sie daher prinzipiell in der Lage, die schwierigen Abwägungen zwischen dem kurzfristig Populären und dem langfristig Notwendigen zu treffen. Man kann sie für negative Nebenwirkungen ihrer Politik, die mit Zeitverzögerung eintreten, verantwortlich machen. Sie sind »accountable«.

In den vergangenen Jahrzehnten war die Politik eine ziemlich geordnete Veranstaltung, fast überall im Westen. Sie war von Volksparteien dominiert, die sich beim Regieren abwechselten. Diese Großorganisationen fassten allerlei Milieus, Interessen und Weltanschauungen zusammen und halfen, den mühsamen Prozess der demokratischen Willensbildung in komplexen, ausdifferenzierten Gesellschaften zu strukturieren. Ein stabiles Parteiengefüge bedeutet Verlässlichkeit. Volksparteien spielen ein langfristiges Spiel.

Diese Zeiten gehen zu Ende. Nicht nur in Deutschland, auch anderswo. Die großen Parteien büßen ihre dominante Rolle ein. In Ländern mit Mehrheitswahlrecht wie den USA und Großbritannien sind die Volksparteien kaum mehr als leere Hüllen, zerfallen in unterschiedliche Strömungen und polarisierte Gruppen. In Frankreich haben neue Bewegungen die alten Parteien beiseitegeschoben.

Neue Gruppierungen entstehen, verdrängen andere, bis auch sie verdrängt werden. In den Niederlanden löste 2019 der rechtsnationale Thierry Baudet den Rechtspopulisten Geert Wilders als führende Kraft am rechten Rand ab. Solche Wechsel können heute schnell gehen. Im Social-Media-Zeitalter bedarf es keiner flächendeckenden Strukturen mehr. Organisation und Mobilisierung laufen über Facebook und WhatsApp, nicht über Ortsverein und Landesverband. So konnte in Großbritannien Nigel Farages Brexit Party, obwohl erst wenige Monate zuvor gegründet, zur stärksten Kraft bei den Europawahlen im Frühjahr 2019 werden.

Was traditionelle Parteien tun – die öffentliche Meinung kanalisieren, die politische Willensbildung in verlässlichen Bahnen halten, politische Eliten heranziehen –, mag langweilig und restriktiv erscheinen. Aber sie schufen eine Stabilität, die heute schmerzlich vermisst wird.

In der Folge wird das politische Spielfeld unberechenbar. Und es gibt keinen Grund anzunehmen, dass die Bundesrepublik eine Ausnahme darstellt. Das Land der Ruhe und Stabilität geht politisch unsicheren Zeiten entgegen. Dass sich die SPD erholt, allein weil sie auf eine 150-jährige Geschichte zurückblickt, ist eine abwegige Vorstellung. Ein ähnliches Schicksal könnte die CDU nach der Kanzlerschaft Angela Merkels ereilen. Ob die Grünen sich zur Volkspartei ohne Verfallsdatum aufschwingen können, ist höchst zweifelhaft. Derzeit surfen sie auf der Klimawelle. Aber es ist nur eine Frage der Zeit, bis die Angst vor der Erderwärmung von einem anderen großen Thema abgelöst wird. Zuwanderung, das dominierende Thema der vergangenen Jahre und Booster der AfD, war 2019 schon wieder in den Hintergrund gerückt. Nicht dass die Probleme verschwinden. Die öffentliche Aufmerksamkeit jedoch ist flüchtig geworden. Sie treibt die Politik vor sich her – ebenso die Wirtschaft, die sich zum politischen Zeitgeist positionieren muss.

Ein Parteiensystem in Auflösung kann destruktive Züge annehmen. Zu beobachten war das in den vergangenen Jahren im Londoner Unterhaus. Es ist allzu leicht, sich über das britische Polittheater lustig zu machen: exzentrische Politiker, die im Parlament von Westminster überkommene Rituale pflegen und kaum anderes zustande bringen als Chaos. Aber das wäre billig. Die Tragödie, die in Großbritannien aufgeführt wurde, vollzieht sich auch in anderen westlichen Ländern, wenngleich vor stets anderer Kulisse.

Ausgerechnet Großbritannien. Eine der ältesten Demokratien, ein Musterbeispiel an Stabilität und Widerstandsfähigkeit, einstige Weltmacht, ausgestattet mit einer politischen Elite, die für ihren Pragmatismus und ihre Professionalität gerühmt wurde. Kontinentaleuropäer bewunderten die Gestaltungsmacht britischer Regierungen, getragen von einem stabilen Fundament im Londoner Unterhaus. Davon ist nicht mehr viel zu sehen. Die großen Parteien, Tories und Labour, zerfallen in Gruppen und Grüppchen.

Eine mit Mehrheit regierende Partei oder Koalition verfügt über Gestaltungsmacht. Sie kann Themen auf die Agenda setzen, Gesetze schreiben, verabschieden und umsetzen. Eine Minderheitsregierung hingegen ist auf wechselnde Unterstützung angewiesen. Sie kann nur im Einzelfall gestalten. Häufig rennt die Regierung gegen eine Vielzahl von Verhinderern an, ohne etwas zu erreichen. Hinzu kommt der Strukturwandel der Öffentlichkeit. Selbst wer über stabile Mehrheiten im Parlament gebietet, kann nicht mehr verlässlich seine Agenda durchbringen, weil Internet und Social Media traditionelle Meinungsoligopole aufgebrochen haben.

Dabei sind die persönlichen Überzeugungen der Abgeordneten nicht mehr von entscheidender Bedeutung. Am Ende siegt die politische Opportunität. In Großbritannien war 2019 eine Mehrheit von mehr als 70 Prozent der Abgeordneten eigentlich gegen den Brexit; sie hatten beim Referendum 2016 für den Verbleib in der EU gestimmt, so die *Financial Times*. Allerdings verteilten sich diese EU-Befürworter auf mehrere Parteien; sie fanden sich bei Labour und der Schottischen Nationalpartei genauso wie bei den Tories und den Liberaldemokraten. Doch diese rechnerische Mehrheit für das Ausstiegsabkommen, das immerhin eine dauerhaft enge Zusammenarbeit zwischen Großbritannien und der EU versprach, ließ sich nicht in eine parlamentarische Mehrheit verwandeln. Die Parteiräson war dahin, ein einheitliches Abstimmungsverhalten nicht zu erzwingen. Viele Abgeordnete fühlten sich nicht mehr für das Land insgesamt verantwortlich, sondern interessierten sich vor allem für ihr Image im heimischen Wahlkreis. Individueller Opportunismus schlug kollektive Verantwortung.

Es war ein Sieg der zynischen Vernunft. Unter den Bedingungen des allgemeinen Niedergangs der Parteien geht es weniger um das langfristige Wohlergehen der Nation, des Westens oder der Welt insgesamt als um kurzfristige individuelle Vorteile auf dem politischen Markt. Das langfristige Spiel der Parteien ist aus. In einer fragmentierten Politlandschaft versucht nun jeder – Abgeordnete, Parteiführer, Regierungschefs –, für sich selbst das Beste herauszuholen. Parteien und Parlamentsfraktionen existieren zwar noch formal, sie sind aber derart zerklüftet, dass sich Gemeinsamkeiten kaum noch erkennen lassen.

Außerhalb der Parteien dröhnt eine politische Öffentlichkeit, die so polarisiert ist, dass ein konstruktiver Dialog schwierig wird. In diesem Umfeld hat jeder einzelne Politiker seinen speziell auf sein Publikum zugeschnittenen Auftritt. Eine Luftgitarrennummer, die vor allem drei Ziele hat: Aufmerksamkeit erzeugen, die Instinkte des Publikums bedienen – und die jeweils andere Seite für den entstehenden Schaden verantwortlich machen.

In Deutschland und anderswo auf dem Kontinent sind wir noch nicht ganz so weit. Aber auch hier zersplittert das Parteienspektrum. Das Verhältniswahlrecht verschafft kleinen Parteien bessere Chancen, ins Parlament einzuziehen. Mit neuen Gruppierungen ins Parlament zu kommen wird daher leichter. Das angelsächsische Mehrheitswahlrecht hingegen begünstigt große Parteien – die sich nun aber im Innern ausdifferenzieren.

Der politische Wettbewerb wird härter. Für die Akteure wird es schwieriger, konstruktive Projekte durchzusetzen und dafür im Erfolgsfall mit Wählerstimmen belohnt zu werden. Wer in der Politik etwas erreichen will, konzentriert sich deshalb eher aufs Verhindern. Dieses Muster zeigt sich unabhängig von der ideologischen Ausrichtung. Donald Trump initiierte »government shutdowns«, weil er hoffte, seine Basis würde sich dafür begeistern, dass er mit allen Mitteln für den Bau einer Mauer an der US-Südgrenze kämpft. Nancy Pelosi, der demokratischen Sprecherin des Repräsentantenhauses, gelang es, von dem Patt zu profitieren, denn die Umfragewerte des Präsidenten gingen während der Budgetblockade in den Keller. Jacob Rees-Mogg, Brexiteer-Vormann im Londoner Unterhaus und Vorsitzender einer Gruppe konservativer Abgeordneter mit dem irreführenden Namen »European Research Group«, glaubte, ihm nütze das Chaos infolge eines EU-Austritts ohne Vertrag, ebenso wie Labour-Chef Jeremy Corbyn, der gern selbst Premier werden wollte. Kevin Kühnert hat als Juso-Chef virtuos mit der Öffentlichkeit gespielt und der alten, verlässlichen SPD Schaden zugefügt. Aber er selbst hat sich mit seinen Vorstößen – von der »No-GroKo«-Kampagne 2018 bis zur Forderung einer »Vergesellschaftung« von BMW – als linker Politstar etabliert. Sie alle folgen der Logik des politischen Hyperwettbewerbs: Das öffentliche Zelebrieren von Gegensätzen verspricht unter den gegebenen Bedingungen größeren politischen Ertrag als das ernsthafte Bemühen um Kompromisse.

»Gemeinwohl« ist ein schöner altmodischer Begriff. Gemeinwohl entsteht, so die Theorie, durch Kompromisse, die verschiedene Interessen versöhnen. Leider verwässern Kompromisse den *Act*. Das radikal Unversöhnliche, in voller Lautstärke vorgetragen, kommt in der politischen Arena besser an als das vernünftig Moderate.

Wir haben es, wie gesagt, mit einer Repräsentationskrise zu tun. Das Staatsvolk fühlt sich nicht mehr unbedingt Klassen oder Milieus (die »Arbeiter«, die »Bürgerlichen«) zugehörig, die jeweils gemeinsame Interessen teilen. Die Gesellschaft zerfällt in kleinere Gruppen, die eigene Identitäten pflegen. Die großen alten Parteien waren gut darin, gegensätzliche Ziele auszugleichen – mit Geld und Gesetzen. Jetzt aber geht es auch um öffentliche Anerkennung. Wenn Anerkennung mehr zählt als materielle Vorteile, kann man mit Destruktion manch politischen Erfolg erzielen, für den Moment jedenfalls.

Neue Parteien als Machtfaktor im politischen Gefüge zu etablieren gelang früher nur höchst selten, und wenn, dann nach einem langwierigen Prozess voller Unwägbarkeiten. Im Wettbewerb um Wählerstimmen positionierten sich Parteien möglichst nahe der Mitte des Meinungsspektrums. Um politischen Einfluss auszuüben, mussten Lobbyvereinigungen Kontakte zu politischen Insidern aufbauen und eine dauerhafte Kollaborationsbasis schaffen, die als langfristige Investition mit ungewissem Ausgang angesehen werden kann. »Rent seeking«, also das Streben nach Einfluss auf den Staat zum eigenen wirtschaftlichen Vorteil, war eine politische Aktivität mit hohen Kosten und dem immensen Risiko des Scheiterns.[170]

Der einst betonierte politische Markt ist aufgebrochen. Bewegungen diverser Ausrichtungen profitieren von den neuen

Medienmechanismen. Solche agitatorischen Start-ups brauchen keine aufwendigen Organisationen mehr, sie brauchen noch nicht einmal ein Programm. Auf den Plattformen finden sie die Technologie, mit der sie Gefolgschaft mobilisieren und organisieren können. Leicht haben es insbesondere Ein-Thema-Bewegungen, die ihre Kampagnen auf Angst und Empörung stützen. Kompromisslosigkeit ist Trumpf. Sie sprechen genau jene Affekte an, für die die Algorithmen gemacht sind. Und sie knüpfen an die neuen Partikularidentitäten (siehe Kapitel 3) an, die sie noch schlagkräftiger machen. Diese Logik sickert inzwischen auch in die Restbestände der traditionellen Parteien ein. Die Frage, ob wir noch Parteien *brauchen*, lässt sich leicht mit Ja beantworten – ob wir künftig noch Parteien *haben* werden, die nennenswerte Teile des Volkes bündeln können, steht auf einem ganz anderen Blatt.

Für den Zustand der westlichen Demokratien sind das düstere Aussichten. Innerlich schwache Regierungen können ihre Länder nicht kraftvoll nach außen vertreten. Deshalb droht im Szenario der westlichen Selbstlähmung die internationale Ordnung mit unter die Räder zu kommen. Beispiel Großbritannien: Theresa Mays Regierung hatte sich schon schwer damit getan, überhaupt kompetent in Brüssel zu verhandeln. Dann konnte sie die Erwartungen nicht einlösen, weil sie im Parlament keine Mehrheit zusammenbekam. Wie auf solch wackligem Grund verlässliche zwischenstaatliche Beziehungen gedeihen sollen, ist schleierhaft.

Besonders beunruhigend ist folgende Beobachtung: Ausgerechnet jene EU-Länder, in denen die liberale Ordnung bereits gelitten hat, scheinen derzeit politisch besonders stabil zu sein. In Polen und Ungarn stützen sich die Regierungen auf starke Mehrheiten, und sie sind dabei, ihre Macht weiter auszubauen, indem sie die demokratische Gewaltenteilung einschränken und das Mediensystem auf Linie bringen.

Auf dem Weg zu einer neuen Balance?

Eine typisch deutsche Antwort auf politische Instabilität sind technokratische Lösungen. Diesem Ansatz folgend, sollen politische Entscheidungen an weitgehend unabhängige Institutionen delegiert werden, die klaren Regeln folgen. Die Bundesrepublik selbst ist entsprechend aufgebaut: Verfassungsgericht, Bundesbank oder Kartellamt sollen losgelöst vom Politikbetrieb regelgebunden entscheiden. Dadurch wird der Bewegungsspielraum der gewählten Volksvertreter erheblich begrenzt. Aus der deutschen Geschichte heraus, vor dem Hintergrund der NS-Terrordiktatur, ist dieses Streben nach Dezentralität der Macht verständlich. Es ist eine Rückversicherung gegen Ausfälle der Politik. Auf EU-Ebene hat Deutschland vergleichbare Ansätze unterstützt: von der Unabhängigkeit der Europäischen Zentralbank über den Stabilitäts- und Wachstumspakt über den geforderten Ausbau des Eurorettungsfonds ESM bis zu einem Europäischen Währungsfonds mit erheblichen Befugnissen. Experten handeln auf Basis eines Sets von Regeln, die von der Politik vorgegeben werden und idealerweise Verfassungsrang haben, also kaum je wieder geändert werden können.

Könnte eine Strategie gegen die Dominanz des Turbo-demokratismus darin bestehen, politische Entscheidungen der Politik zu entziehen und an Technokraten zu delegieren? Vermag die Rationalität der Experten entfesselte Öffentlichkeiten und polarisierte Politik einzuhegen? Die Demokratie würde sich schleichend zur Technokratie entwickeln. Ein System, das gar nicht so weit von dem entfernt wäre, was Kishore Mahbubani als modernes asiatisches Modell preist.

Es existieren diverse Abstufungen zwischen bürgerlichen Mitwirkungs- und Freiheitsrechten, und noch mehr Varianten sind denkbar. In Abbildung 13 sind verschiedene Regierungsformen in ein Repräsentations-Partizipations-Schema

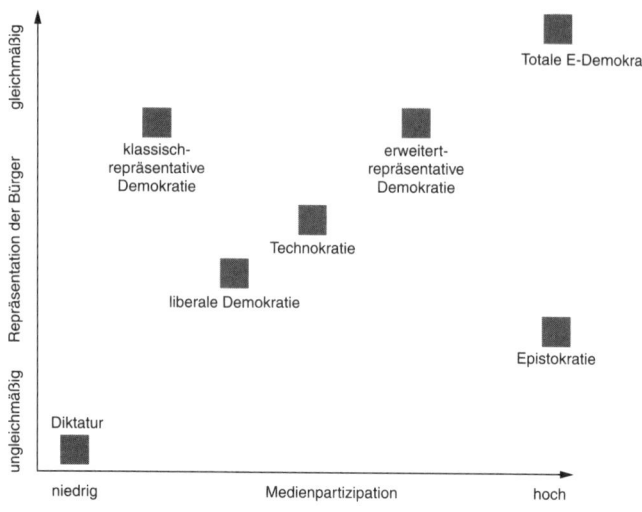

[13] Sieben Systeme – Regierung, Repräsentation und mediale Partizipation
(Quelle: eigene Darstellung)

übertragen. Auf der Hochachse ist der Grad der Repräsentation der Bürger bei politischen Entscheidungen (Wahlen, Referenden) zu sehen. Auf der Querachse ist die Möglichkeit zur Beteiligung an medialen Diskursen ablesbar, womit nicht nur rechtlich verbriefte Pressefreiheit[171] gemeint ist, sondern ebenso faktische Möglichkeiten der Partizipation, die sich aus den herrschenden technologisch-institutionellen Möglichkeiten ergeben. Wohlgemerkt, es handelt sich um eine schematische Darstellung mit dem Ziel, beide Dimensionen abbilden zu können, und zwar sowohl für in der Realität existierende als auch für hypothetische Staatsformen.

Die *Technokratie* findet sich etwa in der Mitte der Grafik. Die Repräsentation ist insofern eingeschränkt, als viele Entscheidungen den Repräsentanten des Volks entzogen und an unabhängige Institutionen delegiert sind. Ähnliches gilt für die mediale Partizipation der Bürger. Die Medien sind prinzipiell frei. Die häufig unpopuläre Regierungsarbeit wird aber typischerweise von PR-Kampagnen und gelegentlichem informellem Druck auf Leitmedien begleitet. Im etablierten Westen stellt diese Regierungsform auf nationaler Ebene bislang ein Übergangsphänomen dar. In zwischen- und überstaatlichen Arrangements allerdings ist sie der Regelfall, auch weil es auf pan-nationaler Ebene keine stark legitimierten Volksvertretungen gibt. In einzelnen Staaten kommen gelegentlich Expertenregierungen ins Amt, in aller Regel als Resultat eines nationalen Notstands, etwa einer Finanzkrise. Eine Gruppe von Fachleuten soll es richten und die notwendigen Entscheidungen treffen, häufig unter dem Druck der Finanzmärkte und des Internationalen Währungsfonds. In Lateinamerika kommen seit vielen Jahrzehnten immer wieder technokratische Regierungen ans Ruder, nachdem zuvor Populisten die Staatsfinanzen ruiniert haben.[172] Ein anderes Beispiel ist die italienische Regierung des Ökonomieprofessors Mario Monti während der Eurokrise.

Die *klassisch-repräsentative Demokratie* stellt jenes System dar, das bis dato in westlich geprägten Gesellschaften vorherrscht. Was die Repräsentation betrifft, so variieren die tatsächlichen Ausprägungen erheblich. Präsidialdemokratien, bei denen ein direkt gewähltes – das heißt stark legitimiertes – Staatsoberhaupt mit umfangreicher Exekutivmacht ausgestattet ist und in Teilbereichen ohne Zustimmung des Parlaments handlungsfähig ist (wie in Frankreich oder den USA), gehören ebenso in diese Kategorie wie parlamentarische Demokratien, in denen das Staatsvolk das Parlament wählt, das wiederum mit Mehrheit die Regierung bestimmt (wie in Kontinentaleuropa üblich), sowie Ausprägungen mit plebiszitären Elementen (wie in der Schweiz). Die Gewaltenteilung zwischen Volksvertretung, Exekutive und Legislative ist weit fortgeschritten, verfassungsmäßig verbrieft und respektiert. Was die öffentlich-mediale Mitwirkung der Bürger angeht, zeigt die Positionierung in der Grafik, dass es sich um ein oligopolistisches Mediensystem handelt, wie es vor der Verbreitung von Internet und Social Media bestand: Uneingeschränkt gelten Presse- und Meinungsfreiheit, aber es existieren nur wenige Zeitungen und Sender von Bedeutung, die faktisch den Zugang zur weiteren Öffentlichkeit beschränken; Journalisten agieren als »gate keeper«.

An den Extrempunkten des Spektrums findet sich auf der einen Seite die *Diktatur*; ein Alleinherrscher, ein Clan, eine Militärjunta oder eine Parteinomenklatura beherrscht den Staat, was nicht ausschließt, dass es Elemente von scheinbarer Repräsentation (durch vorgebliche Parlamente, Volkskongresse und Ähnliches) geben kann. Gewaltenteilung existiert womöglich auf dem Papier, nicht jedoch faktisch. Presse- und Meinungsfreiheit gelten nicht, Staats- und Parteimedien dominieren die Öffentlichkeit, Internet und Social Media unterliegen der Zensur oder werden blockiert. Beispiele reichen von Nordkorea über China bis Saudi-Arabien.

Auf der anderen Seite steht das hypothetische Konstrukt der *totalen E-Demokratie*, bei der sämtliche das Gemeinwesen betreffende Entscheidungen per (digitalem) Referendum gefällt werden, das für die Regierung bindend ist. Der Zugang zur Öffentlichkeit ist völlig frei; jeder kann sich nach Gusto über alle technisch zur Verfügung stehenden Kanäle öffentlich äußern. Es herrscht permanent Wahlkampf, an dem sich eine Vielzahl von Bürgern, Initiativen und Interessengruppen beteiligt.

Zwischen den Extrempunkten gibt es diverse Abstufungen. Die *illiberale Demokratie* beschränkt den Zugang zur Medienöffentlichkeit durch massive Präsenz von Staatsmedien, Propaganda und allerlei behördliche Schikanen für Privatmedien, etwa Verfahren wegen angeblicher Steuervergehen. Die Gewaltenteilung gilt formal, wird aber faktisch eingeschränkt, etwa durch die Berufung linientreuer Richter. Allerdings ist in diesem System der Zugang zur Öffentlichkeit über soziale Medien möglich, weshalb die Dimension Medienpartizipation größer dargestellt ist als in der klassischen Demokratie. Die Bürger wählen in formal gleichen und allgemeinen Wahlen ein Parlament (wie in Ungarn) oder einen Präsidenten (wie in Russland oder der Türkei). Allerdings wird die Bildung von Parteien und die Nominierung von Kandidaten durch Repressalien behindert, weshalb die Repräsentation der Bürger als relativ schwach dargestellt ist.

Epistokratie stellt das zu Beginn dieses Kapitels beschriebene Regierungssystem einer Herrschaft der Wissenden dar. Die politische Repräsentation ist eingeschränkt, das volle Wahlrecht haben nur gebildete und informierte Bürger. Medienpartizipation ist, wie von Jason Brennan postuliert, in vollem Umfang gewährleistet.

Als siebtes Modell kommt schließlich die *erweitert-repräsentative Demokratie* hinzu, in dem ich einige Reformvorschläge zusammenfasse. Die Positionierung in diesem Schema zeigt, dass die Repräsentation der Bürger nicht beschnitten, wohl aber um neue, außerparlamentarische Teilhabeformen ergänzt wird. Die Möglichkeiten der Medienpartizipation sind groß, allerdings gibt es ein gewisses Maß an Regulierung, um Auswüchse öffentlicher Diskurse zu verhindern. Bevor wir auf dieses Modell etwas näher eingehen, stellt sich die Frage, ob die verschiedenen Herrschaftssysteme über die Zeit stabil sein können.

Gesucht: eine Formel gegen die Instabilität

Um stabil zu sein, muss ein politisches System drei Bedingungen erfüllen:
1. Einen guten *Output* liefern – in dem Sinne, dass die sozioökonomischen Bedingungen (Wirtschaftswachstum, Einkommensverteilung, Gesundheitszustand, Lebensbedingungen, Ressourcenverbrauch …) aus Sicht der Bevölkerung zufriedenstellend sind;

2. einen verlässlichen *Throughput* gewährleisten – politische Entscheidungen werden durch Institutionen adäquat umgesetzt; Korruption und Behördenwillkür dürfen nicht überhandnehmen;
3. einen konsistenten politischen *Input* zugrunde legen – politische Repräsentation und mediale Partizipation müssen in einem für die Bürger nachvollziehbaren Verhältnis zueinander stehen (völlige Publikations- und Meinungsfreiheit, um ein Beispiel zu nennen, ist in diesem Sinne inkompatibel mit diktatorischen Verhältnissen. Wer mitreden darf, erwartet, auch gehört zu werden).

Nach diesen Maßstäben kann die Diktatur eine stabile Regierungsform sein, sofern sie nachhaltige Prosperität für einen großen Teil gewährleistet (Bedingung 1), die Funktionsfähigkeit der Institutionen durch Repression sichergestellt (Bedingung 2) und die Partizipation am öffentlichen Diskurs auf ein Minimum begrenzt wird (Bedingung 3). Wie stabil ein solches System in seiner Extremform sein kann, zeigt Nordkorea. Am Beispiel Chinas ist zu beobachten, dass die drei Bedingungen sich gegenseitig bedingen: In einer Phase explosionsartigen Wirtschaftswachstums (Bedingung 1) in den Nullerjahren war relative Liberalität möglich (Bedingung 3), während ein hohes Maß an Korruption toleriert wurde (Bedingung 2). Mit dem Abflauen des Wirtschaftswachstums schränkte die Führung in Peking die Medienpartizipation weiter ein und verschärfte zugleich den Kampf gegen die Korruption, etwa mit Schauprozessen gegen Funktionäre.[173]
Die E-Demokratie verfügt demgegenüber über reichlich Input-Legitimation. Unbeschränkte Öffentlichkeit spricht für eine hohe Transparenz der Institutionen. Somit wären die Bedingungen 2 und 3 erfüllt. Woran es diesem System gebrechen würde, ist die Gefahr erratischer und ausgesprochen kurzsichtiger Entscheidungen, die letztlich Wohlstand und Stabilität gefährden. Unter den Bedingungen sozialer Medien bei dün

nem Wissen sind der Irrationalität in diesem hypothetischen Modell Tür und Tor geöffnet, sodass der Output des Systems bescheiden ausfallen dürfte. Es kann leicht zu einer Tyrannei der jeweiligen Mehrheit ausarten. Die Rebellion unterlegener Minderheiten wird nicht lange auf sich warten lassen.

Auch die Epistokratie wird wegen der oben beschriebenen Verletzung von Bedingung 3 letztlich nicht stabil sein. Unbeschränkte Meinungsfreiheit und beschränkte Repräsentation können auf Dauer nicht nebeneinander existieren. Die Epistokratie dürfte sich deshalb in Richtung illiberaler Demokratie entwickeln. Ähnliches gilt für die Technokratie, auch sie ist ein System, das seine Legitimation vor allem aus seinem Output bezieht. Im Übrigen können technokratische Institutionen nicht dauerhaft isoliert vom politischen Geschehen agieren. Eine Zeit lang mögen sie den Launen und Polarisierungen des Politbetriebs standhalten. Aber spätestens wenn Neubesetzungen von Führungspositionen anstehen, ist Einflussnahme nicht zu verhindern. Auch streng technokratische Institutionen wie unabhängige Zentralbanken geraten letztlich in den Strudel der Empörungspolitik.

Die illiberale Demokratie wiederum läuft Gefahr, im Lauf der Zeit restriktiver zu werden und diktatorische Züge anzunehmen, je mehr die Gewaltenteilung und der Zugang zur Öffentlichkeit eingeschränkt werden. Ein Beispiel für eine solche Entwicklung ist die Türkei unter Recep Tayyip Erdoğan.

Die repräsentative Demokratie hat sich, gemessen an anderen Systemen, als ausgesprochen stabile Regierungsform erwiesen. Ein Beleg ihres historischen Erfolgs ist ihre weite internationale Verbreitung. In Europa, Nord- und Südamerika sowie in Teilen Asiens (Indien, Japan, Südkorea) dominiert sie in unterschiedlichen Ausprägungen. Die »Checks and Balances« der Gewaltenteilung, der freie Diskurs als Entdeckungs- und Verhandlungsverfahren sowie als Kontrollinstanz – die repräsentative Demokratie ist ein enorm anpassungsfähiges und deshalb widerstandsfähiges System. Und dennoch, der Strukturwandel der Öffentlichkeit setzt der klassisch-repräsentativen Demokratie arg zu. Angesichts der Schwächen anderer Systeme lohnt es sich aber, über Erweiterungen und Reformen nachzudenken. Vor allem geht es darum, andere Formen der Repräsentation zu finden und Vorkehrungen gegen eine Erosion der Öffentlichkeit zu treffen (dazu mehr in Kapitel 9).

Neue Formen der Repräsentation, national und international

Wenn die Erwartung der Menschen, Gehör zu finden und mitentscheiden zu können, steigt, spricht vieles dafür, direkte Formen der Mitwirkung zu stärken – in der Hoffnung, dass Bürger, die politische Entscheidungen unmittelbar beeinflussen können, eine engere Bindung an ihr Gemeinwesen empfinden und eher bereit sind, sich eine fundierte Meinung auf Basis von Fakten zu bilden und ihre Affekte in politischen Fragen zu kontrollieren – also das beschriebene System-2-Denken zu praktizieren. Länder wie die Schweiz, die eine lange Tradition der direkten Demokratie haben, zeigen, dass Volksabstimmungen durchaus vernünftige Ergebnisse hervorbringen können. Das Brexit-Desaster lässt sich auch so verstehen, dass eine Nation, die in direkter Demokratie ungeübt war, plötzlich über eine Frage entscheiden sollte, die hochgradig komplex sowie von großer Tragweite und unabschätzbaren Risiken geprägt war.

Um diesen Fallstricken auszuweichen, sollten Volksabstimmungen so ausgestaltet sein, dass die destruktive Dynamik von Herdentrieben bei dünnem Wissen eingehegt wird. Referenden sollten über Fragen abgehalten werden, die die Bürger konkret betreffen und deren direkte Folgen sie beurteilen können. Sie sollten viel häufiger als bislang auf lokaler und regionaler Ebene stattfinden, und zwar dann, wenn die Alternativen klar zu erfassen sind: zum Verlauf einer Umgehungsstraße oder zu einem langfristigen Regionalentwicklungskonzept, das womöglich zulasten anderer öffentlicher Ausgaben geht. Konkrete Optionen, die von Verwaltung und Parlamenten eindeutig formuliert und streng durchgerechnet werden müssen, sodass die Bürger zumindest wissen *können*, worüber sie entscheiden. Um die Tyrannei einer lautstarken Minderheit zu verhindern, ließe sich eine Mindestwahlbeteiligung vorschreiben. Vorstellbar wäre es, das Ergebnis eines Referendums erst bei einer Teilnahme von mehr als der Hälfte der Wahlberechtigten wirksam werden zu lassen. Auf diese Weise ließe es sich vermeiden, dass eher zufällige Entscheidungen in die eine oder andere Richtung getroffen werden.[174] Allerdings könnten sich hohe Hürden auch als kontraproduktiv erweisen. Wenn viele Referenden letztlich wirkungslos wären, weil sie die erforderliche Beteiligung oder Stimmenzahl nicht erreichen, würde wohl der erwünschte Aktivierungseffekt ausbleiben; Frustration und Zynismus könnten erst recht um sich greifen.

Neben einer Stärkung direkter Mitwirkungsrechte durch Volksentscheide sind auch neue Formen der Repräsentation denkbar. Der belgische Historiker David Van Reybrouck hat vorgeschlagen, das parlamentarische System durch Laienausschüsse zu ergänzen.[175] Per Los würden Bürger bestimmt, die sich für eine gewisse Zeit um die Angelegenheiten des Gemeinwesens zu kümmern und tragfähige, weithin akzeptierte Lösungen zu finden hätten. In solchen Bürgerausschüssen kämen Leute zusammen, die die gesellschaftliche Realität in ihrer Breite repräsentieren. Anders als bei einem Referendum, bei dem viele Wähler auf Basis von dünnem Wissen Entscheidungen von großer Tragweite treffen müssen, die sie selbst nicht überblicken, hätten nun einige ausgewählte Leute die Möglichkeit, sich eingehend mit den anstehenden Problemen zu befassen. In Reybroucks Modell könnten sie Experten aller Art zurate ziehen, sich spezifisches Wissen aneignen und dann auf der Grundlage von empirischer Evidenz einen breiten Konsens herstellen.

Während gewählte Abgeordnete »Politik als Beruf« (Max Weber) betreiben und deshalb auch ihre eigenen Interessen verfolgen, die sich nicht zwangsläufig mit denen des Volkes decken müssen – das sie ja eigentlich repräsentieren sollen –, könnten sich Schöffenpolitiker ganz unverstellt den Sachfragen widmen und gute Lösungen suchen. Der Einfluss von Lobbys, so Van Reybrouck, würde zurückgedrängt, das lädierte Vertrauen in die Demokratie gestärkt werden, wenn »Leute wie du und ich« eine Zeit lang das Sagen hätten. »Der Aufstieg der sozialen Medien hat unsere Gesellschaft verändert. Die sozialen Medien geben Menschen eine Stimme, die vorher keine Stimme hatten. Wer einmal die Gelegenheit hatte, zu sprechen und gehört zu werden, und so ist es in den sozialen Netzwerken, der möchte von Politikern auf eine andere Art ernst genommen werden. Das können Politiker aber im Augenblick nicht.«[176] Laienausschüsse hingegen schüfen neue Identifikationsmöglichkeiten und stabilisierten damit das freiheitliche System.[177] In die oben genannten Bedingungen gefasst, würde sowohl der Input als auch der Output des Systems verbessert. Es wäre gewissermaßen eine Strategie gegen die Auswüchse des Turbodemokratismus. So jedenfalls die Hoffnung.

Van Reybroucks Ansatz mag utopisch klingen. Aber der Historiker verweist auf historische Vorbilder im antiken Griechenland und in der Stadtrepublik Florenz sowie auf die Erfahrungen mit US-amerikanischen Geschworenengerichten, bei denen unbefangene Laienrichter Recht sprechen. Sein Modell ähnelt im Übrigen Konzepten wie der sogenannten Planungszelle, die zur Verbesserung der Bürgerbeteiligung bei kommunalen Entscheidungen entwickelt wurden.

Vieles wird von der konkreten Ausgestaltung abhängen. Welches Quorum gilt bei Abstimmungen; muss im Bürgerausschuss Einstimmigkeit oder Konsens hergestellt werden, um eine Entscheidung zu fällen? (Bei großen Gremien wird das kaum möglich sein.) Wie und von wem werden die Ausschüsse moderiert? Wie ist das Verhältnis zum Parlamentarismus? Ist das Votum eines Ausschusses für Parlamente unbedingt bindend? Welche Spielräume hat die Exekutive bei der Umsetzung, und wer überwacht sie? Was geschieht, wenn ein Ausschuss zu einem objektiv unvernünftigen Ergebnis kommt – oder zu mehreren konträren Voten, weil sich das Gremium im Lauf der Beratungen hoffnungslos zerstritten hat? Können Parlament, Regierung oder Gerichte eine Schöffenentscheidung für nichtig erklären? Wie geht man in einem solchen Fall mit dem Zorn derjenigen um, die sich übergangen fühlen?

Nicht zuletzt: Laienausschüsse agieren keineswegs in einem der Öffentlichkeit entzogenen Vakuum. Über die Arbeit der Ausschüsse wird berichtet, die Mitglieder äußern sich in journalistischen und in sozialen Medien. Einige werden sich persönlich produzieren, polarisieren und gegen Delegierte mit konträren Ansichten agitieren. Interessengruppen werden sich im Lauf der Beratungen öffentlich zu Wort melden und versuchen, die Debatte in ihrem Sinne zu beeinflussen. Shitstorms ziehen auf. All das kann die Ausschussmitglieder nicht unbeeindruckt lassen. Politische Laien dürften von derlei Aufmerksamkeit tendenziell überfordert, womöglich sogar nachhaltig verstört sein.

Viele ungeklärte Fragen, die zeigen, dass Laienausschüsse die Probleme, vor denen die repräsentative Demokratie steht, nicht ohne Weiteres lösen können. Dennoch handelt es sich um einen interessanten Ansatz, dessen Weiterentwicklung lohnenswert erscheint, nicht nur im nationalstaatlichen Kontext, sondern auch, um die internationale Governance zu demokratisieren.

In der zwischenstaatlichen Zusammenarbeit dominieren Technokraten. Seit der zweiten Hälfte des 19. Jahrhunderts haben Staaten eine wachsende Zahl von Abkommen geschlossen und internationale Institutionen gegründet. Bislang basiert die Methode der internationalen Kooperation – wie auch die Governance-Strukturen innerhalb der EU und der Eurozone – auf dem Prinzip, dass Nationalstaaten Teile ihrer Souveränität an technokratische Institutionen übertragen. Dort formulieren hochrangige Beamte komplexe Regelwerke und fällen Entscheidungen, die dem demokratischen Prozess weitgehend entzogen sind. Über lange Zeit hat dieses Nebeneinander zwischen nationaler Demokratie und internationaler Technokratie relativ reibungsarm funktioniert. Je mehr internationale und EU-Institutionen jedoch ins tägliche Leben eingreifen, desto stärker werden die Spannungen zwischen beiden Sphären.[178] Das Misstrauen gegen die Eliten ist inzwischen so groß, dass viele Bürger nicht mehr glauben, die Fachleute handelten im Interesse der Bevölkerung.

Wenn Teile der Staatlichkeit im Zuge der notwendigen, immer engeren internationalen Zusammenarbeit technokratisiert werden, dann sind sie nicht mehr Ausdruck eines politischen Prozesses mit breiter öffentlicher Teilhabe, sondern letztlich bürokratische Akte. Damit kollidieren sie mit dem berechtigten Anspruch der Bürger auf Mitwirkung und Mitentscheidung. Dieser Konflikt ließe sich entschärfen, wenn die internationale Governance ein Stück weit demokratisiert würde. Dazu könnten international (oder europäisch) besetzte Bürgerausschüsse einen wertvollen Beitrag leisten. Diese Gremien würden überstaatliche Institutionen mit größerer Legitimation ausstatten. Das gilt unter Umständen sogar bei internationalen Arrangements mit nicht demokratischen Staaten. Unterhalb der Ebene formaler Wahlen ließen sich womöglich Formen der Bürgerrepräsentation finden, die auch für unfreie Systeme akzeptabel sein könnten.

Am Ende aber geht kein Weg daran vorbei: Wahrheit und Wahrhaftigkeit müssen gelten, national wie international. Dafür braucht es geordnete Formen der Öffentlichkeit. Nur dann gilt Lincolns Diktum: »… you cannot fool all the people all the time.«

9 Abstand und Anstand

Was wir gegen den Zerfall der Öffentlichkeit tun können

Die Erregung der Nationen ist gefährlich. Affekte übertönen die Vernunft. Lärm dröhnt durch die Feedbackhöllen der Öffentlichkeit und überdeckt Fakten und Argumente bis zur Unkenntlichkeit. Kurzschlusspolitik ist das Resultat. Auf dem Spiel stehen: der innere und der äußere Friede, Wohlstand, Freiheit und Gerechtigkeit. Das ist nicht übertrieben. Die liberale Gesellschaftsordnung steht unter massivem Druck. Sie ist dabei, ihre Bürger zu verlieren. Wir sind womöglich nur eine große Wirtschaftskrise von einem allgemeinen Abgleiten in den Nationalchauvinismus entfernt.

Gegen die Repräsentationskrise lässt sich mit einigen Umbauten am Institutionengefüge der Demokratie angehen. Aber das allein wird nicht genügen. Wenn es nicht gelingt, öffentliche Debatten so weit einzuhegen, dass wieder Anstand und Vernunft – zwei auf bedrückende Art altmodische Begriffe – einkehren, wird der Selbstzerstörungstrip des Westens kaum aufzuhalten sein. Dann werden die Illiberalen obsiegen – innerhalb der westlichen Gesellschaften, in der EU, auf der Weltbühne. Es geht dabei nicht nur um strafrechtlich relevante Auswüchse im Netz, um Hassbotschaften, Verleumdung, Anstiftung zu Straftaten bis hin zu politischem Mord. Es geht um die Zivilität der Öffentlichkeit insgesamt, um Institutionen und Geschäftsmodelle – und um soziale Normen. Dieses Schlusskapitel will dazu einige Anregungen besteuern.

Social Media: mehr Transparenz, weniger Macht

Die Gefahr besteht, dass sich wohltemperierte Charaktere zunehmend aus der Medienöffentlichkeit zurückziehen, weil sie feststellen, dass Polarisierung und Negativismus sie in ihrem Wohlbefinden beeinträchtigen. So haben US-Forscher in einem Experiment beobachtet, das Facebook-User, die ihre Sozial-Media-Nutzung eine Zeit lang einstellen, tatsächlich einen Zugewinn an Lebenszufriedenheit für sich verbuchen können.[179] Abschalten als Überlebensstrategie – was als individuelle Reaktion verständlich sein mag, ist dazu angetan, die öffentlichen Verhältnisse weiter zu verschlechtern. Denn zum einen drohen sich die Polarisierungseffekte in den Echokammern des Netzes zu verschärfen, wenn die Vernünftigen sich verabschieden und den Aufgeregten das Feld überlassen. Zum anderen zeigte besagte Studie, dass Social-Media-Abstinente zwar glücklicher sind, dafür aber über ein noch geringeres Wissen über politische Zusammenhänge verfügen.

Der Appell, doch einfach die Mediennutzung einzuschränken, ist deshalb nicht zielführend. Soziale Medien gehören inzwischen zur Informationsinfrastruktur moderner Gesellschaften. Und so sollten sie auch behandelt werden. Infrastruktur wird reguliert. Das gilt für Strom- oder Bahnnetze genauso wie für Banken und andere Finanzdienstleister. Auch sie werden Regeln unterworfen – mit dem Ziel, eine gleichbleibend hohe Produktqualität zu gewährleisten, Machtpositionen zu beschränken und soziale Kosten zu vermeiden. Ein Stromnetzbetreiber, der Spannungsschwankungen oder Blackouts produziert, schadet der Gesellschaft genauso wie eine Bank, die allzu risikoreiche Geschäfte betrieben hat und deshalb auf Kosten der Steuerzahler gerettet werden muss. Deswegen unterliegen diese Branchen Regulierungen, die zunächst einmal Transparenz herstellen sollen. Um etwaiges

Fehlverhalten ausfindig zu machen, müssen Außenstehende feststellen können, auf welche Weise diese Unternehmen eigentlich ihren Geschäfte nachgehen. Die großen Internetkonzerne jedoch sind Blackboxes. Wie ihre Algorithmen arbeiten, welche Inhalte auf den Plattformen geteilt und nach welchen Auswahlkriterien sie an welche Nutzerprofile ausgespielt werden, all das gehört zu den Geschäftsgeheimnissen der Unternehmen. In einem ersten Schritt sollte die Politik ihnen Transparenz abverlangen, damit überhaupt eine unabhängige Forschung und Analyse möglich sind. In weiteren Schritten sollten sie verpflichtet werden, qualitativ hochwertige Informationsangebote bevorzugt auszuspielen, Multiperspektivität zu gewährleisten und Echokammern für Signale von außen zu öffnen. Wohlgemerkt, es geht hierbei nicht um Fragen der Wettbewerbskontrolle, also darum, das Ausnutzen von marktbeherrschenden Stellungen zu bekämpfen oder Fusionen zu kontrollieren (etwa Facebook zu untersagen, WhatsApp und Instagram zu übernehmen). Es geht um Fragen der Diskurshygiene – mit dem Ziel, demokratiegefährdende Auswüchse einzudämmen.[180]

Klassische Medien: mehr Qualität, mehr Internationalität

Mit der veränderten Rolle des Journalismus haben sich die Kapitel 6 und 7 eingehend auseinandergesetzt. Daraus ergeben sich vor allem drei Schlussfolgerungen:

Was die *journalistische Praxis* angeht, bedarf es eines vorsichtigen und reflektierten Umgangs mit sozialen Medien. Die unbedachte Übernahme von Social-Media-Mechanismen gefährdet die Unabhängigkeit und die Glaubwürdigkeit des klassischen Journalismus. Dadurch degradieren sich klassische Medien selbst zu Verstärkern der digitalen Lärmspiralen. Gefordert sind neue redaktionelle Routinen, die die Eigenständigkeit in Themenauswahl, Ton und Spin von Beiträgen sichern. Dazu braucht es eine fundierte Journalistenausbildung, die auf solidem Fachwissen basiert. Negativismus als Nachrichtenfaktor mag in einer Medienwelt gerechtfertigt gewesen sein, die ansonsten von den allzu rosigen Meldungen der Public-Relations-Profis in Politik und Wirtschaft getrieben war. In Zeiten jedoch, da Social Media und Populismus die Öffentlichkeit mit verstandbetäubendem Lärm übertönen, muss Journalismus ein Gegengewicht bieten. Das heißt nicht, dass er ausschließlich positive Geschichten in rosaroten Farbtönen erzählen, und schon gar nicht, dass er seine »Watchdog-Funktion« aufgeben soll. Aber: Wenn Negativismus und Dramatisierung zur bloßen Masche verkommen, um kurzfristige Aufmerksamkeitserfolge zu erzielen, dann macht sich Journalismus überflüssig. Journalistische Medien sollten ein skeptisches, aber realistisches Bild der Gegenwart zeichnen, Folgewirkungen und Lösungsoptionen bedenken und davon berichten.

Mediensysteme, also das Zusammenwirken verschiedener Mediengattungen, Eigner- und Regulierungsstrukturen, sind rapiden Veränderungen unterworfen. Kommerzieller Journalismus ist durch die Digitalisierung unter Wettbewerbsdruck geraten. Dieser kommt nicht nur von Nachrichtenangeboten, Blogs, Trollen sowie in- und ausländischen Propagandamedien, sondern auch von Unterhaltungsangeboten wie Streamingdiensten und Games. Mediensysteme, die sich wie in den angelsächsischen Ländern überwiegend auf kommerzielle Geschäftsmodelle stützen, sind unter diesen Bedingungen besonders anfällig für lauten, affektzentrierten Bullshit.

Journalismus ist ein wichtiger Teil der immateriellen Infrastruktur freiheitlicher Gesellschaften. Beim Schlagwort Infrastruktur stellt sich unmittelbar die Frage, wer sie bereitstellen und finanzieren soll. Bislang gab es in Deutschland und anderen europäischen Ländern eine doppelte Antwort: einerseits eine Art Steuerfinanzierung (durch Zwangsabgaben, die dem öffentlich-rechtlichen TV- und Rundfunksystem zufließen), andererseits private Finanzierung durch Werbeeinnahmen und Verkaufserlöse. Dieses System ist brüchig geworden, weil die Digitalisierung traditionellen journalistischen Gütern ihren ökonomischen Wert nimmt: Nachrichten werden wie Luft konsumiert – preis- und (scheinbar) kostenlos. Private Güter, bislang auf funktionsfähigen Märkten bereitgestellt, werden zu quasi-öffentlichen Gütern. Die Digitalisierung bringt es mit sich, dass Nachrichten tendenziell für jeden zugänglich sind – in der Begrifflichkeit der Wirtschaftswissenschaften: Sie führt zur »Nichtausschließbarkeit« bei der Nutzung. Außerdem kann ein digitales Produkt – anders als ein physisches – beliebig oft genutzt werden, ohne dass Qualitätseinbußen aufträten. Somit führt die Digitalisierung zugleich zur »Nichttrivialität« im Konsum. Daraus ergeben sich zwei unmittelbare Schlussfolgerungen: Erstens bedeutet die Nichtausschließbarkeit vom Konsum, dass das Angebot geringer und/oder qualitativ schlechter wird, weil die Zahlungsbereitschaft der Nutzer abnimmt, da sie digitale Produkte, ob legal oder illegal, auch umsonst konsumieren können. Zweitens bedeutet Nichttrivialität im Konsum, dass digitale journalistische Produkte womöglich gar nicht zugangsbeschränkt sein *sollten*. Die beste Lösung wäre dann eine möglichst weite Verbreitung von digitalem Journalismus, der aber durch allgemeine Abgaben finanziert werden müsste.

Das öffentlich-rechtliche System bietet eine Lösung für dieses Problem. Es ist gebührenfinanziert (indem eine Art Kopfsteuer erhoben wird), und es führt einen Qualitätsstandard ein, den private Anbieter kaum unterschreiten können, ohne vom Publikum mit Vertrauensverlust abgestraft zu werden. Was in der 20-Uhr-*Tagesschau* berichtet wird, reflektiert und strukturiert nach wie vor die politische Agenda der Bundesrepublik. Man kann darüber streiten, ob öffentlich-rechtliche Medien Unterhaltung produzieren müssen, wie sich der Einfluss des Staats und der Parteien zurückdrängen lässt, wie die Organisationsstrukturen effizienter werden können. Aber insgesamt sind »demokratisch korporatistische« Mediensysteme, wie sie die Kommunikationsforscher Daniel Hallin und Paolo Mancini in Nord- und Mitteleuropa verortet haben,[181] mit ihren vitalen öffentlich-rechtlichen Rundfunkanbietern besser geeignet, um den korrosiven Effekten der allgemeinen Bullshitisierung standzuhalten. Länder mit überwiegend privaten Medien, wie im »liberalen Modell«, oder mit starkem Staatseinfluss, wie im »polarisiert pluralistischen Modell« der Mittelmeerländer, sollten darüber nachdenken, unabhängige öffentliche Elemente zu stärken.

Da mehr und mehr politische Fragen grenzüberschreitend wirken, wäre eine *Internationalisierung von Mediensystemen* wünschenswert. Das betrifft gerade die EU, wo die Verlagerung weiterer Kompetenzen auf die Gemeinschaftsebene daran scheitert, dass es keine entwickelte grenzüberwindende öffentliche Sphäre gibt. Anders als ihre Pendants in den Nationalstaaten agieren die Brüsseler Institutionen in einer Art kommunikativem Vakuum. Auch deshalb gibt es keine synchronisierte politische Agenda in den EU-Staaten, wie wir in einer Untersuchung über die Diskurse im Zuge der Eurokrise in Deutschland, Frankreich, Italien und Spanien zeigen konnten. In den vier betrachteten Ländern wurde nicht einmal über die gleichen Themen und Probleme debattiert; und wo es doch inhaltliche Nähen gab, herrschten völlig unterschiedliche Bewertungen vor. Die Euronationen haben die gleiche Krise durchlebt, sie aber gänzlich anders empfunden – auch weil die Erzählungen darüber divergieren.[182]

Eine europäische ARD zu gründen, so wünschenswert dies wäre, dürfte an den unterschiedlichen Mediensystemen und -traditionen scheitern. Dennoch gilt: Alle möglichen Ansätze zur grenzüberschreitenden Zusammenarbeit von journalistischen Medien in der EU sollten dringend gefördert werden. Für die Journalistenausbildung und die redaktionelle Praxis mündet das in der Forderung, den Bezugsrahmen der Berichterstattung auszuweiten. Nur wenn mediale Diskurse über den engen nationalen Rahmen hinausreichen, lässt sich der Boden bereiten, auf dem die Demokratie auf EU-Ebene gedeihen kann.

Soziale Normen: das UNIFEY-Prinzip

Dieses Buch endet nicht mit einem großen Plan. Wie auch? Der Zerfall der Öffentlichkeit stellt freiheitliche Gesellschaften vor Herausforderungen, die in einer Vielzahl von Aushandlungsprozessen formuliert werden müssen. Alles andere wäre mit liberalen Grundsätzen und Werten unvereinbar. Wo dieser Prozess endet, lässt sich nicht vorhersagen. Aber klar ist auch: Sollte er scheitern, dann scheitert der Westen.

Bevor wir konkret über Regulierungen, Institutionen und deren Finanzierung reden, sollten wir uns zunächst einmal auf soziale Normen verständigen. Angesichts einer von polarisierten Debatten geprägten Politik stellt sich die Frage nach einem normativen Referenzpunkt. Welchen Anforderungen sollten öffentlich vorgetragene Beiträge genügen? An welchen Maßstäben müssen sich Einlassungen von Politikern, Journalisten, Lobbyisten, NGOs, Bloggern oder Bürgerjournalisten messen lassen? Dazu schlage ich ein Konzept vor, das ich UNIFEY-Prinzip nenne.

Freiheitliche Gesellschaften müssen darauf vertrauen, dass sie sich in einem großen, öffentlichen Diskussionsprozess darauf einigen können, was wichtig und was problematisch ist und welche Lösungsansätze zur Verfügung stehen. Gelingt dieser offene Einigungsprozess nicht mehr, geraten Gesellschaften aus den Fugen. Tatsächliche Probleme werden übersehen oder falsch gedeutet. Vermeintliche Lösungen führen nicht zum Ziel oder haben gefährliche Neben- und Folgewirkungen. Politische Entscheidungen von enormer Tragweite fallen erratisch und unerwartet. Institutionen, nationale und internationale, verlieren ihre stabilisierende Wirkung. Ziel eines freiheitlichen Diskurses sollte es sein, kooperative Lösungen hervorzubringen, die möglichst keine Verlierer produzieren. Das gilt national wie international. Denn dazu ist Politik da: Gesellschaften nach innen und nach außen zu befrieden, Konflikte einzudämmen, nationale und internationale öffentliche Güter in fairer Weise bereitzustellen.

Viele Staaten haben Demokratie und Meinungsfreiheit inzwischen abgeräumt. Freiheitliche Diskurse gibt es dort nicht mehr. Auch im Westen schwindet das Vertrauen in demokratische Institutionen. Warum, könnte man meinen, überlassen dann nicht auch wir einer technokratischen Elite das Management des Gemeinwesens? Die Antwort ist grundlegend für das aufklärerische Selbstverständnis liberaler Gesellschaften: Weil niemand allein die Wahrheit kennt. Wissen und Information liegen nicht konzentriert bei einer Elite, sondern sind in einer arbeitsteiligen, hochdifferenzierten Gesellschaft verteilt. Nur gemeinsam können wir der Wahrheit zumindest näher kommen. Der offene Diskurs – freie Rede und Gegenrede – ist das Instrument, dieses Wissen nutzbar zu machen. Im permanenten Wettbewerb um die beste Erklärung der beobachtbaren Wirklichkeit entsteht Fortschritt. Wettbewerb ist ein Entdeckungsverfahren. Aber wie der ökonomische braucht auch der diskursive Wettbewerb Regeln, Werte und Normen, um zu guten Ergebnissen zu kommen.

Aus diesen Überlegungen ergeben sich die sechs grundlegenden Forderungen des UNIFEY-Prinzips:

Unschärfe akzeptieren! Wir nähern uns der Wirklichkeit durch Erzählungen. Dadurch reduzieren wir die Komplexität, mit der wir konfrontiert sind: Wir blenden viele Aspekte aus, ordnen die Welt in einleuchtende Ursache-Wirkungs-Zusammenhänge und machen sie damit überhaupt erst debattierbar. Aber unsere Narrative sind bestenfalls Annäherungen an die

Wirklichkeit. Sie sind Deutungsangebote, nicht die Wirklichkeit selbst. So sollten wir sie auch behandeln.

Niedermachen verboten! Es gibt keine Gewissheiten, für niemanden. Wer das anerkennt, weiß, dass er selbst falschliegen kann. Skepsis und Zweifel, auch an der eigenen Position, sind deshalb zentral für eine aufgeklärte Debattenkultur. Diskurse können in der Realität nicht herrschaftsfrei sein, aber sie sollten fair sein. Vor allem sollten sie offen für neue Fakten und Deutungen sein.

International denken! Viele politische Fragen, mit denen wir heute konfrontiert sind, machen nicht an Landesgrenzen halt. Politische Debatten können nur langfristig tragfähige Lösungsansätze produzieren, wenn sie berechtigte Interessen anderer Gesellschaften berücksichtigen.

Fakten zuerst! Jede Debatte und jedes Narrativ (siehe oben) müssen auf Tatsachen beruhen, um sinnvolle Problembeschreibungen und erfolgversprechende Lösungsansätze liefern zu können. Nicht jede Absurdität ist diskussionswürdig.

Eingrenzungen beachten! Diskurse brauchen Grenzen, sachliche und moralische. Andernfalls laufen Gesellschaften Gefahr, sich in falschen und/oder gefährlichen Erzählungen zu verirren. Inakzeptabel ist das, was *faktisch falsch* ist. Und das, was wir für *moralisch falsch* halten, weil es dem Ziel der gesellschaftlichen Befriedung bei größtmöglichen individuellen Freiheitsrechten zuwiderläuft.

Yeah! Es braucht positive Energie, um etwas Konstruktives zu erreichen. Die volldigitalisierten Mediensysteme begünstigen Destruktion. Es ist erschreckend leicht geworden, Dinge zu verhindern. Wer aber etwas erschaffen will, muss positive Energie entwickeln.

An diesen sechs Kriterien sollten sich öffentliche Einlassungen messen lassen. Ich plädiere dafür, sie als Referenzpunkt zu etablieren, den niemand, der sich öffentlich äußert – und niemand, der über öffentliche Debatten berichtet –, unterschreiten sollte.

Freiheit, auch Redefreiheit, setzt Mäßigung voraus.

Danksagung

Das Zustandekommen eines Buches ist nie eine Solo-, sondern stets eine Ensembleleistung. So auch bei diesem Projekt. Da sind zuallererst meine langjährigen Mitarbeiter Dr. Gerret von Nordheim und Dr. Karin Boczek (inzwischen Juniorprofessorin an der Universität Main), deren Energie, Fleiß und Ideenreichtum in den vergangenen Jahren eine stete Inspirationsquelle waren. Gemeinsam mit den Kollegen am Dortmund Center for data-based Media Analysis (DoCMA), insbesondere Prof. Dr. Jörg Rahnenführer, Prof. Dr. Carsten Jentsch, Dr. Lars Koppers und Jonas Rieger, haben sie ein analytisches Instrumentarium aufgebaut, auf dem diverse Aspekte dieses Buches fußen. Die entscheidenden Aspekte und Blickwinkel in eine stringente und (hoffentlich) für die Leser interessante Struktur zu bringen, dabei war Martin Janik, Programmleiter Sachbuch beim Piper Verlag, äußerst hilfreich. In mehreren langen Gesprächen gelang es ihm, mich auf einen gedanklichen Pfad zu geleiten, auf dem das Manuskript schließlich entstehen konnte. Das Lektorat übernahmen Catharina Stohldreier vom Piper Verlag, unterstützt von Hanna Schuler, die Sprache und Argumentation mit strengem Blick verbessern halfen. Barbara Wenner ist als Agentin und Ratgeberin seit vielen Jahren eine Stütze meiner Aktivitäten als Autor. Ihnen allen danke ich herzlich! Verbleibende Fehler und sonstige Unzulänglichkeiten des vorliegenden Buchs gehen selbstverständlich allein auf meine Kappe.

Henrik Müller, im November 2019

Literatur

Akerlof, George A./Snower, Dennis J. (2016): Bread and bullets. Kiel Working Paper 2022.

Allcott, Hunt/Braghieri, Luca/Eichmeyer, Sarah/Gentzkow, Matthew (2019): The Welfare Effects of Social Media. https://ssrn.com/abstract= 3308640 oder http://dx.doi.org/10.2139/ssrn.3308640.

Altmeyer, Martin (2016): Auf der Suche nach Resonanz. Wie sich das Seelenleben in der digitalen Moderne verändert. 2. Auflage, Vandenhoeck & Ruprecht, Göttingen.

Baker, Scott R./Bloom, Nicholas/Davis, Steven J. (2016): Measuring economic policy uncertainty. The Quarterly Journal of Economics, 131, S. 1593 – 1636.

Baldwin, Richard (2019): The Globotics Upheaval: Globalization, Robotics, and the Future of Work. Oxford University Press, Oxford.

Beck, Ulrich (1986): Risikogesellschaft. Auf dem Weg in eine andere Moderne. Suhrkamp Verlag, Frankfurt am Main.

Bergmann, Markus (2018): Kooperativ oder Konfrontativ? Das Spannungsverhältnis zwischen Journalisten und Politikern der Alternative für Deutschland. Masterarbeit am Institut für Journalistik der TU Dortmund (unter Sperrvermerk), vorgelegt am 19. September 2018.

Bertelsmann Stiftung (2019): Schwindendes Vertrauen in Politik und Parteien. Eine Gefahr für den gesellschaftlichen Zusammenhalt? Gütersloh.

Blei, David M./Ng, Andrew Y./Jordan, Michael I. (2003): Latent Dirichlet Allocation. Journal of Machine Learning Research, 3, S. 993 – 1022, http://www.jmlr.org/papers/volume3/blei03a/blei03a.pdf.

Brad, Steve (2010): Wandering mind not a happy mind. The Harvard Gazette, 11. November 2010, https://news.harvard.edu/gazette/story/ 2010/11/wandering-mind-not-a-happy-mind/.

Brennan, Jason (2017a): Against Democracy. Princeton University Press, Princeton.

Brennan, Jason (2017b): »Die Wähler sind Hobbits.« (Interview). Der Spiegel, 1. April 2017, https://www.spiegel.de/spiegel/print/d-150343298.html.

Bundesamt für Migration und Flüchtlinge (BAMF) (2019): Migrationsbericht 2016/2017: Zentrale Ergebnisse. http://www.bamf.de/SharedDocs/Anlagen/DE/Publikationen/Migrationsberichte/migrationsbericht-2016 – 2017-zentrale-ergebnisse.pdf?__blob=publicationFile.

Castells, Manuel (2008): The New Public Sphere: Global Civil Society, Communication Networks, and Global Governance. The Annals of the American Academy of Political and Social Science, 616 (1), S. 78 – 93.

Crone, Katja (2016): Identität von Personen. Eine Strukturanalyse des biografischen Selbstverständnisses. De Gruyter, Berlin/Boston.

Crooks, Ed (2018): New wind and solar generation costs fall below existing coal plants. Financial Times, 8. November 2018, https://www.ft.com/content/af6915c8-e2eb-11e8-a6e5 – 792428919cee.

Dean, Jonathan (2017): Politicising fandom. The British Journal of Politics and International Relations, 19 (2), S. 408 – 424, doi: 10.1177/1369148117701754.

Statistisches Bundesamt (Destatis) (2017): Wie die Zeit vergeht. Analysen zur Zeitverwendung in Deutschland. Beiträge zur Ergebniskonferenz der Zeitverwendungserhebung 2012/2013 am 5./6. Oktober 2016 in Wiesbaden.

DiMaggio, Paul/Nag, Manish/Blei, David M. (2013): Exploiting affinities between topic modeling and the sociological perspective on culture: application to newspaper coverage of U. S. government arts funding. Poetics, 41, S. 570 – 606.

Donsbach, Wolfgang (2014): Journalism as the new Knowledge Profession and Consequences for Journalism Education. Journalism, 15 (6), S. 661 – 677.

Dornbusch, Rudiger/Edwards, Sebastian (1991): The Macroeconomics of Populism. In: Dies. (Hg.): The Macroeconomics of Populism in Latin America. Chicago University Press, Chicago, S. 7 – 13.

Downs, Anthony (1972): Up and Down with Ecology – the Issue-Attention Cycle. The Public Interest, 28, S. 38 – 50.

Drew, Dan/Weaver, David (2006): Voter learning in the 2004 presidential election: Did the media matter? Journalism & Mass Communication Quarterly, 83, S. 25 – 42.

Edelman (2018): Trust Barometer 2018: Global Report. https://cms.edelman.com/sites/default/files/2018 – 01/2018%20Edelman%20Trust%20Barometer%20Global%20Report.pdf.

Edgecliffe-Johnson, Andrew (2019): Trump era heralds ads bonanza. Financial Times, 12. März 2019.

Eichengreen, Barry (2018): The Populist Temptation: Economic Grievance and Political Reaction in the Modern Era. Oxford University Press, Oxford.

Emcke, Carolin (2016): Anfangen. Dankesrede anlässlich der Verleihung des Friedenspreises des Deutschen Buchhandels am 23. Oktober 2016. https://www.friedenspreis-des-deutschen-buchhandels.de/sixcms/media.php/1290/Friedenspreis%202016%20Reden.pdf.

Entman, Robert M. (1993): Framing: Toward Clarification of a Fractured Paradigm. Journal of Communication, 43 (4), S. 51–58.

Eurobarometer (2017): Public Opinion in the European Union. Standard Eurobarometer 87. Brüssel.

Eurobarometer (2018): Public Opinion in the European Union. Standard Eurobarometer 90. Brüssel.

Eurobarometer (2019): Public Opinion in the European Union. Standard Eurobarometer 91. Brüssel.

EU-Vertrag (EUV): Vertrag über die Europäische Union und Vertrag über die Arbeitsweise der Europäischen Union. Konsolidierte Fassungen (2010/C 83/01). Amtsblatt der Europäischen Union, Mitteilungen und Bekanntmachungen, 30. März 2010 (»Lissabon-Vertrag«).

Fengler, Susanne/Russ-Mohl, Stephan (2005): Der Journalist als »Homo Oeconomicus«. UVK-Verlagsgesellschaft, Konstanz.

Franck, Georg (1998): Ökonomie der Aufmerksamkeit. Ein Entwurf. Hanser, München.

Frankfurt, Harry G. (2005): On Bullshit. Princeton University Press, Princeton.

Frankfurt, Harry G. (2006): On Truth, Princeton University Press, Princeton.

Freedom House (2019): Freedom in the World 2019. https://freedomhouse.org/sites/default/files/Feb2019_FH_FITW_2019_Report_For Web-compressed.pdf.

Fuchs, Johann/Kubis, Alexander/Schneider, L. (2015): Zuwanderungsbedarf aus Drittstaaten in Deutschland bis 2050. Szenarien für ein konstantes Erwerbspersonenpotenzial – unter Berücksichtigung der zukünftigen inländischen Erwerbsbeteiligung und der EU-Binnenmobilität. Studie im Auftrag der Bertelsmann Stiftung. Gütersloh. https://www.bertelsmann-stiftung.de/fileadmin/files/BSt/Publikationen/GrauePublikationen/Studie_IB_Zuwanderungsbedarf_aus_Drittstaaten_in_Deutschland_bis_2050_2015.pdf.

Fuchs, Johann/Kubis, Alexander/Schneider, Lutz (2019): Zuwanderung und Digitalisierung. Wie viel Migration aus Drittstaaten benötigt der deutsche Arbeitsmarkt künftig? Studie im Auftrag der Bertelsmann Stiftung. Gütersloh. https://www.bertelsmann-stiftung.de/fileadmin/files/Projekte/Migration_fair_gestalten/IB_Studie_Zuwanderung_und_Digitalisierung_2019.pdf.

Fukuyama, Francis (2018): Identity: The Demand for Dignity and the Politics of Resentment. Profile Books, London.

Gamson, William A./Croteau, David/Hoynes, William/Sasson, Theodore (1992): Media images and the social construction of reality. Annual Review of Sociology, 18, S. 373 – 393.

Goldthau, Andreas/Westphal, Kirsten/Bazilian, Morgan/Broadshaw, Michael (2019): How the energy transition will reshape geopolitics. Nature, 569, S. 29 – 31.

Guillemette, Yvan/Turner, David (2018): The Long View: Scenarios for the World Economy to 2060. OECD Economic Policy Paper 22.

Habermas, Jürgen (1987): Theorie des kommunikativen Handelns. 4. Auflage, Suhrkamp, Frankfurt am Main.

Haller, Michael (2017): Die »Flüchtlingskrise« in den Medien. Tagesaktueller Journalismus zwischen Meinung und Information. Eine Studie der Otto Brenner Stiftung. Frankfurt. https://www.ottobrenner stiftung.de/fileadmin/user_data/stiftung/Aktuelles/AH93/AH_93_Haller_Web.pdf.

Haller, André/Holt, Kristoffer (2018): Paradoxical populism: how PEGIDA relates to mainstream and alternative media. Information, Communication & Society, 20 (4), doi:10.1080/1369118X.2018.1449 882.

Hallin, Daniel C./Mancini, Paolo (2004): Comparing Media Systems: Three Models of Media and Politics. Cambridge University Press, Cambridge.

Hamilton, James T. (2004): All the news that's fit to sell: How the market transforms information into news. Princeton University Press, Princeton.

Harris, Zellig S. (1951): Methods in structural linguistics. University of Chicago Press, Chicago.

Hilgefort, Julia (2018): Polit-Talkshows und der Erfolg der AfD bei der Bundestagswahl 2017. Eine qualitative und quantitative Inhaltsanalyse. Masterarbeit am Institut für Journalistik der TU Dortmund, vorgelegt am 28. 6. 2018.

Hirn, Wolfgang/Müller, Henrik (2008): Auf der Kippe. Manager Magazin, 3/2008, S. 112 – 123.

Hirshleifer, David (1995): The Blind Leading the Blind: Social Influence, Fads and Informational Cascades. In: Ierulli, Kathrin/Tomasi, Mariano (Hg.): The New Economics of Human Behaviour. Cambridge University Press, Cambridge, S. 188 – 215.

Huntington, Samuel P. (2004): Dead Souls: The Denationalization of the American Elite. The National Interest, 75, S. 5 – 18.

Infratest dimap (2018): ARD Deutschlandtrend, Juli 2018. https://www.infratest-dimap.de/fileadmin/user_upload/dt1807_Bericht.pdf.

Internationaler Währungsfonds (IWF) (2018): World Economic Outlook, Growth Slowdown, Precarious Recovery, Washington D. C.

Internationaler Währungsfonds (IWF) (2019): Italy, 2018 Article IV Consultation. IMF Country Report 19/40.

Jerrim, John/Parker, Phil/Shure, Nikki (2019): Bullshitters. Who Are They and What Do We Know about Their Lives? Institut zur Zukunft der Arbeit, Discussion Paper No. 12282.

Johnson, Thomas J./Kaye, Barbara K. (2003): A boost or bust for democracy? How the web influenced political attitudes and behaviors in the 1996 and 2000 presidential elections. Harvard International Journal of Press/Politics, 8, S. 9 – 34.

Kahneman, Daniel (2011): Thinking, Fast and Slow. Penguin, New York.

Kepplinger, Hans Mathias (2011): Journalismus als Beruf. VS-Verlag, Wiesbaden.

Kleiner Perkins (2018): Internet Trends Report 2018.

Knight, Frank H. (1964): Risk, Uncertainty and Profit. Nachdruck der Originalausgabe von 1921, Augustus M. Kelley, New York, https://mises.org/sites/default/files/Risk,%20Uncertainty,%20and%20Profit_4.pdf.

Koalitionsvertrag (2018): Ein neuer Aufbruch für Europa. Eine neue Dynamik für Deutschland. Ein neuer Zusammenhalt für unser Land. Koalitionsvertrag zwischen CDU, CSU und SPD. 19. Legislaturperiode. https://www.bundesregierung.de/resource/blob/656734/847984/5b8bc23590d4cb2892b31c987ad672b7/2018-03-14-koalitionsvertrag-data.pdf?download=1.

Krueger, Anne O. (1974): The Political Economy of the Rent-Seeking Society. American Economic Review, 64 (3), S. 291 – 303.

Liersch, Anja (2017): Zeitverwendung für Kultur und kulturelle Aktivitäten, in: Statistisches Bundesamt (Destatis): Wie die Zeit vergeht. Analysen zur Zeitverwendung in Deutschland. Beiträge zur Ergebniskonferenz der Zeitverwendungserhebung 2012/2013 am 5./6. Oktober 2016 in Wiesbaden, S. 380 – 397.

Lippmann, Walter (1998): Public Opinion. Nachdruck der Originalausgabe von 1922, Transaction Publishing, New Brunswick u. a.

Lobigs, Frank (2018): Digitalstrategien und Online-Aktivitäten traditioneller Medienunternehmen in Zeiten der Plattformrevolution des Internets sowie ihre Auswirkungen auf den Meinungsbildungseinfluss der Medienunternehmen, in: Lobigs, Frank/Neuberger, Christoph (2008): Meinungsmacht im Internet und die Digitalstrategien von Medienunternehmen. Neue Machtverhältnisse trotz expandierender Internet-Geschäfte der traditionellen Massenmedien-Konzerne. Gutachten für die Kommission zur Ermittlung der Konzentration im Medienbereich Teil II: Schriftenreihe der Landesmedienanstalten 51, Berlin.

Lorenz-Spreen, Philipp/Mørch Mønsted, Bjarke/Hövel, Philipp/Lehmann, Sune (2019): Accelerating dynamics of collective attention. Nature Communications, 10, https://doi.org/10.1038/s41467-019-09311-w.

Luhmann, Niklas (2017): Die Realität der Massenmedien. 5. Auflage der Erstausgabe von 1995, Springer Fachmedien, Wiesbaden.

Mahbubani, Kishore (2018): Has the West Lost It? A Provocation. Allen Lane, London.

Mark, Gloria/Gudith, Daniela/Klocke, Ulrich (2008): The cost of interrupted work: More speed and stress. Conference on Human Factors in Computing Systems – Proceedings.

Mazzoleni, Gianpietro (2003): Populism and the media, in: Albertazzi, Daniele/McDonnell, Duncan (Hg.): Twenty-First Century Populism. The Spectre of Western European Democracy. Palgrave Macmillan, Basingstoke, S. 49 – 67.

McCombs, Maxwell E./Shaw, Donald L. (1972): The Agenda-Setting Function of the Mass Media. Public Opinion Quarterly, 36 (2), S. 176 – 187.

McKinsey Global Institute (MGI) (2016): Poorer than their parents? Flat or falling incomes in advanced economies.

Meergans, Uwe (2011): Politisches Wissen. Eine Studie von Infratest dimap im Auftrag des Bayerischen Rundfunks, 26. Juli 2011.

Mill, John Stuart (1959): On Liberty. A Public Domain Book, Erstveröffentlichung 1859.

Mitchell, Amy/Simmons, Katie/Matsa, Katerina Eva/Silver, Laura (2018): Publics Globally Want Unbiased News Coverage, but Are Divided on Whether Their News Media Deliver. Pew Research Center, https://www.pewresearch.org/global/wp-content/uploads/sites/2/2018/01/Publics-Globally-Want-Unbiased-News-Coverage-but-Are-Dividedon-Whether-Their-News-Media-Deliver_Full-Report-and-Topline-UPDATED.pdf.

Moritz, Michael (2019): A Swedish media group's reinvention offers hope for the industry. Financial Times, 2. April 2019.

Müller, Henrik (2006): Wirtschaftsfaktor Patriotismus. Vaterlandsliebe in Zeiten der Globalisierung. Eichborn Verlag, Frankfurt.

Müller, Henrik (2017a): Populism, de-globalisation, and media competition: The spiral of noise. Central European Journal of Communication, 9, 1 (18), S. 64 – 78.

Müller, Henrik (2017b): Nationaltheater. Wie falsche Patrioten unseren Wohlstand bedrohen. Campus, Frankfurt am Main.

Müller, Henrik (2017c): Funktion und Selbstverständnis des wirtschaftspolitischen Journalismus, in: Otto, Kim/Köhler, Andreas (Hg.): Qualität im wirtschaftspolitischen Journalismus. Wiesbaden, Springer, S. 27 – 48.

Müller, Henrik (2018): The Personal, the Political, and Populism. Why Brits Voted to Leave the EU. And Why Others May Follow, in: Brexit means Brexit? The Selected Proceedings of the Symposium, Akademie der Wissenschaften und der Literatur, Mainz 6 – 8 December 2017, edited by Christa Jansohn, S. 61 – 74, http://www.adwmainz.de/fileadmin/user_upload/Brexit-Symposium_Online-Version.pdf.

Müller, Henrik (2019a): Journalisten als Scouts in unübersichtlichen öffentlichen Räumen. Ein Zwischenruf zur journalistischen Bildung, in: Blome, Astrid/Eberwein, Tobias/Averbeck-Lietz, Stefanie (Hg.): Medienvertrauen. Historische und aktuelle Perspektiven. Dortmunder Beiträge zur Zeitungsforschung 69. De Gruyter, Berlin.

Müller, Henrik (2019b): »So wie Müller reden nur Dogmatiker.« Das Format »Müllers Memo« bei Spiegel Online: ein Werkstattbericht, in: Schnurr, Johannes/Mäder, Alexander (Hg.): Wissenschaft und Gesellschaft: Ein vertrauensvoller Dialog. Positionen und Perspektiven der Wissenschaftskommunikation heute. Springer, Berlin.

Müller, Henrik (div. Jahrgänge): »Müllers Memo«, http://www.spiegel.de/thema/muellers_montags_memo/.

Müller, Henrik/Porcaro, Giuseppe (2016): Tweeting Brexit: Narrative building and sentiment analysis. http://bruegel.org/2016/11/tweeting-brexit-narrative-building-and-sentiment-analysis/.

Müller, Henrik/Richter, Wolfram (2017): Europa am Scheideweg – ein Vorschlag zur politischen Weiterentwicklung. Wirtschaftsdienst, 97 (7), S. 484 – 489.

Müller, Henrik/von Nordheim, Gerret/Boczek, Karin/Koppers, Lars/Rahnenführer, Jörg (2018): Der Wert der Worte – Wie digitale Methoden helfen, Kommunikations- und Wirtschaftswissenschaft zu verknüpfen. Publizistik, 63 (4), S. 557 – 582.

Müller, Henrik/Porcaro, Giuseppe/von Nordheim, Gerret (2018): Tales from a crisis: diverging narratives of the euro area. Bruegel Policy Contribution 3, http://bruegel.org/2018/02/tales-from-a-crisis-diverging-narratives-of-the-euro-area/.

Negroponte, Nicholas (1995): Being Digital. Alfred A. Knopf, New York.

Newswhip (2019): 2019 Guide to Publishing on Facebook. Everything You Need to Know About the publishers and Pages succeeding on Facebook. http://go.newswhip.com/rs/647-QQK-704/images/Facebook%20Publishing%202019_Final.pdf.

Nielsen, Rasmus Kleis (2016): The Business of News, in: Witschge, Tamara/Anderson, C. W./Domingo, David/Hermida, Alfred (Hg.): The Sage Handbook of Digital Journalism. Sage, Los Angeles u. a., S. 51 – 67.

Nixon, Dan (2017): Is the economy suffering from the crisis of attention? Post im Blog »Bank underground«, 24. November 2017, https://bankunderground.co.uk/2017/11/24/is-the-economy-suffering-from-the-crisis-of-attention/.

Noelle-Neumann, Elisabeth (2001): Die Schweigespirale. Öffentliche Meinung – unsere soziale Haut. 6. Auflage (Erstveröffentlichung 1980), Langen Müller, München.

OECD (2018a): Economic Outlook 1, Mai 2018.

OECD (2018b): Economic Outlook 2, November 2018.

OECD (2018c): Education at a Glance 2018: OECD Indicators. OECD Publishing, Paris, http://dx.doi.org/10.1787/eag-2018-en.

OECD (2019a): OECD Economic Surveys France April 2019. https://www.oecd.org/eco/surveys/France-2019-OECD-economic-survey-overview.pdf.

OECD (2019b): Interim Economic Outlook. http://www.oecd.org/economy/outlook/global-growth-weakening-as-some-risks-materialise-OECD-interim-economic-outlook-presentation-march-2019.pdf.

Office for National Statistics (ONS) (2019): Migration Statistics Quarterly Report: February 2019. https://www.ons.gov.uk/peoplepopulationandcommunity/populationandmigration/internationalmigration/bulletins/migrationstatisticsquarterlyreport/february2019.

Olson, Mancur (1965): The Logic of Collective Action: Public Goods and the Theory of Groups. Harvard University Press, Cambridge.

Pariser, Eli (2011): The Filter Bubble: What the Internet Is Hiding from You. Penguin Press, New York.

Perloff, Richard M. (2017): The Dynamics of Political Communication: Media and Politics in a Digital Age. Routledge, New York/ Abingdon.

Pfetsch, Barbara/Esser, Frank (2012): Comparing Political Communication, in: Esser, Frank/Hanitzsch, Thomas (Hg.): The Handbook of Comparative Communication Research. Routledge, New York/ Abingdon, S. 25 – 47.

Picard, Robert (2016): Journalism, Populism and the Future of Democracy. Keynote speech of Robert G. Picard, Reuters Institute, University of Oxford, to the 40th Anniversary Symposium of the Institut für Journalistik, Technische Universität Dortmund, 28. Oktober 2016. https://www.academia.edu/29829636/Journalism_Populism_and_ the_Future_of_Democracy.

Postman, Neil (1985): Wir amüsieren uns zu Tode. Urteilsbildung im Zeitalter der Unterhaltungsindustrie. S. Fischer, Frankfurt am Main.

Puvogel, Katrin (2017): Wie gehen Journalisten im redaktionellen Alltag mit populistischen Aussagen um? Eine qualitative Auswertung leitfadengestützter Interviews. Bachelorarbeit am Institut für Journalistik der TU Dortmund (unter Sperrvermerk), vorgelegt am 29. März 2017.

Reckwitz, Andreas (2017): Die Gesellschaft der Singularitäten. Suhrkamp, Berlin.

Reich, Robert (2007): Supercapitalism: The Transformation of Business, Democracy, and Everyday Life. Alfred A. Knopf, New York.

Russ-Mohl, Stephan (2017): Die informierte Gesellschaft und ihre Feinde: Warum die Digitalisierung unsere Demokratie gefährdet. Herbert von Halem Verlag, Köln.

Sachverständigenrat zur Begutachtung der gesamtwirtschaftlichen Entwicklung (SVR) (2018): Vor wichtigen wirtschaftspolitischen Weichenstellungen. Jahresgutachten 2018/19. Wiesbaden.

Scott, Laurence (2019): The Age of the Hoax. Financial Times, 16. Februar 2019.

Shiller, Robert (2017): Narrative Economics. The American Economic Review, 107 (4), S. 967 – 1004.

Shubber, K./Rover, N. (2018): Trump's attack on Google ratchets up claims of bias. Financial Times, 29. August 2018.

Sloterdijk, Peter (1998): Der starke Grund zusammen zu sein. Erinnerungen an die Erfindung des Volkes. Suhrkamp, Frankfurt am Main.

Stanovich, Keith/West, Richard (2000): Individual differences in reasoning: Implications for the rationality debate. Behavioral and Brain Science, 23, S. 645 – 665.

Stoker, Gerry/Hay, Colin/Barr, Matthew (2016): Fast thinking: Implications for democratic politics. European Journal of Political Research, 55, S. 3 – 21, doi: 10.1111/1475 – 6765.12113.

Stokes, Bruce (2018): A Decade After the Financial Crisis, Economic Confidence Rebounds in many countries. But pessimism about the future lingers, as does a sense that economic conditions were better pre-crisis. Pew Research Center, https://www.pewresearch.org/global/2018/09/18/a-decade-after-the-financial-crisis-economic-confidence-rebounds-in-many-countries/.

Sunstein, Cass (2001): Echo Chambers. Bush v. Gore, Impeachment, and Beyond. Princeton University Press, Princeton.

Sunstein, Cass (2017): #Republic. Divided Democracy in the Age of Social Media. Princeton University Press, Princeton.

Theisen, Christiane (2017): Methodik, Durchführung und Vergleichbarkeit, Statistisches Bundesamt (Destatis): Wie die Zeit vergeht. Analysen zur Zeitverwendung in Deutschland. Beiträge zur Ergebniskonferenz der Zeitverwendungserhebung 2012/2013 am 5./6. Oktober 2016 in Wiesbaden, S. 9 – 24.

Tian, Yunchen/Chung, Erin Aeran (2018): Is Japan Becoming a Country of Immigration? Why More Foreign Labor Doesn't Imply Liberalization. Foreign Affairs, https://www.foreignaffairs.com/articles/japan/2018-08-03/japan-becoming-country-immigration.

Towfigh, Emanuel (2015): Das Parteien-Paradox: Ein Beitrag zur Bestimmung des Verhältnisses von Demokratie und Parteien. Mohr Siebeck, Heidelberg.

Tullock, Gordon (1967): The Welfare Costs of Tariffs, Monopolies, and Theft. Economic Inquiry, 5 (3), S. 224 – 232.

Van Reybrouck, David (2016a): Against Elections. The Case for Democracy. Bodley Head, New York.

Van Reybrouck, David (2016b): »Wahlen sind nicht demokratisch.« (Interview). Der Spiegel, 30. Juli 2016, https://www.spiegel.de/spiegel/print/d-146047999.html.

von Nordheim, Gerret (2019): Journalism in the Age of Singularization. Inter-media perspectives through computational methods. Cumulative Doctoral Thesis. Department of Cultural Studies, TU Dortmund.

von Nordheim, Gerret/Boczek, Karin/Koppers, Lars/Erdmann, Elena (2018a): Digital Traces in Context: Reuniting a Divided Public? Tracing the TTIP Debate on Twitter and in Traditional Media. International Journal of Communication, 12, S. 548 – 569.

von Nordheim, Gerret/Boczek, Karin/Koppers, Lars (2018b): Sourcing the Sources: An analysis of the use of Twitter and Facebook as a journalistic source over 10 years in The New York Times, The Guardian and Süddeutsche Zeitung. Digital Journalism, 6 (7), S. 807 – 828.

von Nordheim, Gerret/Müller, Henrik/Scheppe, Michael(2019): Young, free and biased. A comparison of mainstream and right-wing media coverage of the 2015/16 refugee crisis in German newspapers. Journal of Alternative and Community Media, 4 (1), S. 38 – 56.

Waters, Richard/Murphy, Hannah/Stacey, Stacey: Social media's reckoning? Financial Times, 13. April 2019.

Weischenberg, Siegfried (2018): Medienkrise und Medienkrieg: Brauchen wir überhaupt noch Journalismus? Springer, Wiesbaden.

Williams, James (2018): Stand out of our Light. Freedom and Resistance in the Attention Economy. Cambridge University Press, Cambridge, https://www.cambridge.org/core/books/stand-out-of-our-light/3F8 D7BA2C0FE3A7126A4D9B73A89415D.

World Economic Forum (WEF 2019): Global Risks Report 2019, 14th Edition, Davos, http://www3.weforum.org/docs/WEF_Global_Risks_ Report_2019.pdf

Wu, Tim (2017): The Attention Merchants: The Epic Struggle to Get Inside Our Heads. Atlantic Books, London.

Anmerkungen

1. Kapitel

1 Hirn/Müller (2008)
2 Reich (2007)
3 MGI (2016)
4 Luhmann (2017), S. 118
5 Habermas (1987)
6 Pariser (2011)
7 Sunstein (2001) benutzt den Begriff bereits vor Beginn der Social-Media-Ära, um die Polarisierung der US-Politik zu beschreiben, die dort bereits in den 90er-Jahren einsetzt
8 Williams (2018)
9 Kahneman (2011)
10 Huntington (2004)
11 WEF (2019), S. 5
12 Knight (1964)
13 Beck (1986)
14 Knight (1964), S. 210, Übersetzung durch den Autor
15 Eichengreen (2018)
16 OECD (2019a), S. 39
17 OECD (2018b)
18 OECD (2018a)
19 SVR (2018)
20 Verschiedene, regelmäßig aktualisierte Indikatoren finden sich unter www.policyuncertainty.com.
21 Baker et al. (2016)
22 Der EPU für Deutschland beispielsweise basiert auf den Archiven der *Frankfurter Allgemeinen Zeitung* und des *Handelsblatts* und wurde mittels folgender Suchwortkombination zusammengestellt: »unsicherheit«, »unsicher«, »unsicherheiten« »wirtschaftlich«, »wirtschaft« »steuer«, »wirtschaftspolitik«, »regulierung«, »regulierungs«, »aus-

gaben«, »bundesbank«, »EZB«, »zentralbank«, »haushalt«, »defizit«, »haushaltsdefizit«.

Damit ein Artikel vom Indikator erfasst wird, muss mindestens ein Wort aus jeder Zeile darin auftauchen.

23 http://docma.tu-dortmund.de/cms/de/home/.

24 Es handelt sich um die Latent Dirichlet Allocation (LDA). Da das Verfahren auch in anderen Forschungsarbeiten, die in diesem Buch zitiert werden, angewandt wurde, stelle ich es an dieser Stelle etwas detaillierter da (siehe dazu auch Müller et al. 2018a). Entwickelt wurde LDA von Blei et al. (2003) zur Mustererkennung in großen Mengen von Texten. Im Fall unseres Unsicherheitsindikators gingen mehr als 6600 Texte aus der *Süddeutschen Zeitung*, Deutschlands führender überregionaler Zeitung, in die Analyse ein. LDA basiert auf Wahrscheinlichkeiten. Das Modell trifft diverse vereinfachende Annahmen. So spielt die Syntax keine Rolle. Es kommt nur darauf an, welche Worte in einem Text auftauchen, nicht aber ihre Reihenfolge oder Nähe zueinander im Text.

LDA produziert in einem unüberwachten Prozess zunächst ohne Zutun von menschlichen Kodierern Cluster von Artikeln ähnlichen Inhalts, sogenannte *Topics*. Das hat den Vorteil, dass vorgefasste Meinungen oder sonstige verzerrende Prädispositionen der Forscher das Ergebnis nicht verfälschen können. Was allerdings genau der Inhalt ist und wie er sich gegebenenfalls über die Zeit verändert, müssen Wissenschaftler ermitteln. Dazu stehen sowohl Listen mit charakteristischen Worten der Topics zur Verfügung als auch Artikel, die besonders gut auf die Charakteristika eines Topics passen, also typisch sind. Bei LDA handelt es sich somit um ein teilautomatisiertes Verfahren der Inhaltsanalyse, das sowohl quantitative als auch qualitative Elemente aufweist. Topics lassen sich entlang der Zeitachse als Zeitreihen abbilden. Sie bilden damit gewissermaßen Durchschnitte einer Inhaltsanalyse durch große Textmengen.

LDA generiert diese interpretierbaren Topics, weil mit dem statistischen Modell eine Grundeigenschaft menschlicher Sprache operationalisiert wird: Die distributionelle Hypothese (Harris 1951) besagt, dass eine Korrelation besteht zwischen der Bedeutungsähnlichkeit linguistischer Einheiten (Wörter, Phrasen) und der Ähnlichkeit ihrer Verteilung über bestimmte sprachliche Kontexte. Diese Eigenschaft von Sprache steht in Zusammenhang mit dem kognitionspsychologischen Modell kognitiver Schemata, die das menschliche Denken ermöglichen und organisieren. Im Topic-

Clustering-Prozess der LDA wird diese Spracheigenschaft operationalisiert, indem das Modell Worte in einen thematischen Zusammenhang stellt, abhängig davon, wie oft sie in unmittelbarer Nähe in einem Text vorkommen.

Die Ergebnisse der LDA lassen sich auch mit kommunikations- und kognitionswissenschaftlichen Konzepten in Verbindung bringen, etwa dem Framing-Ansatz. Dass Topics konsistente Schemata bei Menschen aktivieren, deutet darauf hin, dass ein latentes Organisationsprinzip im Hintergrund wirkt, das Symbolen Kohärenz und Sinn verleiht – eben das, was Gamson et al. (1992, S. 384) als Frame bezeichnen. Laut Entman (1993) manifestieren sich Frames durch die Gegenwart oder Abwesenheit bestimmter Schlüsselworte, womit er auch andeutet, dass ein Frame nicht nur durch die klassischen Bestandteile (Problemdefinition, Diagnose, moralisches Urteil, mögliche Problemlösungen), sondern auch als Liste von Schlüsselbegriffen zu beschreiben ist. LDA ermöglicht es somit, große Textkorpora einer Framing-Analyse zu unterziehen, unerwartete Frames zu entdecken sowie überraschende Verbindungen zwischen Frames herzustellen (DiMaggio et al. 2013, S. 571).

2. Kapitel

25 Die Einschränkung »*wohl* nie zuvor« rührt daher, dass die Eurobarometer-Umfragen nur bis 1973 zurückreichen.

26 Die verfügbaren Pro-Kopf-Einkommen lagen in Italien 2018 real um einiges *niedriger* als im Jahr 2000. Anderswo in der Eurozone sind die Einkommen hingegen im Schnitt deutlich gestiegen, in Frankreich oder Spanien um knapp 15 Prozent, in Deutschland um mehr als 20 Prozent, so der Internationale Währungsfonds (IWF) (IWF 2019, S. 5).

27 Eurobarometer (2018)

28 Zeitreihen der Eurobarometer-Umfragen finden sich unter http://ec.europa.eu/commfrontoffice/publicopinion/index.cfm/Chart/index.

29 Stokes (2018)

30 Einige Ergebnisse und Schlussfolgerungen finden sich in Goldthau et al. (2019), S. 29 – 31

31 Die Kosten für Strom aus Solar- und Windenergie liegen inzwischen unter den entsprechenden Werten für die Produktion mittels Kohle (Crooks 2018).

32 Aus geostrategischer Sicht hochgradig relevant: Die Länder, die heute von Öl- und Gasförderung leben, müssen den Umstieg in neue Wirtschaftszweige schaffen. Denn fossile Brennstoffe sind dann nicht mehr wettbewerbsfähig; die Förderung von Öl wird sogar teurer (die Grenzkosten steigen), weil die noch verfügbaren Lagerstätten immer aufwendiger zu erschließen sind. Gelingt den Ölländern der Umstieg nicht, werden sie zu globalen Unruheherden. In Venezuela konnte man das bereits in der jüngeren Vergangenheit beobachten; sinkende Ölpreise schickten das Land in den Bankrott – mit Hunger, Unruhen und Millionen Flüchtlingen als Folgen. Vergleichbare Entwicklungen in Saudi-Arabien und erst recht in Russland mag man sich kaum ausmalen.

33 Guillemette/Turner (2018)

34 Dazu detaillierter: Müller (2017b), S. 74 ff.

35 *Economist* vom 14. April 2018

36 https://www.destatis.de/DE/Presse/Pressemitteilungen/2019/07/PD19_271_12411.html

37 Koalitionsvertrag (2018), S. 105

38 IWF (2018), Kapitel 2

39 Im Mai 2018 erließ die Regierung ein Gesetz, wonach bis 2025 bis zu 500 000 ausländische Arbeitskräfte ins Land kommen sollten, um Personalengpässe in den Branchen Landwirtschaft, Schiffbau, Pflege, Bau und Hotellerie zu bekämpfen (Tian/Chung 2018).

40 Fuchs et al. (2019). In einer früheren Studie (Fuchs et al. 2015) gingen die Forscher von einem Bedarf aus, der in einem Zuwanderungssaldo von mehr als 500 000 Personen resultiert. In der aktualisierten Studie wurden arbeitssparende Effekte der Digitalisierung in die Berechnungen einbezogen.

41 Die Weltbevölkerungsvorausberechnung der Vereinten Nationen geht davon aus, dass zwischen 2017 und 2050 die Hälfte des globalen Bevölkerungszuwachses in nur neun Ländern auftreten wird, in Indien, Nigeria, im Kongo, in Pakistan, Äthiopien, Tansania, Uganda, Indonesien sowie in den USA (UN 2017).

42 Unter der Voraussetzung, dass der Zuwanderungssaldo 200 000 Menschen beträgt. Bei einem Nettozuzug von null ergibt sich sogar ein Minus von rund 15 Millionen bei der Erwerbsbevölkerung. (Fuchs et al. 2015, S. 26)

43 Eurobarometer (2019), S. T2

44 Infratest Dimap (2018), S. 7

45 Olson (1965)

46 Eurobarometer (2019), S. T21

3. Kapitel

47 https://www.whitehouse.gov/briefings-statements/the-inaugural-address/

48 Wörtlich sprach Trump von »carnage«.

49 Siehe zum Beispiel die bereits im ersten Kapitel erwähnte Studie von Eichengreen (2018).

50 Baldwin spricht wörtlich von »Globotics«, womit er das Aufkommen von weltweit vernetzten Automaten als Herausforderungen für die Arbeitswelt und die Verteilung von Einkommen und Vermögen meint (Baldwin 2019).

51 So lässt sich die lange Krise der Bundesrepublik von Mitte der 90er- bis Mitte der Nullerjahre verstehen als Implosion des Selbstbewusstseins einer Gesellschaft, die sich traditionell vor allem als Wirtschaftsnation verstanden hat (dazu detailliert: Müller 2006). Ähnlich fatalistische Stimmungsbilder lassen sich in den späten 2010er-Jahren für Frankreich und Italien diagnostizieren (siehe zum Beispiel: http://www.spiegel.de/wirtschaft/frankreich-wahl-wie-marine-le-pen-europa-ins-chaos-stuerzen-koennte-a-1143518.html sowie http://www.spiegel.de/wirtschaft/soziales/italien-staatsbankrott-oder-rettung-durch-eu-a-1195307.html).

52 Diese Definition lehnt sich an den US-Kommunikationswissenschaftler Entman (1993, S. 52) an, der die Kategorien drei bis sechs als konstituierend für einen medialen Frame beschreibt. Unsere Definition des Narrativkonzepts integriert somit das in der Kommunikationswissenschaft verbreitete Frame-Konzept. Metaphorisch formuliert: »Der Frame verhält sich (…) zum Narrativ wie das Standbild zum Film. Beides hat seine Berechtigung: Das Standbild verfügt über eine höhere Detailschärfe, während der Film eine Kontextualisierung über die Zeit herstellt.« (vgl. Müller et al. 2018a)

53 Akerlof und Snower (2016) nennen sieben Funktionen: 1. Verstehen der gesellschaftlichen Umgebung; 2. Fokussieren der Aufmerksamkeit; 3. Ereignisse vorhersagen; 4. Motivieren von Handlungen; 5. Definieren von gesellschaftlichen Beziehungen; 6. Herausstellen von Machtpositionen; 7. Formulierung und Stabilisierung von gesellschaftlichen Normen.

54 Shiller (2017)

55 Das Gespräch inklusive anschließender Diskussion findet sich im Mitschnitt bei Facebook unter https://www.facebook.com/awknrw/videos/der-euro-ende-mit-schrecken-oder-ein-schrecken-ohne-ende/257570021558637/.

56 Bei den Target-Salden handelt es sich um ein System von Abrechnungskonten zwischen den nationalen Notenbanken, bei dem Deutschland seit der Finanzkrise mit gigantischen Summen im Plus steht, die Südstaaten jedoch große Verbindlichkeiten aufgebaut haben.

57 Die Beitrittskriterien des Vertrags von Maastricht umfassen zwei finanzpolitische Ziele – das laufende öffentliche Defizit darf drei Prozent des BIP nicht überschreiten, der Schuldenstand soll unter 60 Prozent liegen. Insgesamt soll die Politik so ausgerichtet sein, dass die Inflationsrate in einer Referenzperiode nicht mehr als 1,5 Prozentpunkte über den Eurostaaten mit den niedrigsten Inflationsraten liegt. Dass die Finanzmärkte diesem Setting vertrauen, soll darüber sichergestellt sein, dass die Zinsaufschläge auf langfristige Staatsanleihen nur zwei Prozentpunkte über den Ländern mit den niedrigsten Sätzen liegen dürfen und die Wechselkurse in den Jahren vor einem Beitritt stabil sein müssen (EU-Vertrag Art. 140 sowie Protokoll Nr. 13, Art. 1).

58 Crone (2016)

59 Ein Überblick über die gravierendsten grenzüberschreitenden Probleme findet sich bei Müller (2017b), Kapitel 2.

60 Fukuyama (2018), S. 18, eigene Übersetzung aus dem englischen Original.

61 Vgl. Sloterdijk (1998), S. 27 ff.

62 Luhmann (1995), S. 95 ff.

63 Emcke (2016)

64 Reckwitz (2017)

65 Scott (2019)

66 Altmeyer (2016), S. 19

67 Franck (1998)

68 Eurobarometer (2017), S. T34

69 Dean (2017)

70 Müller (2017a), S. 67

71 »Most partisans treat politics like sports rivalries, study shows«, https://news.ku.edu/2015/04/13/study-most-partisans-treat-politics-sports-rivalries-instead-focusing-issues.

4. Kapitel

72 Frankfurt (2005)

73 Frankfurt (2006)

74 Inzwischen gibt es einige empirische Untersuchungen zu Bullshit und dem Charakter des Bullshitters. So kommen Jerrim et al. (2019) zu dem Befund, dass Bullshitter ihre eigenen Fähigkeiten und ihre Popularität überschätzen. Allerdings sind diese Ergebnisse mit Vorsicht zu genießen, da es sich um die Auswertung von Fragebögen der PISA-Studie der OECD handelt, die sich an 15-Jährige richtet. Ob sich die Resultate für Erwachsene reproduzieren ließen, ist fraglich.

75 https://afdkompakt.de/2018/11/15/die-bundesregierung-darf-der-zuwanderung-aus-anderen-eu-laendern-nicht-tatenlos-zusehen/

76 BAMF (2019)

77 https://www.businessinsider.de/boris-johnson-says-his-350-million-a-week-brexit-claim-was-an-underestimate-2018 – 1?r=US&IR=T

78 *Focus Online*, 12. März 2019, https://www.focus.de/gesundheit/ernaehrung/schluss-mit-kompliziert-schalen-trick-so-kommen-sie-blitzschnell-an-saftiges-ananas-fruchtfleisch_id_10443214.html. Die Motivation für diesen Beitrag bestand offenkundig darin, einen »leistungsstarken Entsafter von Turmix für 149 statt 449 Euro« zu vermarkten.

79 Der Umsatz betrug 2018 weltweit 138 Milliarden US-Dollar, https://newzoo.com/insights/articles/global-games-market-reaches-137 – 9-billion-in-2018-mobile-games-take-half/. Die Filmindustrie wird inklusive Umsätzen aus Kinotickets und Home Entertainment auf 136 Milliarden Dollar geschätzt, https://www.ibisworld.com/industry-trends/global-industry-reports/other-community-social-personal-service-activities/movie-production-distribution.html.

80 Postman (1985)

81 Edelman (2018), S. 23

82 Die gesamten Texte lassen sich nachlesen unter http://hoaxes.org/archive/permalink/the_great_moon_hoax.

83 Wu (2017), S. 16 f.

84 Edgecliffe-Johnson (2019)

85 Hamilton (2004), S. 10

86 Mazzoleni (2003), S. 7

87 Müller (2017a)

5. Kapitel

88 Eurobarometer (2018), S. 184 f.

89 OECD (2019b)

90 ONS (2019)

91 Edelman (2018), S. 12

92 Hirshleifer (1995), S. 188 – 215

93 Müller und Porcaro (2016)

94 Eurobarometer 90, S. 2

95 Meergans (2011)

96 Brennan (2017), S. 25 ff.

97 z. B. Noelle-Neumann (2001). Erstmals formulierte sie ihre Theorie Mitte der 1970er-Jahre. Ihr Hauptwerk zum Thema erschien 1980.

98 Im Edelman Trust Barometer für Deutschland stieg 2018 der Anteil derjenigen, die angaben, Medien zu vertrauen, im Vergleich zum Vorjahr um zehn Prozent (Edelman 2018, S. 6).

99 In Deutschland liegen die Vergleichswerte bei 89 Prozent (mindestens Sekundarbildung) und 31 Prozent (Akademiker), OECD (2018c), S. 54.

100 OECD (2018c), S. 55

101 Destatis (2017), S. 36

102 Liersch (2017), S. 386

103 Wu (2017)

104 Theisen (2017)

105 Nixon (2017)

106 Kleiner Perkins (2018), S. 11

107 Brad (2010)

108 Mark et al. (2008)

6. Kapitel

109 Sendung vom 25. Oktober 2018, abrufbar unter https://www.cbs news.com/video/cancer-linked-chemical-glyphosate-found-in-more-breakfast-foods/.

110 https://www.facebook.com/4/posts/10107013839885441?sfns=mo

111 Waters et al., S. 8

112 Williams (2018)

113 Wu (2017)

114 Stanovich/West (2000), Kahneman (2011)

115 Die Dual-Process-Theorie ist ein etabliertes Gedankengebäude der

Psychologie. In den vergangenen Jahrzehnten wurde sie verstärkt experimentell überprüft und verfeinert.

116 Stoker et al. (2016)

117 Negroponte (1995)

118 Sunstein (2017), S. 68 ff.

119 von Nordheim (2019)

120 Mitchell et al. (2018)

121 von Nordheim et al. (2018a)

122 von Nordheim et al. (2018b)

123 von Nordheim (2019), S. 134 ff.

124 Newswhip (2019), 2019 Guide to Publishing on Facebook., S. 6; gemessen wird »Engagement«, also die gesamte Zeit, die Nutzer auf der jeweiligen Seite verbrachten. Kategorisierung durch den Autor, http://go.newswhip.com/rs/647-QQK-704/images/Facebook%20 Publishing%202019_Final.pdf.

125 Das Gesamtbild hellt sich etwas auf, wenn man britische Medien mitberücksichtigt, die teils nennenswerte Reichweiten in den USA erzielen, darunter BBC und *Guardian*. Doch auch unter den britischen Angeboten ist die zweitgrößte die *Daily Mail*, die sich ganz dem Trivialen, Frivolen und Absurden verschrieben hat, sowie »Lad Bible«, eine Seite, die im Netz populäre Katzenvideos und Ähnliches bringt.

126 Newswhip (2019), S. 17

127 Downs (1972)

128 Lorenz-Spreen et al. (2019)

7. Kapitel

129 Weischenberg (2017)

130 Picard (2016)

131 So der Untertitel von Weischenbergs Buch *Medienkrisen und Medienkrieg.*

132 Müller (2017c)

133 Es gibt Ausnahmen von dieser Regel, insbesondere autoritär regierte Stadtstaaten wie Singapur, Hongkong und, mit Einschränkungen, die Golfemirate. Allerdings handelt es sich hierbei um überschaubare Gemeinwesen, die im Fall der Emirate von einer einzigen Einnahmequelle – Öl- und Gasverkäufe – abhängig sind. Auch China galt lange als große Ausnahme; ein autoritäres System, dem es dennoch gelang, eine dynamisch wachsende Wirtschaft zu

unterhalten. Allerdings muss China noch beweisen, dass es ohne freie Meinungsäußerung und Öffentlichkeit zu einem innovationsgetriebenen Wachstum in der Lage ist.

134 Freedom House (2019), S. 4
135 Fengler/Russ-Mohl (2005)
136 Hamilton (2004), S. 13 ff.
137 Müller (2017a), S. 70 ff.
138 Lippmann (1922)
139 McCombs/Shaw (1972)
140 Perloff (2017), Kap. 1
141 Nielson (2016), S. 61 ff., Lobigs (2018), S. 160 – 165
142 Müller (2019a)
143 Für detailliertere Überlegungen zu den Implikationen für die Bildung und Ausbildung von Journalisten siehe Müller 2019a, Abschnitt 4, sowie Donsbach (2014), S. 667 – 673.
144 Müller (2017b)
145 Donsbach (2014)
146 Müller (2019a)
147 Müller (2017c), S. 44
148 Moritz (2019), S. 9
149 Puvogel (2017), S. 45 ff.
150 https://www.spiegel.de/plus/warum-die-afd-auf-facebook-so-erfolgreich-ist-a-00000000-0002-0001-0000-000163612064
151 Bergmann (2018)
152 https://www.welt.de/politik/deutschland/article169017634/ARD-Chefredakteur-weist-Herrmanns-Kritik-zurueck.html
153 Hilgefort (2018)
154 Haller (2017)
155 Zur Methodik siehe die Erläuterungen in Fußnote 23, Kapitel 1.
156 von Nordheim et al. (2019), S. 38 – 56
157 Der Ausreißer im *Handelsblatt* im Sommer 2016 resultiert aus der Berichterstattung über das Brexit-Referendum, bei dem die Zeitung einen klaren Bezug zur Flüchtlingskrise und gerade zur Situation in Deutschland herstellt.
158 von Nordheim et al. (2019), S. 51, und die dort angegebene Literatur.
159 Siehe hierzu detaillierter auch Müller (2019b).
160 Die entsprechende Erklärung findet sich unter https://www.spiegel.de/extra/besondere-nutzungsbedingungen-fuer-ihre-beitraege-a-1207779.html.

8. Kapitel

161 Mahbubani (2018)

162 Brennan (2017b)

163 Brennan schlägt weitere Spielarten solcher Zugangskontrollen zum aktiven Wahlrecht vor. Siehe Brennan (2017a), S. 206 ff.

164 Brennans Argumentation weist Parallelen zum machiavellistisch geprägten Konzept der Elitenherrschaft auf, wie es der italienische Ökonom und Soziologe Vilfredo Pareto entwickelte. Pareto gilt als einer der Vordenker des italienischen Faschismus.

165 Mill (1859)

166 http://www.abrahamlincolnonline.org/lincoln/speeches/gettysburg.htm

167 Das Vernachlässigen mittel- und langfristiger Risiken und Nebenwirkungen ist typisch für populistische Politik. Dies gilt insbesondere für die Wirtschafts- und Sozialpolitik, aber auch für die Sicherheits- und Umweltpolitik. Populisten versprechen Abkürzungen auf dem Weg zum Wohlstand der normalen Bürger, wobei sie überwiegend die Knappheit von Ressourcen und Sekundäreffekte staatlicher Politik vernachlässigen. Gerade wirtschaftspolitische Wahlmöglichkeiten unterliegen immer irgendeiner Art von Abwägung. Zum Beispiel: Soziale Kosten, etwa verursacht durch schmerzhafte Strukturreformen, fallen mit Sicherheit an, während sich positive Folgen (wie höhere Wachstumsraten, staatliche Haushaltsspielräume) erst mit erheblicher Zeitverzögerung und Unwägbarkeit einstellen. Hohe Mindestlöhne mögen kurzfristig die Einkommen von Niedrigverdienern erhöhen, können aber längerfristig zu höherer Arbeitslosigkeit führen. Die Verstaatlichung bestimmter Sektoren mag kurzfristig populär sein, aber langfristig die private Investitionsbereitschaft dämpfen. Makroökonomische Politik ist besonders anfällig für populistische Interventionen. Während der Nutzen (zum Beispiel höherer Staatsausgaben) unmittelbar spürbar ist, fallen die Kosten (etwa höhere Schuldenstände) erst mit Verzögerung an. Lockere Geldpolitik kann kurzfristig das Wachstum anregen und staatliche Budgetrestriktionen entspannen, kann aber mittelfristig die Inflation erhöhen oder Blasen bei Vermögensgütern verursachen. Populisten neigen dazu, diese Begrenzungen der Politik zu ignorieren und wirtschaftspolitische Institutionen, insbesondere Zentralbanken, ihrer Unabhängigkeit zu berauben. Siehe Müller (2017a), S. 67 – 70.

168 Bertelsmann Stiftung (2019)

169 Towfigh (2015)

170 Tullock (1967), Krueger (1974)

171 Neben rechtlichen Normen der Presse-, Medien- und Meinungs-freiheit spielen auch die institutionellen Settings in verschiedenen Mediensystemen eine Rolle, ebenso wirtschaftliche Bedingungen, unter denen Journalisten arbeiten, weil auch über diesen Kanal die Unabhängigkeit der Berichterstattung beschränkt werden kann. Siehe zum Beispiel Freedom House (2019).

172 Dornbusch/Edwards (1991)

173 Ob die Output-Legitimation eines autokratischen Regimes wie des Pekinger auf Dauer tragen kann, muss sich zeigen. Die bisherige Wirtschaftsgeschichte hat gezeigt, dass nach einer Phase der ra-schen Industrialisierung und Verstädterung weiterer Fortschritt nur in einer Wissensgesellschaft möglich ist, die mit einem höheren Maß an Freiheit einhergehen muss. Entwicklungsdiktaturen wan-deln sich zu Demokratien, häufig durch revolutionäre Umwälzun-gen. China ist bislang diesem Muster nicht gefolgt. Aber das kann sich ändern.

174 Allerdings zeigt das Beispiel Schweiz – wo keine Mindestbeteili-gung gilt und die Mehrheit der Stimmen ausreicht –, dass die Wahl-beteiligung bei Volksabstimmungen stark schwankt. So lagen die Werte seit 1990 zwischen 28 und 79 Prozent. Den höchsten Wert erreichte das (gescheiterte) Referendum zum Beitritt zum Euro-päischen Wirtschaftsraum (EWR) 1992. Siehe https://www.bfs. admin.ch/bfs/de/home/statistiken/politik/abstimmungen/stimm beteiligung.html

175 van Reybrouck (2016b)

176 van Reybrouck (2016b)

177 Um die Macht der Parteien und der Interessengruppen zurück-zudrängen und der Vernunft stärkeres Gewicht zu verschaffen, schwebt Emanuel Towfigh ein ähnlicher Ansatz vor. Er entwirft ein Modell, bei dem Laienpolitiker gewählt werden, die allerdings ohne Wahlkämpfe und ohne Wahlprogramme – beides ist untersagt – ins Amt kommen. In der Wahlkabine erhalten die Stimmberechtigten einen leeren Wahlzettel, auf dem sie einen Mitbürger eintragen können, von dem sie gern vertreten werden würden (Towfigh 2015, S. 207 f.). Parteien gibt es in diesem System nicht. Wie allerdings Öffentlichkeit hergestellt und wie eine politische Agenda entstehen soll, bleibt in Towfighs Ansatz offen.

178 Gerade was die EU und die Eurozone angeht, sind entscheidende Schritte in Richtung demokratischer Föderalisierung notwendig.

Diese scheitern bislang insbesondere daran, dass es kein echtes europäisches Parlament gibt, das eine gleichmäßige Repräsentation der Bürger Europas sicherstellt (Müller/Richter 2017). Hinzu kommt das Fehlen einer europäischen Öffentlichkeit. Wie in Müller/Porcaro/von Nordheim (2018) dargelegt, wurden insbesondere im Kontext der Krisendiskurse in den großen Eurostaaten national ganz unterschiedliche Problembeschreibungen und Schuldzuweisungen gepflegt, was wiederum gemeinsame Problemlösungen enorm erschwert hat.

9. Kapitel

179 An dem Abstinenzexperiment nahmen 2743 Facebook-User in den USA teil. Sie ließen ihre Social-Media-Nutzung während des Midterm-Wahlkampfs 2018 über vier Wochen ruhen. Kernergebnisse: weniger Onlineaktivitäten insgesamt, auch nach dem Ende des Experiments, dafür mehr TV-Konsum sowie soziale Aktivitäten mit Freunden und Familie, weniger faktisches Wissen über politische Zusammenhänge und weniger Meinungspolarisierung sowie erhöhe subjektive Lebenszufriedenheit. Vgl. Hunt et al. (2019)

180 Inwieweit Blogger, YouTuber und andere Anbieter von netzbasierten Streams analog zu traditionellen privaten Rundfunkanbietern durch die Landesmedienanstalten reguliert werden sollten, wird derzeit debattiert. Siehe zum Beispiel: https://www.medienanstalt-nrw.de/regulierung/internet/rundfunklizenzen-fuer-live-streaming-angebote.html

181 Hallin/Mancini (2004), S. 67 ff.

182 Müller/Porcaro/von Nordheim (2018)

Warum wir Heimat und Identität neu denken müssen

*Cover- und Preisänderungen vorbehalten

Ulrich Wickert

Identifiziert euch!

Warum wir ein neues
Heimatgefühl brauchen

Piper, 208 Seiten
€ 20,00 [D], € 20,60 [A]*
ISBN 978-3-492-05954-1

Unsere Gesellschaft droht auseinanderzufallen. Es tun sich immer größere Gräben auf: Rechts gegen Links, Ost gegen West, Stadt gegen Land. Anstatt die Probleme konstruktiv anzugehen, wird gestritten, beleidigt, gehetzt. Ulrich Wickert fordert: Um wieder handlungsfähig zu werden, müssen wir uns mehr mit den Werten identifizieren, die uns ausmachen. Von Politik über Religion bis Literatur und Geschichte liefert er eine Neubewertung unserer Identität und definiert einen neuen Heimatbegriff.

Leseproben, E-Books und mehr unter **www.piper.de**

Was bedeutet Chinas Griff nach der Macht für uns?

Kai Strittmatter

Die Neuerfindung der Diktatur

Wie China den digitalen
Überwachungsstaat aufbaut und
uns damit herausfordert

Piper, 288 Seiten
€ 22,00 [D], € 22,70 [A]*
ISBN 978-3-492-05895-7

China ist längst einer der Motoren der Weltwirtschaft. Innenpolitisch stets autoritär, außenpolitisch zurückhaltend. Doch unter Xi Jinping marschiert China nun selbstbewusst in die Welt, gleichzeitig gewährt sich sein System ein Update mit den Instrumenten des 21. Jahrhunderts: Big Data und künstliche Intelligenz machen aus dem Land den perfektesten Überwachungsstaat, den die Erde je gesehen hat. Kai Strittmatter beschreibt die Mechanismen der Diktatur und zeigt, was diese Entwicklung für uns bedeutet.

PIPER

Leseproben, E-Books und mehr unter www.piper.de

Dürfen Computer alles, was sie können?

Julian Nida-Rümelin
Nathalie Weidenfeld

DIGITALER HUMANISMUS
Eine Ethik für das Zeitalter der
Künstlichen Intelligenz

PIPER

*Cover und Preise änderungen vorbehalten

Julian Nida-Rümelin /
Nathalie Weidenfeld
**Digitaler
Humanismus**
Eine Ethik für das Zeitalter der
Künstlichen Intelligenz

Piper, 224 Seiten
€ 24,00 [D], € 24,70 [A]*
ISBN 978-3-492-05837-7

Autonomer Individualverkehr und Pflege-Roboter, softwaregesteuerte Kundenkorrespondenz und Social Media, Big-Data-Ökonomie und Clever-Bots, Industrie 4.0: Die Digitalisierung hat gewaltige ökonomische, aber auch kulturelle und ethische Wirkungen. In Form eines Brückenschlags zwischen Philosophie und Science-Fiction entwickelt dieses Buch die philosophischen Grundlagen eines Digitalen Humanismus, für den die Unterscheidung zwischen menschlichem Denken, Empfinden und Handeln einerseits und softwaregesteuerten, algorithmischen Prozessen andererseits zentral ist. Eine Alternative zur Silicon-Valley-Ideologie, für die künstliche Intelligenz zum Religionsersatz zu werden droht.

PIPER

Leseproben, E-Books und mehr unter **www.piper.de**